U0451969

张雪峰·峰阅教研团队 ◎编著

手把手教你报专科

张雪峰·峰阅教研团队成员

升学顾问：高俊逸

本书编写人员：俊　成

内容编辑：郭懿方　卓云龙

推荐序

在长久以来的直播过程中,我连线过很多低分段学生的家长。了解到这些孩子可能平时在学习上也很努力,但由于当地教育资源的不足,以及高考竞争相对激烈,到最后只能委屈报选专科。

但是专科就一定不如本科吗?

不见得!

从长远来看,如果专科志愿匹配上了合适的专业、学校和省份,那么孩子未来的就业选择不见得就比普通本科生差。反过来说,如今很多本科毕业生由于当初专业没挑好,或者学校没选好等,在找工作时可以说完全一筹莫展。

2021年3月12日,全国人民代表大会公布了《中华人民共和国国民经济和社会发展第十四个五年规划和2035年远景目标纲要》,其中体现的一项重要内容就是:职业教育将迎来发展、发展再发展!

这是一个信号!各位家长,如果我们能够合理遵循政府的发展规划、未来的产业趋势,让孩子从容地选择自己感兴趣的专业、行业,那这又何尝不是一条路呢?

如何挑选合适的院校?选择哪些专业更有利于就业?这些数不清的有

关填报志愿的问题，一直困扰着考生和家长。

基于此，我们团队的老师写了这样一本专门讲解专科报志愿的书，书的内容较为全面，针对选专业、选学校、选地域、报考技巧、避坑和补救问题、报考资料这六部分内容进行了详细解答。希望能够从实际问题出发，真正帮助到我们的考生和家长。

最后，我想对处在这个阶段的考生说，无论选择哪一条路都要保持一颗积极向上的心，不断学习，不卑不亢地大踏步往前走，把往后的日子过出我们自己的模样来！

张雪峰

2024 年 2 月 29 日于苏州

前言

长久以来，专科段的志愿填报一直处在不受大家重视的境地。比起"985""211"等重点本科段的学校的报考来说，专科段似乎没什么可报的，甚至有人认为对专科学生来说，报什么专业、什么学校都一样。但其实对专科段学生来说，如果能被一些好的专业和学校录取，未来就业不比本科学生差，甚至要远远强过一些普通本科学生。

对普通家庭的专科段学生来说，报志愿对未来就业和升学的影响巨大，而专科段的报考相关的公开信息资料较少，大多是一些碎片化的短视频、公众号文章，很少有系统性较强的教学内容，并且有的内容和现实情况相差较大，专业性不强。由此，我们开始了这本书的编著，希望通过本书解决专科段的家长和考生在志愿填报时遇到的各类问题。本书共涵盖六大模块，分别解决家长和考生报专科志愿时遇到的六大核心问题。

第一，选专业问题。家长和考生不知道各个专科专业学什么、毕业能干什么工作，不知道报什么专业合适，怕选错专业。我们通过"专业篇"的"专科专业分类及选科要求""专科专业介绍及就业方向""专科选专业的四大原则"，帮助各位家长及考生选出适合的专业。

第二，选学校问题。家长和考生不知道如何比较专科学校优劣，哪些专科学校值得报考，哪些学校升本率高、就业有优势，怕选错学校。我们通过"学校篇"的"如何选对学校""专科学校分类介绍"，来帮助家长及考生选出适合报考的学校。

第三，选地域问题。家长和考生不知道专科报哪个省份和城市好，怕选到升本难的省份、就业难的城市。我们通过"地域篇"的"根据就业和生活体验选择城市""根据专升本政策选择省份""全国各省/自治区/直辖市专升本政策介绍"，帮助家长和考生选出适合报考的省份和城市。

第四，不懂报考技巧的问题。家长和考生不知道专科报志愿的技巧，怕填报出错，导致滑档、调剂、退档等情况，被不满意的学校和专业录取。我们在"报考技巧篇"分别讲解了专业组、专业+院校、老高考三种报考模式的填报技巧，帮助家长和考生理解填报录取规则，掌握填报技巧，从而被自己满意的学校和专业录取。

第五，避坑和补救的问题。家长和考生不知道专科报志愿的误区、骗局、容易犯错的问题有哪些，怕踩坑、怕受骗，当出现报考失误时，不知道如何补救。我们在"避坑和补救篇"，讲解了专科报志愿常见的问题、误区、骗局，以及报考失误导致忘记服从调剂、已经被调剂、专科批滑档或退档、征集志愿没录取上等各种情况发生时的补救方法，帮助家长和考生尽可能地进行补救。

第六，没有报考资料的问题。家长和考生手上没有报考所需要的资料，也不知道在哪儿查找。附录中为家长和考生提供了专科专业目录，"双高计划"学校名单，国家示范性建设高职院校名单，各省/自治区/直辖市电力特色学校名单，各省/自治区/直辖市铁道、交通特色学校名单，各省/自治区/直辖市公安院校名单等资料，帮助家长和考生节省搜集资料的时间和精力。

本书的关键内容准确、真实。如专科专业介绍、专科学校介绍、全国各省专升本政策、报志愿规则等，均参考了教育部、各省教育考试院发布的官方文件。在就业方面，本书内容结合了招聘网站、学校就业信息网站、事业单位等的招聘信息，介绍各个专业真实的就业情况。相信能为读者朋友带来帮助。

目录
CONTENTS

第一章　专业篇
解决不知道选什么专业的问题

导言·002

专科专业分类及选科要求·003

专科专业介绍及就业方向·010

专科选专业的四大原则·179

第二章　学校篇
解决不会选学校的问题

导言·186

如何选对学校·187

专科学校分类介绍·192

第三章　地域篇
解决不会选地域的问题

导言·200

根据就业和生活体验选择城市·201

根据专升本政策选择省份·201

全国各省 / 自治区 / 直辖市专升本政策介绍·206

第四章　报考技巧篇
解决不会填报技巧的问题

导言·232

专科段报考的原则·233

专科能报考的批次·235

平行志愿、顺序志愿是什么？·242

分数、位次哪个重要？·248

专业组模式填报志愿的技巧·253

专业+院校模式填报志愿的技巧·269

老高考模式填报志愿的技巧·276

第五章　避坑和补救篇
解决常见问题和规避误区

导言·290

常见问题·291

常见误区·296

常见骗局·298

志愿没报好的补救方法·299

附录　工具篇
解决不会查资料的问题

附录1　高等职业教育专科专业目录（含751个专业）·302

附录2　197所"双高计划"学校名单·328

附录3　100所国家示范性建设高职院校名单·332

附录 4　各省 / 自治区 / 直辖市电力特色学校名单·334

附录 5　各省 / 自治区 / 直辖市铁道、交通特色学校名单（38 所学校）·335

附录 6　各省 / 自治区 / 直辖市公安院校名单（35 所学校）·337

后记·338

第一章

专业篇

解决不知道选什么专业的问题

导言

各位家长和考生，对专科段报考来说，如果希望学生依靠自己在大学学到的东西，在毕业后能找到一份还不错的工作，那专业篇的内容一定要认真看。千万不要在报考的时候，连报考的专业学什么内容，以后能做什么工作都不知道，就填上志愿表然后提交。每年都有家长和考生，直到被录取后，才去了解这个专业是干什么的，这是非常不应该的。如果觉得这篇内容包含的专业介绍太多，看不完，可以把它当作"字典"来用，遇到了哪个专业，不清楚是干什么的，马上翻开这本书查阅了解。

专科专业分类及选科要求

这一节的内容是介绍专科专业的分类和数量,以及各个专业的选科要求。通过这一节内容,各位家长和考生可以了解到都有哪些专科专业可以报考,以及各个专业的选科要求是什么,为报考做好充分准备。

专科专业大类有哪些?

我国的专科专业一共分为19个大类,分别是:41农林牧渔大类、42资源环境与安全大类、43能源动力与材料大类、44土木建筑大类、45水利大类、46装备制造大类、47生物与化工大类、48轻工纺织大类、49食品药品与粮食大类、50交通运输大类、51电子与信息大类、52医药卫生大类、53财经商贸大类、54旅游大类、55文化艺术大类、56新闻传播大类、57教育与体育大类、58公安与司法大类、59公共管理与服务大类。

专科专业小类和细分专业有哪些?

这19个大类,每个都分成若干小类。比如,农林牧渔大类下有4101农业类、4102林业类、4103畜牧业类、4104渔业类四个小类。生物与化工大类下分成4701生物技术类、4702化工技术类两个小类。所有大类下的小类加起来一共有 97 个。每个小类下又分成若干个具体的专业。比如，渔业类下有 410401 水产养殖技术、410402 海洋渔业技术、410403 水族科学与技术、410404 水生动物医学四个专业。集成电路类下有 510401 集成电路技术、510402 微电子技术两个专业。截至 2024 年 1 月，所有小类下的专业加在一起，一共有 751 个[1]。

也就是说，专科专业一共分为 19 个大类、97 个小类、751 个专业。那么这 751 个专业，都有机会填报吗？不是。因为虽然专科专业有 751 个之多，但并不是所有专业都有很多学校开设，有很多专业只在非常少的学校开设，有的少到只有两三所，这种专业，我们一般遇不到。比如说，林业类中的木业产品设计与制造专业，全国只有云南林业职业技术学院、江苏农林职业技术学院、江西环境工程职业学院、广西生态工程职业技术学院四所学校开设，并且还不一定在你所在省份招生，所以一般遇不到。

选科要求是什么？

讲完了专业的分类，再来讲一下各个专业的选科要求。什么是选科要求？就是在新高考改革后，不同专业对报考学生的高考科目的要求。比如，有的专业要求选了物理＋化学＋生物的考生能报，没选这三个科目中的任何一个，都不能报考，哪怕分数很高也不行。并且，同一个专业不同学校的选科要求可能不同。比如，农业类专业在有的学校要求不限选科，有的学校要求选了物理和化学的才能报，所以在报考的时候，也要看好填报的学校和专业的选科要求。

自 2024 年以后，对本科专业来说，选科要求限制得很严，理工农医类

---

[1] 高等职业教育专科专业目录（含 751 个专业）详见附录 1。

专业基本只有选了物理和化学才能报考，但是对专科段来说，基本没有限制，选了历史、地理、政治的文科生，也可以报理工农医类专业。另外，一个学校的各个专业的选科要求，对不同省份必须一致。也就是说，如果江苏某学校的农业类专业，在江苏省要求不限选科，那在其他所有省份也都会要求不限选科，学校不能根据省份更改选科要求。下表是根据2022年河北省教育考试院发布的《2024年拟在河北招生的普通高校招生专业选考科目要求》，总结了各个专业的选科要求情况，全国各省份的家长和考生都可以参考。

高职专业选科要求介绍

41 农林牧渔大类	
4101 农业类	绝大部分学校不提选科要求，极少学校要求物化、物化生等
4102 林业类	绝大部分学校不提选科要求，极少学校要求物化、生物等
4103 畜牧业类	绝大部分学校不提选科要求，极少学校要求物化、物化生、生物等
4104 渔业类	几乎全部学校都不提选科要求
42 资源环境与安全大类	
4201 资源勘查类	绝大部分学校不提选科要求，极少学校要求物理
4202 地质类	几乎全部学校都不提选科要求
4203 测绘地理信息类	绝大部分学校不提选科要求，极少学校要求物化、物理等
4204 石油与天然气类	绝大部分学校不提选科要求，极少学校要求物化、物理等
4205 煤炭类	绝大部分学校不提选科要求，极少学校要求物化
4206 金属与非金属矿类	几乎全部学校都不提选科要求
4207 气象类	几乎全部学校都不提选科要求
4208 环境保护类	绝大部分学校不提选科要求，极少学校要求物化、物理、化学、生物
4209 安全类	绝大部分学校不提选科要求，极少学校要求物理、生物

续表

	43 能源动力与材料大类
4301 电力技术类	大部分学校不提选科要求,一小部分学校要求物理,极少学校要求物化
4302 热能与发电工程类	大部分学校不提选科要求,一小部分学校要求物理,极少学校要求物化
4303 新能源发电工程类	绝大部分学校不提选科要求,极少学校要求物理
4304 黑色金属材料类	几乎全部学校都不提选科要求
4305 有色金属材料类	绝大部分学校不提选科要求,极少学校要求物化
4306 非金属材料类	绝大部分学校不提选科要求,极少学校要求物化、物理、化学
4307 建筑材料类	绝大部分学校不提选科要求,极少学校要求化学
	44 土木建筑大类
4401 建筑设计类	绝大部分学校不提选科要求,极少学校要求物理、物化、历史
4402 城乡规划与管理类	绝大部分学校不提选科要求,极少学校要求物理、历史
4403 土建施工类	绝大部分学校不提选科要求,极少学校要求物理、物化
4404 建筑设备类	绝大部分学校不提选科要求,极少学校要求物理、物化
4405 建设工程管理类	绝大部分学校不提选科要求,极少学校要求物理、历史、物化等其他
4406 市政工程类	绝大部分学校不提选科要求,极少学校要求物理
4407 房地产类	绝大部分学校不提选科要求,极少学校要求物理
	45 水利大类
4501 水文水资源类	几乎全部学校都不提选科要求
4502 水利工程与管理类	绝大部分学校不提选科要求,极少学校要求物理
4503 水利水电设备类	几乎全部学校都不提选科要求
4504 水土保持与水环境类	几乎全部学校都不提选科要求
	46 装备制造大类
4601 机械设计制造类	绝大部分学校不提选科要求,极少学校要求物理、物化
4602 机电设备类	绝大部分学校不提选科要求,极少学校要求物理、物化
4603 自动化类	绝大部分学校不提选科要求,极少学校要求物理、物化等其他

续表

46 装备制造大类	
4604 轨道装备类	绝大部分学校不提选科要求,极少学校要求物理
4605 船舶与海洋工程装备类	几乎全部学校都不提选科要求
4606 航空装备类	绝大部分学校不提选科要求,极少学校要求物理、物化
4607 汽车制造类	绝大部分学校不提选科要求,极少学校要求物理、物化
47 生物与化工大类	
4701 生物技术类	绝大部分学校不提选科要求,极少学校要求物化
4702 化工技术类	绝大部分学校不提选科要求,极少学校要求物化、物理、化学
48 轻工纺织大类	
4801 轻化工类	绝大部分学校不提选科要求,极少学校要求物化
4802 包装类	几乎全部学校都不提选科要求
4803 印刷类	绝大部分学校不提选科要求,极少学校要求物化
4804 纺织服装类	几乎全部学校都不提选科要求
49 食品药品与粮食大类	
4901 食品类	绝大部分学校不提选科要求,极少学校要求物化、物化生、化学、生物
4902 药品与医疗器械类	绝大部分学校不提选科要求,极少学校要求物化、物化生、物理、生物
4903 粮食类	几乎全部学校都不提选科要求
50 交通运输大类	
5001 铁道运输类	绝大部分学校不提选科要求,极少学校要求物理
5002 道路运输类	绝大部分学校不提选科要求,极少学校要求物理、物化、物地
5003 水上运输类	绝大部分学校不提选科要求,极少学校要求物理
5004 航空运输类	绝大部分学校不提选科要求,极少学校要求物理、物化
5005 管道运输类	几乎全部学校都不提选科要求
5006 城市轨道交通类	绝大部分学校不提选科要求,极少学校要求物理、地理、物化
5007 邮政类	几乎全部学校都不提选科要求
51 电子与信息大类	
5101 电子信息类	绝大部分学校不提选科要求,极少学校要求物理、物化、物化政

续表

51 电子与信息大类	
5102 计算机类	绝大部分学校不提选科要求，极少学校要求物理、物化
5103 通信类	绝大部分学校不提选科要求，极少学校要求物理、物化
5104 集成电路类	绝大部分学校不提选科要求，极少学校要求物理
52 医药卫生大类	
5201 临床医学类	大部分学校不提选科要求，一小部分学校要求物化，较少学校要求物理，较少学校要求物化生，极少学校要求化生、物生
5202 护理类	绝大部分学校不提选科要求，极少学校要求生物、物化生等其他
5203 药学类	绝大部分学校不提选科要求，极少学校要求物化、化学等其他
5204 中医药类	绝大部分学校不提选科要求，极少学校要求物化、政史地、物化生等其他
5205 医学技术类	绝大部分学校不提选科要求，极少学校要求物化、物化生等其他
5206 康复治疗类	绝大部分学校不提选科要求，极少学校要求物化、物化生等其他
5207 公共卫生与卫生管理类	绝大部分学校不提选科要求，极少学校要求物化生、物化等其他
5208 健康管理与促进类	绝大部分学校不提选科要求，极少学校要求政史地等其他
5209 眼视光类	绝大部分学校不提选科要求，极少学校要求物化、物化生等其他
53 财经商贸大类	
5301 财政税务类	几乎全部学校都不提选科要求
5302 金融类	绝大部分学校不提选科要求，极少学校要求物理
5303 财务会计类	绝大部分学校不提选科要求，极少学校要求政史地等其他
5304 统计类	绝大部分学校不提选科要求，极少学校要求物理、物化
5305 经济贸易类	绝大部分学校不提选科要求，极少学校要求史地、政史地
5306 工商管理类	绝大部分学校不提选科要求，极少学校要求历史、物化政

续表

53 财经商贸大类	
5307 电子商务类	绝大部分学校不提选科要求，极少学校要求物政、物政地
5308 物流类	绝大部分学校不提选科要求，极少学校要求历史、物政
54 旅游大类	
5401 旅游类	绝大部分学校不提选科要求，极少学校要求历史、政史地等其他
5402 餐饮类	绝大部分学校不提选科要求，极少学校要求物理
55 文化艺术大类	
5501 艺术设计类	绝大部分学校不提选科要求，极少学校要求历史、政史、物政
5502 表演艺术类	绝大部分学校不提选科要求，极少学校要求历史
5503 民族文化艺术类	几乎全部学校都不提选科要求
5504 文化服务类	几乎全部学校都不提选科要求
56 新闻传播大类	
5601 新闻出版类	几乎全部学校都不提选科要求
5602 广播影视类	绝大部分学校不提选科要求，极少学校要求历史
57 教育与体育大类	
5701 教育类	绝大部分学校不提选科要求，极少学校要求历史、物理等其他
5702 语言类	绝大部分学校不提选科要求，极少学校要求历史
5703 体育类	几乎全部学校都不提选科要求
58 公安与司法大类	
5801 公安管理类	绝大部分学校不提选科要求，极少学校要求政治
5802 公安技术类	一部分学校不提选科要求，一部分学校要求物政，还有一部分学校要求政治
5803 侦查类	一部分学校不提选科要求，另一部分学校要求政治
5804 法律实务类	几乎全部学校都不提选科要求
5805 法律执行类	几乎全部学校都不提选科要求
5806 司法技术类	绝大部分学校不提选科要求，极少学校要求物理
5807 安全防范类	绝大部分学校不提选科要求，极少学校要求物理
59 公共管理与服务大类	
5901 公共事业类	绝大部分学校不提选科要求，极少学校要求历史
5902 公共管理类	几乎全部学校都不提选科要求

续表

59 公共管理与服务大类	
5903 公共服务类	绝大部分学校不提选科要求，极少学校要求历史、政史、物化生
5904 文秘类	绝大部分学校不提选科要求，极少学校要求历史、政史地

专科专业介绍及就业方向[1]

这部分是专业篇的核心，内容比较多，涵盖了740多个专科专业在大学期间学什么内容，以及毕业就业的情况。在介绍各专业"学习内容"部分，参考了教育部发布的官方文件。在毕业就业情况部分，参考了招聘网站、各个学校就业网站、公务员和事业单位岗位招聘情况，以及通过多种渠道了解到的各专业毕业生的现实就业情况，可能会因为地域不同、学校不同有小的偏差，但大的就业方向是不会有太大偏差的，希望各位在报专业之前，能通过这一章对专业有个基本的了解，深思熟虑后再报考。

农林牧渔大类

农林牧渔大类
- 农业类
- 林业类
- 畜牧业类
- 渔业类

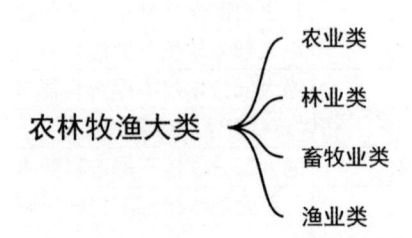

[1] 参考中华人民共和国教育部发布的高等职业教育专科专业简介。

农业类

农业类专业一般是大多数家长和考生不太想报考的专业,所以农业类专业无论是专科、本科,还是研究生,在报考的时候,分数线都是比较低的,如果考生分数在专科段仍然不高,报热门专业没被录取,那很有可能会被调剂到农业类专业。农业类专业的确和种地相关,但种地这件事也没有大家想象的那么简单,而且有的农业类专业学生未来有机会转到工科专业。农业类专业一共有20个细分专业,20个专业大致分为农业种植相关、农业装备相关、农产品加工和农业管理相关,不同类别专业未来的升本考研、就业方向差别比较大。如果家长和考生对农业类专业感兴趣,那一定要看完这节。

农业种植相关专业

农业种植相关专业主要学"把植物种好"需要用到的各种技术,属于大家印象中传统的农业类专业,至于这类专业就业如何,要不要报,各位可以看下面的内容,了解后再决定。

专业介绍

专业名称	学习内容(主要部分)	对应的普通本科专业(部分)
种子生产与经营	种子的生产、加工、质量检验、储藏、销售	种子科学与工程、农学、植物科学与技术
作物生产与经营管理	作物生产、病虫害防治、农产品质量控制、农业机械装备操作维护、农产品营销	农学、园艺、植物科学与技术
现代农业技术	农作物生产、现代农业装备、农业物联网的操作维护	农学、园艺、智慧农业
生态农业技术	绿色有机农产品生产、农产品标准化生产、品质检测	农学、园艺、设施农业科学与工程
园艺技术	果蔬、观赏植物的生产,种子、种苗繁育,病虫害防治	园艺

续表

专业名称	学习内容（主要部分）	对应的普通本科专业（部分）
植物保护与检疫技术	各种植物的病虫害识别、防控，杂草识别、防除，植物检疫，植保机械的使用维护	植物保护、农学、园艺
茶叶生产与加工技术	茶树栽培、茶园建设管理、茶叶加工、质量检验控制、茶叶评审检测	茶学
中草药栽培与加工技术	中草药栽培、病虫害防治、采收、初加工、质量检测	中药学、中药资源与开发
烟草栽培与加工技术	烟草种植、病虫害防治、调制、等级评定	烟草、植物科学与技术
饲草生产技术	饲草种植、饲草加工、饲草料包装储藏、草料质量检测、草业农机操作维护	草业科学、草坪科学与工程
食用菌生产与加工技术	食用菌栽培、病虫害防治、加工、贮藏、销售	菌物科学与工程
绿色食品生产技术	不使用化学合成的农药、化肥、食品添加剂、饲料添加剂，而使用有机肥、作物轮作、生物防治，生产农产品的技术	农学、园艺、食品质量与安全

就业方向

1. 和"种地"打交道的岗位

这类专业就业面向农业企业的农业技术员、种植员、植保员等，工作内容一般是在田间地头、温室大棚、种植园监测、记录植物的生长状况，使用各种农业技术手段，防治植物病虫害，保障植物的生长。大中型企业对这类岗位的招聘有学历和专业要求，一般要求农学类专业的本科学历；小型企业对学历和专业要求不高，农学类专业专科学历也可以就业，甚至不是农学类专业，经过培训也可以做。

2. 和茶叶、中草药、烟草、食用菌种植打交道的岗位

农业种植类专业中有几个比较特殊，这些专业专门学某一类植物的种

植技术，就业指向性比较明确。茶叶生产与加工技术专业就业面向茶叶种植、采购、销售企业。中草药栽培与加工技术专业就业面向中草药种植、采购、销售企业。开设烟草栽培与加工技术专业的学校非常少，该专业就业面向烟农、烟草种植员、烟草技术员。这里要注意，专科的烟草专业一般是进不到烟草局或中烟工业公司的，且烟草在我国是不能随意种植的，烟草产品也不能随意售卖，需经过有关部门批准。饲草生产技术专业就业面向饲草种植、销售企业。食用菌生产与加工技术专业就业面向各类食用菌生产、销售企业。

3. 总结

总体来说，农业种植相关专业对应岗位，就业门槛不高，薪资待遇比较低，并且工作环境比较艰苦。很多专科生、本科生、研究生因为对薪资待遇和工作内容不满意，选择了转行。如果想要从事更高端的农业遗传育种等农业科研类工作，需要升本考研，农业类专业考研相对容易，每年的分数线都是各个专业中比较低的。

农业装备相关专业

农业装备相关专业虽然在专业分类上属于农业类，但是课程内容上更偏向于工科，要学机械、电工电子类的专业课。专科被录取到这两个专业，未来很有机会转到机械相关专业。对机械相关专业感兴趣，分数又不太够的考生，可以重点关注这类专业。

专业介绍

专业名称	学习内容（主要部分）	对应的普通本科专业（部分）
设施农业与装备	设施作物栽培、农业设施设计建造、农业设施装备运用维护检修、设施农业的环境检测调控、设施农业电气控制、节水及水肥一体化、设施农业装备应用集成	设施农业科学与工程、农业智能装备工程
现代农业装备应用技术	农业机械的安装、使用、维护、检修，包括农用动力机械、土壤耕作机械、种植和施肥机械、植物保护机械、农田排灌机械、农产品采收机械、运输机械、农用无人机	农业机械化及其自动化、农业工程、农业智能装备工程

就业方向

1. 和农业大棚、农机打交道的岗位

设施农业与装备专业就业方向主要是设施农业企业的技术员、维护员等。工作内容一般是在农业大棚、种植园操作各种设施农业装备来保证植物正常生长。

现代农业装备应用技术专业就业面向农业机械设备企业、农业装备企业的操作员、技术员、维修员等。工作内容一般是在工厂一线做农业机械装备的生产或是对农业机械装备进行维修维护。这类岗位工作一般比较辛苦，薪资待遇不是特别高。如果想要从事农业装备、农业设施的研发工作，还需要升本考研。

2. 有机会"曲线救国"，转到其他工科？

另外，这两个专业报考时，应该看一下报考的学校所在省份，专升本具体能够升到哪些专业。比如，根据四川省教育厅印发的《四川省2024年普通高校专升本专科专业对应指导目录（试行）》，设施农业与装备可以考机械设计制造及其自动化、设施农业科学与工程、物联网工程三个专业，现代农业装备应用技术专业可以考机械电子工程、机械设计制造及其自动

化、农业机械化及其自动化三个专业。所以，如果想要学机械等工科专业，但是分数又不够，那报这两个专业，是有机会"曲线救国"的。

农产品加工和农业管理相关专业

这类专业有一部分名字中带着"管理"两字，看着很光鲜，好像未来能做管理工作。另一部分名字中带着"加工"两字，偏向于农产品加工方向课程的学习。这两类专业实际情况是什么样？各位请往下看。

专业介绍

专业名称	学习内容（主要部分）	对应的普通本科专业(部分)
农产品流通与管理	农产品商品定级、采购、配送、销售，供应链管理	农林经济管理、市场营销、零售业管理、采购管理
休闲农业经营与管理	休闲农业项目的开发、策划、实施，休闲农业园区的经营管理、旅游接待	园艺、旅游管理
现代农业经济管理	农业企业、农村集体企业、农村合作社等农业经济组织的运营管理，农产品的营销	农林经济管理
农村新型经济组织管理	家庭农场、农民合作社、农业企业等新型农业经济组织的运营管理，农产品的营销	农林经济管理
农产品加工与质量检测	农产品加工、加工质量控制、检测、贮藏	食品质量与安全、食品安全与检测、食品科学与工程
棉花加工与经营管理	棉花检测仪器、棉花加工设备、棉花液压打包设备的操作、维护、检修，棉花销售	纺织工程

就业方向

1. 与农业管理相关的岗位

农产品流通与管理、休闲农业经营与管理、现代农业经济管理、农村新型经济组织管理这四个专业，对比其他农业类专业，缺少了很多技术类课程。就业主要面向农产品销售企业、农业合作社、休闲旅游企业的销售员、采购员、运营人员等。这类岗位对学历和专业要求都不高，别的专业的学生经过培训都可以做，工作一般比较辛苦，且薪资待遇不高。因此这四个专业属于专业门槛较低的文科专业，专升本往往也只能升到管理学相关专业，建议谨慎报考。

2. 与农产品加工相关的岗位

农产品加工相关的专业只有农产品加工与质量检测、棉花加工与经营管理，开设这类专业的学校也不多，一般来说很难遇到。就业方向主要有农产品加工企业的加工操作员、质量检测员等。这类岗位对学历和专业基本没有要求，就业门槛很低，工作环境一般在工厂一线，比较辛苦，薪资待遇不高，因此建议谨慎报考这类专业。农产品加工与质量检测专业，专升本可以升到食品和农学相关专业，升本后考公、考编的机会有所增加。

林业类

林业类专业主要学习林木生产、林业保护相关内容，当然也有和草业相关的草业技术、和花卉相关的花卉生产与花艺专业。开设林业类专业的学校比较少，而且大多数家长和考生是不太愿意报考的，所以分数线相对低很多，低分段的考生如果要报考林业类专业，那就要好好看一下下面的内容。

专业介绍

专业名称	学习内容（主要部分）	对应的普通本科专业（部分）
林业技术	林木种苗生产、造林、森林经营、森林资源调查监测、林业有害生物防治、林业规划	林学、森林保护、生态学
经济林培育与利用	经济林良种选育、种苗生产、建园、栽培、产品贮藏、产品加工	经济林、林学
森林和草原资源保护	森林和草原有害生物防治、植物检疫、调查、监测	森林保护、植物保护、野生动物与自然保护区管理、林学
林草生态保护与修复	林草资源调查、监测，生态保护修复方案的设计、施工，林草有害生物防治	林学、水土保持与荒漠化防治、野生动物与自然保护区管理、草业科学
木业智能装备应用技术	木材加工，木业智能装备的安装、操作、维护。包括电机与电气控制、可编程控制器技术、人造板、木质家具智能装备	木材科学与工程、家具设计与工程
木业产品设计与制造	木制品材料识别应用，木制品造型、结构设计，木制品质量检验。包括定制家居设计、生产工艺、质量检验等	木材科学与工程、家具设计与工程
园林技术	园林苗木生产销售、绿化设计施工、园林养护	园林、风景园林
草业技术	草地资源培育、改良、调查、监测、保护利用、有害生物防治	草业科学
花卉生产与花艺	花卉种苗繁育、花卉艺术创作、花艺环境装饰	园艺、园林、风景园林
野生动植物资源保护与利用	野生动植物保护、巡护调查、监测、野生动植物检疫、野生植物栽培、野生动物饲养救助	野生动物与自然保护区管理、动物科学、经济动物学、动植物检疫、森林保护、林学
自然保护地建设与管理	自然保护地勘界立标、资源调查、生态修复、有害生物防治、防灾减灾救灾	野生动物与自然保护区管理
森林生态旅游与康养	森林生态旅游、森林康养项目的设计、实操、营销	旅游管理
林业信息技术应用	森林资源调查、数据处理、地理信息系统林业应用、林业数据库管理	林学、森林保护、野生动物与自然保护区管理

就业方向

1. 种树、保护树的岗位

林业技术、经济林培育与利用、森林和草原资源保护、林草生态保护与修复四个专业就业面向林木生产企业、林业勘查单位的林业技术员，在森林、林场做林木培育、生产、监测、勘查等工作，就业门槛不高，工作经常要在户外，薪资待遇偏低。如果要做林木相关的育种等科研工作还需要升本考研。本科学历以上可以考自然资源局、环保局、林业局的公务员，但是这类公务员岗位需求量很少，事业单位的岗位稍多一些。

2. 与木材加工相关的岗位

木业智能装备应用技术、木业产品设计与制造这两个专业，主要学习木材的加工制造相关内容，这类专业就业面向木材加工企业、家具制造企业的加工操作员、家具设计师等，就业门槛不高，薪资待遇中等偏下。

3. 打造园林、养草、养花的岗位

园林技术专业比起林业相关专业，少了很多林木生产培育的课程，会学习更多园林设计方面的内容，就业面向园林相关企业，做园林设计、施工、维护工作，岗位一般要求园林设计相关专业专科及以上学历，薪资待遇较低。在全国范围里开设草业技术专业的学校非常少，就业一般面向草业相关企业的草业技术员，岗位需求量很少。花卉生产与花艺专业就业面向花卉相关企业的花卉相关技术员，和农业类专业就业情况类似。

4. 保护野生动植物的岗位

野生动植物资源保护与利用、自然保护地建设与管理两个专业，开设的学校很少，就业面向野生动物保护区、森林公园的动植物保护、监测相关技术人员，岗位需求量比较少。

5. 与旅游行业相关的岗位

森林生态旅游与康养专业更偏向于旅游管理，属于专业门槛较低的文科专业，就业方向主要是旅游企业的产品设计员、营销人员，岗位就业门槛很低，建议谨慎报考。

6. 和树林监测、勘查打交道的岗位

林业信息技术应用专业就业面向林业企业、林业监测单位的林业监测员、勘查员，岗位一般要求林业相关专业的专科及以上学历，薪资待遇中等偏下。

畜牧业类

畜牧业类专业学的都是和动物打交道的内容，其中有一类学的是"给动物治病"，这一类是能考执业兽医资格证的专业。还有一类学的是"把动物养好"，是不能考执业兽医资格证的专业。这两类具体还有哪些差别，可以看这一节的内容。

能考执业兽医资格证的专业

专业介绍

专业名称	学习内容（主要部分）	对应的普通本科专业(部分)
动物医学	动物流行病学调查、疫病检验、疾病诊断治疗、疫病防控，包括禽病、猪病、牛羊病的防治等	动物医学、动植物检疫、中兽医学、动物科学
动物药学	动物药品生产、生产设备操作维护，药品检验检测、检测仪器操作维护	动物药学、动物医学
畜牧兽医	畜禽饲养、常见疾病防控，畜牧场废弃物处理、畜牧场设备设施使用维护	动物科学、动物医学、中兽医学、动植物检疫
中兽医	中兽医诊断、中兽医辨证论治、中兽医针灸、中兽药制剂制备	中兽医学、动物医学、动物药学

续表

专业名称	学习内容（主要部分）	对应的普通本科专业（部分）
宠物医疗技术	宠物常见病诊断、治疗、疫病防控，宠物伤病救治、护理，宠物医院经营管理	动物医学
动物防疫与检疫	动物流行病调查、疫病防控，动物及其产品检疫检验，动物卫生监督	动植物检疫

就业方向

能给动物治病的岗位

根据全国执业兽医考试网发布的《兽医全科类考试报考专业目录》(2024年)，以上这些专科专业都是有资格考执业兽医资格证的，也就是说这些专业可以做兽医，就业面向畜牧养殖企业、宠物医院、动物药品生产企业的兽医岗位。

养殖场一般在偏远、远离市区的地方，厂里环境比较艰苦，尤其是动物的味道会比较大，而且工作可能需要常驻在养殖场内，薪资待遇中等。宠物医院一般在市内，环境比较好，但是岗位需求量比养殖场要少一些，刚毕业的兽医毕业生一般只能在宠物医院做兽医助理岗位，薪资待遇中等偏下，如果积累经验到可以独立做诊疗工作，那么薪资待遇会有较大提升。

总体来说，兽医行业对学历的要求没有那么高，更看重经验，专科学历找工作是比较容易的，但初期薪资待遇不会太高。

不能考执业兽医资格证的专业

专业介绍

专业名称	学习内容（主要部分）	对应的普通本科专业（部分）
畜禽智能化养殖	畜禽舍环境智能调控、智能化饲喂、智能化管理，养殖场废弃物处理、利用，智能养殖设备使用、维护	动物科学
特种动物养殖技术	特种动物饲养、疾病防治、良种繁育、养殖设备操作维护，特种动物产品采收和初加工	经济动物学、蜂学、实验动物学
宠物养护与训导	宠物饲养、繁育、洗护美容、训导调教、常见疾病防控	动物科学
动物营养与饲料	饲料配方设计、原料采购、加工调制、质量监测、加工设备操作维护	动物科学
桑蚕技术	桑树栽培、桑蚕饲养、种蚕繁育、茧丝检验、蚕茧收烘与加工	蚕学

就业方向

养动物的岗位

这些都是与动物养殖相关的专业，都不能考执业兽医资格证，也就是不能做兽医。就业面向的是动物养殖企业、饲料生产企业、宠物店的饲养员、饲料生产员等。工作内容几乎和兽医类专业一样，但专业门槛比兽医类要低很多，因为动物养殖工作只要在企业经过标准化培训，就可以上手，所以对专业的限制没有兽医那么严格，其他专业的人如果愿意干，也可以干。工作比较辛苦，薪资待遇中等。这类专业在很多省份的专升本考试中，可以报考动物医学专业。

渔业类

渔业类专业主要学习的是怎么把水里的动物养好，如果以后想从事水产行业，那就可以报考这类专业，开设这类专业的学校不多，分数一般也不会高。

专业介绍

专业名称	学习内容（主要部分）	对应的普通本科专业（部分）
水产养殖技术	水产动物苗种繁育、成体养殖、病虫害防治，水质检测调控	水产养殖学
海洋渔业技术	海洋生物资源与环境的调查、评价，海洋生物资源增殖、养护，海上船舶驾驶、现代渔业设备设施使用维护、海洋牧场建设管理	海洋渔业科学与技术
水族科学与技术	水族动物养殖、水族植物栽培、水生动植物病虫害防治、水质检测调控、水族景观设计、水生哺乳动物驯养	水产养殖学、水族科学与技术
水生动物医学	水生动物病虫害防治、疫病检验检疫、水产动物药品营销、水产养殖技术推广	水产养殖学、水生动物医学

就业方向

<u>养"在水里生活的动物"的岗位</u>

这类专业就业面向水产养殖企业、水产饲料生产企业、水生动物保健品生产企业、水生动物药品生产企业的水产养殖技术员、水生动物兽医、水产饲料销售员、水生动物保健品和药品销售员。工作环境往往是在鱼塘或水产养殖场，每天和鱼虾蟹贝、饲料打交道，岗位需求量比较多，薪资待遇中等。虽然只有水生动物医学叫"动物医学"，但是根据全国执业兽医考试网发布的《水生动物类考试报考专业目录》（2024年）显示，这四个专业都可以考水生动物类执业兽医资格证。

资源环境与安全大类

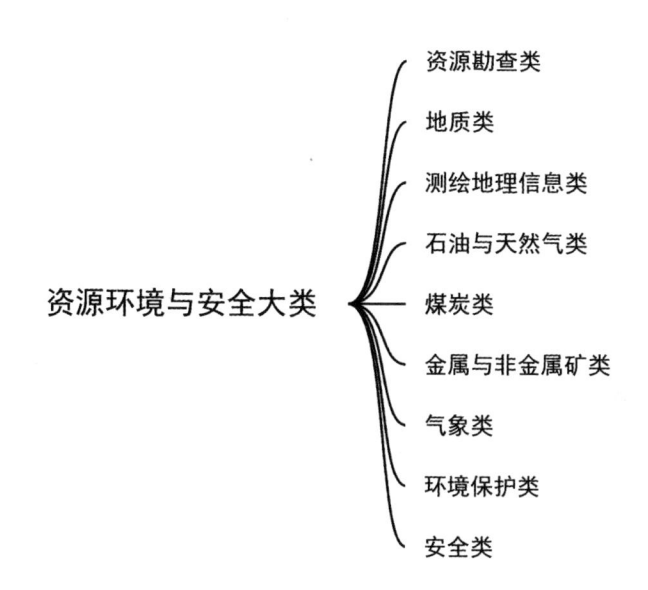

```
                        ┌─ 资源勘查类
                        ├─ 地质类
                        ├─ 测绘地理信息类
                        ├─ 石油与天然气类
    资源环境与安全大类 ──┤─ 煤炭类
                        ├─ 金属与非金属矿类
                        ├─ 气象类
                        ├─ 环境保护类
                        └─ 安全类
```

资源勘查类

资源勘查是和"找矿""找石油"等打交道的专业。资源勘查类专业毕业生一般矿产行业会需要，所以对各类采矿相关行业感兴趣的学生，可以重点关注。

专业介绍

专业名称	学习内容（主要部分）	对应的普通本科专业（部分）
国土资源调查与管理	不动产测绘，国土资源或矿产地质调查、监测、评价、登记，土地整治	土地资源管理、资源勘查工程、自然资源登记与管理、地理空间信息工程、地理科学
地质调查与矿产普查	地质填图、矿产资源野外调查、矿产资源开发对地质环境影响评价	资源勘查工程、勘查技术与工程、地质工程

续表

专业名称	学习内容（主要部分）	对应的普通本科专业（部分）
生态地质调查	生态地质调查、生态地质评价、生态地质数据库建设	地质工程、勘查技术与工程、资源勘查工程
矿产地质勘查	矿产地质勘查、矿产资源管理、矿山生产建设	资源勘查工程、地质学、地质工程
煤田地质勘查	煤炭资源调查、勘查、设计、开发，煤矿安全生产地质保障，煤矿开采生态保护	地质工程、勘查技术与工程、资源勘查工程、地下水科学与工程
岩矿分析与鉴定	野外地质调查、岩矿鉴定、岩矿测试分析、环境监测	地球化学、勘查技术与工程、地质工程
宝玉石鉴定与加工	珠宝玉石首饰检测、品质分级、制作加工、营销	宝石及材料工艺学

就业方向

<u>和矿石、煤炭等的勘查打交道的岗位</u>

除了最后一个宝玉石鉴定与加工外，都是和资源勘查相关的专业。就业面向矿业企业、煤矿企业、地质勘查企业的矿业技术员、煤矿技术员、勘查员。这些岗位往往需要长期出差，在野外做资源勘查相关工作，比较辛苦，薪资待遇中等偏下。开设宝玉石鉴定与加工专业的学校很少，面向珠宝玉石企业的加工员、销售员，薪资待遇中等偏下。

地质类

地质泛指地球的性质和特征，主要是指地球的物质组成、结构、构造、发育历史等。各类大型工程施工前，往往会做地质勘查相关的工作。这类专业一般分数比较低，对地质感兴趣的学生可以关注。

专业介绍

专业名称	学习内容（主要部分）	对应的普通本科专业（部分）
工程地质勘查	工程地质测绘、调查、勘查、评价，岩土室内测试，岩土工程施工	地质工程、勘查技术与工程、工程管理
水文与工程地质	水文地质与工程地质的测绘、勘探、试验、监测、评价	地质工程、勘查技术与工程、水文与水资源工程
矿山地质	矿产地质调查、地质数据处理绘图、地质灾害监测防治、矿山生态环境保护检测修复	地质工程、勘查技术与工程
钻探工程技术	钻孔设计、钻进方法选择、冲洗液配置测试、岩心采取、钻探设备的安装操作维护	勘查技术与工程、资源勘查工程
岩土工程技术	岩土工程勘察、施工、检测、监测。混凝土等建筑材料配比测试，地基、桩基、基坑的处理、监测、检测	地质工程、勘查技术与工程、工程管理、土木工程
地球物理勘探技术	用重力、磁法、电法、地震等地球物理方法，进行地质勘探	勘查技术与工程、地质工程
地质灾害调查与防治	地质灾害的调查、评价、监测、预警，防治工程的设计、施工，岩土工程勘察	地质工程、资源勘查工程、勘查技术与工程
环境地质工程	地质环境、地质灾害的调查、评价，矿山生态修复工程施工，水文地质勘查	地质工程、勘查技术与工程、资源勘查工程
城市地质勘查	城市地下空间探测、土地和水资源调查评价、地质环境调查评价、资源承载力评价	勘查技术与工程、地质工程、地球信息科学与技术

就业方向

和地质打交道的岗位

这类专业就业和资源勘查类类似，一般面向施工企业、矿业企业、地质勘查企业的施工技术员、测量员、勘查员等，往往需要长期出差，在野外做地质相关勘查、施工工作。工作比较艰苦，薪资中等偏下。

测绘地理信息类

测绘是对自然地理要素或者地表人工设施的形状、大小、空间位置及其属性等进行测定、采集并绘制成图。测绘地理信息类专业主要学的是测绘相关的技术。这类专业分数线一般不高，大多数家长和考生对这类专业就业能做什么完全不了解。要不要报这类专业，可以看完这一节内容再决定。

专业介绍

专业名称	学习内容（主要部分）	对应的普通本科专业（部分）
工程测量技术	工程施工控制网、变形监测控制网的布网、施测、数据处理等，勘察设计、工程施工、竣工验收、工程测量、变形监测	测绘工程
测绘工程技术	测量项目施测、数据处理、图件制作、质量检查验收	测绘工程、遥感科学与技术、导航工程、地理国情监测、地理空间信息工程
测绘地理信息技术	地理信息采集、处理、应用，地图制图	地理信息科学、地理空间信息工程、测绘工程、遥感科学与技术、导航工程、地理国情监测
摄影测量与遥感技术	地形图测绘、无人机航测、遥感图像处理分析，测绘航空摄影、航空摄影测量内业外业	遥感科学与技术、地理国情监测、地理空间信息工程、测绘工程
地籍测绘与土地管理	大比例尺地形图测绘、不动产确权登记、自然资源调查与监测、国土信息管理与空间规划，不动产测绘、自然资源调查、国土资源管理	测绘工程、土地资源管理、遥感科学与技术、地理空间信息工程、导航工程、地理科学、自然地理与资源环境、人文地理与城乡规划、地理信息科学、城乡规划
国土空间规划与测绘	国土空间规划的基础测绘、设计、资料编制、信息数据服务、规划管理	人文地理与城乡规划、测绘工程、遥感科学与技术、地理空间信息工程、城乡规划、土地资源管理、地理科学

续表

专业名称	学习内容（主要部分）	对应的普通本科专业（部分）
无人机测绘技术	无人机航空摄影、3D产品生产、倾斜摄影三维建模测图等，无人机操作维护、测绘数据采集及其处理	测绘工程、遥感科学与技术、导航工程、地理国情监测、地理空间信息工程、无人驾驶航空器系统工程
矿山测量	大比例尺地形图测绘，矿山与地下工程联系测量、施工测量、贯通测量，矿山工程图编织，矿山开采沉陷与地质灾害以及隧道施工变形监测	测绘工程、地理空间信息工程、导航工程
导航与位置服务	导航设备运维、导航数据采集处理、导航电子地图制作	导航工程、测绘工程、遥感科学与技术、地理国情监测、地理空间信息工程
空间数字建模与应用技术	地图设计与编绘、地理信息处理、三维建模、地理空间模型应用	测绘工程、遥感科学与技术、导航工程、地理国情监测、地理空间信息工程

就业方向

1. 经常在野外工作的测量员

这类专业就业方向是测绘企业、工程施工企业、矿业企业的测量员、绘图员等。测绘行业分内业和外业。内业工作是通过计算机，将测量来的数据进行处理。外业工作是使用测量仪器在野外、工地、农村郊区等地区进行数据测量。岗位一般要求测绘相关专业专科及以上学历，如果测绘技能熟练，专科学历以下也可以就业。这类岗位经常要在户外工作，比较辛苦，薪资待遇中等偏下。

2. 和导航打交道的岗位

开设导航与位置服务、空间数字建模与应用技术这两个专业的学校很少，就业面向导航设备生产企业、电子地图生产企业的技术员，岗位需求量少。

3. 总结

测绘地理信息类专业，升本考研，有机会做导航、地理信息等相关的软件或系统开发工作，薪资比较高。地理信息科学、测绘工程相关专业，考研相对容易。

石油与天然气类

石油与天然气类专业主要学的是石油和天然气开采相关的技术，这类专业部分家长和考生在报考时会有所顾虑，开设这类专业的学校也比较少。有志于从事与石油、天然气相关行业的考生，可以重点关注。

专业介绍

专业名称	学习内容（主要部分）	对应的普通本科专业（部分）
油气储运技术	油气集输与处理、油气管道运送、油气储存销售、燃气输配。包括储运设备、仪器的安装、操作、维护、维修	油气储运工程
油气地质勘探技术	录井、测井、钻井、油气开采、井下作业	地质工程、勘查技术与工程、资源勘查工程
钻井技术	钻井设备及工具的拆装、调试、使用、维护、保养	石油工程
油气智能开采技术	石油开采、天然气开采、井下作业、城市燃气输配	石油工程
油田化学应用技术	油田化学品生产操作，油田化学剂配制使用，提高油田的采收率	应用化学、化学工程与工艺、石油工程、油气储运工程
石油工程技术	钻采设备操作、维护，井下作业设备操作、维修	石油工程、应用化学、材料化学、化学工程与工艺

就业方向

和石油、油气打交道的岗位

这类专业就业面向油气开采企业、油气管道企业、油气勘查企业、油气炼化企业的油气开采技术员、油气储运员、炼油化工操作员等。这类岗位招聘，一般要求具有石油、地质相关专业专科及以上学历，需要根据油气开采项目到不同地点出差，位置往往在偏远地区，工作环境一般在石油、天然气开采现场、储运管道施工现场，工作环境和内容比较艰苦，薪资待遇中等偏下，建议谨慎报考。

煤炭类

煤炭类专业主要学的是煤矿开采相关的技术。这一类专业对应岗位的工作环境可能不会太好，且地处偏远，所以一般分数线也是比较低的，开设这类专业的学校也比较少。有志于从事煤炭相关产业的学生，可以重点关注。

专业介绍

专业名称	学习内容（主要部分）	对应的普通本科专业（部分）
煤矿智能开采技术	智能化开采施工、智能采掘机械使用维护、智能化通风管理、开采安全管理	采矿工程、电气工程及其自动化、电气工程与智能控制
矿井建设工程技术	一般井巷工程技术设计、施工，解决矿井建设工程中的技术问题，包括使用掘进设备、矿山压力监测设备	土木工程、采矿工程
通风技术与安全管理	矿井智能通风仪器仪表使用、通风阻力测定、安全隐患排查治理、安全事故防控	采矿工程、安全工程

续表

专业名称	学习内容（主要部分）	对应的普通本科专业（部分）
矿山机电与智能装备	智能化煤矿机电设备的操作、维护、维修	机械工程、机械电子工程
煤炭清洁利用技术	煤质分析、煤炭洗选、煤化工生产设备使用维护、工艺控制	能源化学工程、矿物加工工程、化学工程与工艺
煤层气采输技术	煤层气的开采、集输、处理，矿井瓦斯抽采的设计、施工	采矿工程、石油工程

就业方向

<u>和"挖煤"打交道的岗位</u>

这类专业就业面向煤矿开采企业、煤层气采输企业、煤炭洗选企业、煤化工企业的煤矿开采技术员、矿井安全管理员、钻探工等岗位。这类岗位招聘，一般要求煤炭、矿业、地质相关专业专科及以上学历，工作环境艰苦，薪资待遇中等偏下，工作有一定危险性，建议谨慎报考。

金属与非金属矿类

金属与非金属矿类专业主要学的是矿产开采相关的技术。和煤炭类专业类似，这类专业也是大多数家长和考生不愿意报考的，开设这类专业的学校也比较少，有志于从事矿业相关行业的学生可以重点关注。

专业介绍

专业名称	学习内容（主要部分）	对应的普通本科专业（部分）
矿山智能开采技术	露天矿物开采、矿井开掘、井下采矿、井下支护、矿山提升设备操作、矿井通风、矿山安全防护	智能采矿工程、采矿工程
矿物加工技术	选矿设备操作、运维、工艺调控等，包括碎矿、磨矿、浮选、重选、磁选	矿物加工工程、冶金工程

就业方向

与采矿有关的岗位

这类专业就业面向矿业企业、矿物加工企业的采矿技术员、选矿技术员等岗位，和煤炭类专业类似，这类岗位就业门槛很低，一般要求具有矿业、地质相关专业专科及以上学历，工作环境在采矿施工现场，环境艰苦，薪资待遇中等偏下，而且工作有一定危险性，建议谨慎报考。

气象类

有的考生可能在高中比较喜欢地理，所以对气象类专业感兴趣。有的家长也会觉得学了气象类专业可以进气象局，但是现实的就业情况可能和考生与家长想的不一样。

专业介绍

专业名称	学习内容（主要部分）	对应的普通本科专业（部分）
大气科学技术	应用各种气象数据制作天气预报、发布灾害性天气预警、指挥人工影响天气作业	大气科学
大气探测技术	气象观测、气象设备安装维护维修、气象数据处理、航空/海洋气象服务保障	气象技术与工程
应用气象技术	农业气象观测与服务、各类气象服务产品制作、气象资源应用开发	应用气象学
雷电防护技术	防雷工程设计、施工，防雷装置检测。包括建筑物、计算机机房、信号系统等的防雷工程	安全工程

就业方向

1. 能去气象局吗?

大气科学技术、大气探测技术、应用气象技术专业就业面向的是气象局的业务岗位。气象局属于事业单位，每年的招聘需求量比较少，专科学历即使能找到气象局的岗位，也只能做编外人员，薪资待遇中等偏下，本科或研究生学历有机会报考各地的气象单位的编内岗位。但是，很少有本科学校开设气象类专业，有气象专业且接收专升本的学校少之又少。所以，这类专业的学生，很有可能在专升本时没法继续选择气象相关专业，只能选择其他专业。

2. 和雷电防护打交道的岗位

雷电防护技术专业更偏向于安全工程，可应聘防雷检测企业的建筑物防雷检测工程师，这类岗位需求量要比气象观测预报类多很多，薪资待遇也会高一些。

3. 开设气象类专业的学校多吗?

在全国开设气象类专业的只有兰州资源环境职业技术大学、江西信息应用职业技术学院两个学校。

环境保护类

环境保护类专业主要学习的是环境保护相关的技术。环保产业是国家大力支持的产业，但是与环保相关的专业，也是网上争议比较多的专业。有志于从事环保行业的学生可以重点关注。

专业介绍

专业名称	学习内容（主要部分）	对应的普通本科专业（部分）
环境监测技术	各种环境污染物样品的采集、检测分析、报告编制，监测过程中的质量控制，环境自动监测设备使用、运维	环境科学与工程、环境工程、环境科学
环境工程技术	水、大气、固体废物污染治理技术，环境工程施工，环保设备维护维修	环境科学与工程、环境工程、环境科学、环境生态工程、环保设备工程、资源环境科学
生态保护技术	生态监测调查，水生态、土壤生态的保护和修复，生态保护修复方案编制，生态保护工程施工、项目管理	环境生态工程、资源环境科学、环境科学、生态学
环境管理与评价	环境影响评价、排污许可管理、工程项目竣工环境保护验收、环境应急管理	环境科学与工程、环境工程、环境科学
生态环境修复技术	环境污染修复方案编制、环境修复工程施工监理，地表水、地下水、农用地土壤、建设用地土壤、矿山生态等环境的修复	环境科学与工程、环境工程、环境科学、环境生态工程、资源环境科学
绿色低碳技术	温室气体排放监测、企业清洁生产审核、低碳技术应用	环境科学与工程
资源综合利用技术	固体废物鉴别、分析、处理，再生资源工程工艺设计、工程运营，设备安装调试、运营	环境科学与工程、环境工程、环境科学、环保设备工程、资源环境科学、环境生态工程
水净化与安全技术	水处理工程设计、施工，水质监测、管理，水处理设备操作、调试	环境工程、环保设备工程、给排水科学与工程、环境科学与工程
生态环境大数据技术	环境大数据采集、存储、平台搭建、运维、分析、应用	环境科学、软件工程、数据科学与大数据技术、计算机科学与技术
核与辐射检测防护技术	辐射环境监测、管理、评价，辐射剂量和防护评估，放射性污染的治理	辐射防护与核安全、核工程与核技术、核化工与核燃料工程、工程物理、环境工程
智能环保装备技术	智能环保装备的安装、调试、使用、维护、维修	环保设备工程、环境工程

就业方向

和污染治理打交道的岗位

这类专业就业面向的是环境检测企业、污染处理企业、环保设备企业的环境采样员、环境检测分析员、环境报告编写员等。这类岗位每天和污染源打交道比较多，比较辛苦，薪资待遇中等偏下。想要从事环境评价、科研等工作，需要升本考研。环境类专业本科就业情况都不是很乐观，建议谨慎报考。生态环境大数据技术专业，就业面向的是环保行业的大数据/软件企业，岗位需求量很少。核与辐射检测防护技术专业，就业面向的是核电站的运维人员，地点一般在市区以外，可能需要倒班工作。智能环保装备技术专业，就业面向的是环保设备企业、污染处理企业的环保设备运维人员。最后这三个专业全国开设的学校非常少，一般遇不到。

安全类

安全类专业主要分为两类：一类学的是预防重大事故，保证安全生产相关的内容，即安全生产相关专业；一类学的是产生了重大事故后的救援相关技术，即救援相关专业。安全类专业对应岗位需要从业者具有良好的安全意识、责任意识。有志于从事安全、救援相关行业的学生可以重点关注。

安全生产相关专业

专业介绍

专业名称	学习内容（主要部分）	对应的普通本科专业（部分）
安全技术与管理	安全检查、管理、评价，包括防火防爆安全、电气安全、消防安全等方面的防控技术	安全工程、应急技术与管理

续表

专业名称	学习内容（主要部分）	对应的普通本科专业（部分）
化工安全技术	化工安全生产、安全检修操作与控制、安全管理、应急处置	安全工程、化学工程与工艺
工程安全评价与监理	建设工程的事故预测、损害估算、质量控制、风险评价	土木工程、安全工程、工程管理
安全智能监测技术	安全智能监测设备的安装、使用、维护、检修	安全工程、电子信息工程、应急技术与管理
职业健康安全技术	职业病危害评测、职业病防控，企业职业健康安全管理、防治	安全工程、职业卫生工程、应急技术与管理

就业方向

<u>预防安全事故的岗位</u>

这类专业就业面向的是建筑施工企业、矿业企业、大型制造业企业、化工企业等的安全员。这类岗位一般负责辨别安全风险、排查安全隐患、做安全培训等安全生产管理相关工作，薪资待遇中等。如果能考取安全员相关证书，薪资待遇会有提升。这类岗位的需求量比较多，尤其是建筑施工企业，找工作比较容易。

救援相关专业

专业介绍

专业名称	学习内容（主要部分）	对应的普通本科专业（部分）
应急救援技术	应急救援预案编制、演练，现场急救，应急指挥，现场应急处置	抢险救援指挥与技术、应急技术与管理、应急管理、安全工程
消防救援技术	火灾扑救处置、建筑物坍塌救援、化学品事故救援、城市公共事故救援、消防指挥和训练	消防指挥、抢险救援指挥与技术、消防工程、消防政治工作、核生化消防、安全工程、应急管理、应急技术与管理

续表

专业名称	学习内容（主要部分）	对应的普通本科专业（部分）
森林草原防火技术	森林、草原的火灾的预防、监测、扑救、指挥、灾害评估	森林保护、应急管理、消防指挥

就业方向

<u>出了事故，在一线救援的岗位</u>

这类专业就业面向消防救援单位的消防员、应急救援人员。绝大部分岗位要求男性，欠发达地区一般要求高中及以上学历，普通地区一般要求专科及以上学历，工作危险性大，且比较辛苦，薪资待遇中等。

能源动力与材料大类

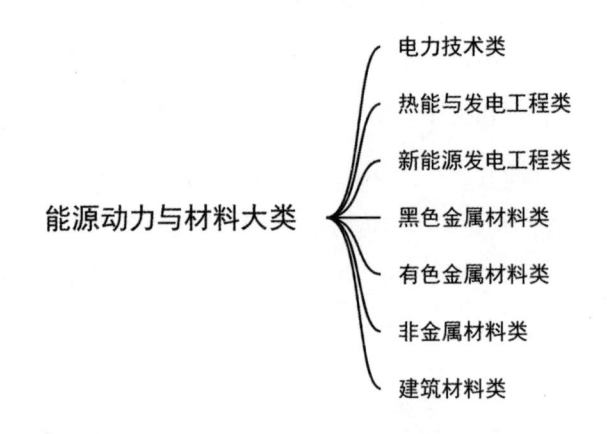

能源动力与材料大类
- 电力技术类
- 热能与发电工程类
- 新能源发电工程类
- 黑色金属材料类
- 有色金属材料类
- 非金属材料类
- 建筑材料类

电力技术类

电力技术类专业主要学习和强电相关的技术，对应的本科专业就是电气类专业。电力技术类专业是公认的好就业、就业好的专业，每年的录取分数也是比较高的。很多家长和考生听说电力技术类专业以后会有机会进电网，所以很想报考这类专业。电力技术类专业一共有11个专业，具体要报考哪个、不报考哪个，有很多家长和考生不了解，那可以看完这一节内容再决定。

专业介绍

专业名称	学习内容（主要部分）	对应的普通本科专业（部分）
发电厂及电力系统	发电厂、变电站的电气设备的运行监测、维护、调试、检修	电气工程及其自动化、智能电网信息工程、电气工程与智能控制
水电站机电设备与自动化	水电站的机械部分、电气部分设备的运行监测、维护、调试、检修	电气工程及其自动化、电气工程与智能控制、电机电器智能化
水电站与电力网技术	水电站机电设备、变电设备、电力网的安装、调试、监测、维护、检修	电气工程及其自动化、能源与动力工程
分布式发电与智能微电网技术	分布式数字化电站、智能微电网系统的规划设计、施工建设、安装调试、运行监测、检修维护	新能源科学与工程、电气工程及其自动化、智能电网信息工程
电力系统自动化技术	电力系统的电气部分的配置、安装、调试、监测、维护、检修，电力自动化系统的运维	电气工程及其自动化、智能电网信息工程、电气工程与智能控制、电机电器智能化
电力系统继电保护技术	电力系统继电保护等自动化装置的安装、调试、运维、检修，二次回路设计与安装调试	电气工程及其自动化
输配电工程技术	输配电工程勘察设计，电气设备安装，输配电线路和配电设备的安装、运维、检修	电气工程及其自动化、电气工程与智能控制
供用电技术	变配电系统的设计、安装、调试、检修、运维	电气工程及其自动化
农业电气化技术	农业电气系统设计，电气设备安装、调试、维护、检修，智能农业装备的电气控制部分及农业物联网的安装、调试、运维、检修	智慧农业、农业工程、农业机械化及其自动化、农业电气化、设施农业科学与工程、电气工程及其自动化、自动化

037

续表

专业名称	学习内容（主要部分）	对应的普通本科专业（部分）
机场电工技术	电气控制系统的安装、调试、维护、检修，机场电气控制系统的安装、调试、运维、检修	电气工程及其自动化、电气工程与智能控制
电力客户服务与管理	抄表核算收费、装表接电、配电网和用电设备运维检修，电能计量、配电运检、电力客服	电气工程及其自动化

就业方向

1. 涉及发电、输电、用电等的岗位

发电厂及电力系统、分布式发电与智能微电网技术、电力系统自动化技术、电力系统继电保护技术、输配电工程技术、供用电技术专业，学习的是发电、输电、配电等用到的与电力相关的技术，就业面向电力公司、发电厂、变电站、用电生产企业、电力设备制造企业的检修员、运维人员、电气工程师等岗位。电气工程师岗位，主要负责电气设备研发或电力系统设计工作，一般要求电气相关专业本科及以上学历，如果个人能力比较强，专科学历也有机会应聘，薪资待遇比较高，和机电专业类似。与电力相关的检修运维岗位，一般要求电气、机电相关专业专科及以上学历，薪资待遇中等，上升空间较小。

2. 能进国家电网吗？

在部分省份，考生报考这六个专业，如果能考入省内的电力特色学校，则有一定机会考入国家电网，但一般是经济欠发达地区的乡镇供电所或县城电力局岗位，经济发达地区的招聘则要求比较高，考入的机会很小。比如，2023年四川电网第二批次招聘简章中，要求国内外本科及以上学历应届毕业生，并且补充了一句"艰苦偏远地区单位根据招聘计划和生源情况，可招聘电工类专科应届毕业生"。最终四川电网第二批录取了一部分四川电力职业技术学院的毕业生，而且录取数量是比较多的。

3.其他电力相关岗位

水电站机电设备与自动化、水电站与电力网技术专业就业面向水电站的电气设备检修维护岗位。农业电气化技术专业，就业面向设施农业企业的电气设备检修维护岗位。机场电工技术专业就业面向机场的电气设备检修维护岗位。电力客户服务与管理专业就业面向电力公司的客服运营岗位。开设这五个专业的学校很少。除了电力客户服务与管理专业，其他四个专业还可以应聘电力设备制造企业的电气工程师、机电工程师等相关岗位，因为这些专业也都会学电气、机电相关的基础课程。

4.总结

总体来说，电力技术类专业就业面在专科专业中属于非常广的，在各类制造业和电气相关的企业就业的薪资待遇也是比较高的，在专科段属于比较值得报考的专业。

热能与发电工程类

热能与发电工程类专业主要学的是与供热和发电相关的技术。大多数家长和考生看到这类专业的名字，不知道各个专业是干什么的。可能有的家长看到部分专业和发电相关，会误以为是电力技术类专业，但实际上，这类专业和电力技术类专业还是有较大区别的。有志于从事发电、供热相关行业的学生可以重点关注。

专业介绍

专业名称	学习内容（主要部分）	对应的普通本科专业（部分）
热能动力工程技术	发电厂热力设备安装、维护、检修。比如，锅炉设备、汽轮机设备的检修	能源与动力工程、新能源科学与工程、能源服务工程
城市热能应用技术	热源设备、热力网的安装、维护、检修，热力网调度。比如，锅炉、汽轮机、管阀、水泵的检修	能源与动力工程、能源与环境系统工程
地热开发技术	地热能供热设备、地热能发电设备的安装、调试、检修	新能源科学与工程
太阳能光热技术与应用	光热发电系统设计、施工、运维，利用太阳能生产电力、热力	新能源科学与工程
发电运行技术	发电机组设备的操作、参数监控、运行调控、维护检修	能源与动力工程、新能源科学与工程
热工自动化技术	热工仪表、自动化装置的安装、维护、检修	自动化、测控技术与仪器、能源与动力工程、电气工程及其自动化
核电站动力设备运行与维护	核电站动力设备的安装、检修、维护	核工程与核技术、能源与动力工程、核电技术与控制工程
电厂化学与环保技术	水、燃料、油气的质量分析，水生产、水处理、脱硫脱硝设备的维护、检修	应用化学、环境工程、水质科学与技术

就业方向

发电厂、供热厂的设备维护岗位

这类专业就业面向的是热力发电企业、供热企业、热电联产企业、新能源发电企业、核电企业的操作员、运维员、检修员、值班员等岗位。其中，电厂化学与环保技术专业就业面向的是发电厂的污染处理员岗位，核电站动力设备运行与维护专业就业面向核电企业的检修运维岗位。以上所有专业对应岗位的工作地点，一般远离市区，部分企业需要倒班，薪资待遇中等偏下，建议谨慎报考。

新能源发电工程类

新能源发电工程类专业主要学的是各种新能源发电相关技术。新能源是现在比较热门的话题，用新能源替代传统能源也是目前的趋势。但是实际的就业情况可能和大多数家长、考生想的不一样。有志于从事新能源相关行业的学生，可以重点关注。

专业介绍

专业名称	学习内容（主要部分）	对应的普通本科专业（部分）
光伏工程技术	光伏系统设计，光伏电站建设、运维	新能源科学与工程、电气工程及其自动化、电气工程与智能控制
风力发电工程技术	风电场的电力系统、风力发电机组的运维、检修	新能源科学与工程、电气工程及其自动化、智能电网信息工程
生物质能应用技术	生物质电厂的电力设备、热力设备的运维、检修。比如，生物质锅炉、汽轮机、电力机组等的检修	能源与动力工程、能源与环境系统工程、新能源科学与工程、能源服务工程
氢能技术应用	氢能制备、储存、运输，氢能燃料电池生产、检修	新能源科学与工程、能源化学工程、储能科学与工程
工业节能技术	能源的监测、节能方案设计、节能优化改造	能源与动力工程、建筑环境与能源应用工程、能源与环境系统工程、新能源科学与工程、储能科学与工程
节电技术与管理	节电系统设计、安装、调试、运维	电气工程及其自动化
新能源材料应用技术	光伏、储能、风机叶片材料的生产工艺，新能源发电系统的设计、施工、运维	新能源材料与器件、新能源科学与工程、储能科学与工程

就业方向

与新能源发电相关的岗位

这类专业就业面向光伏电站、风力发电站、新能源设备企业的运维员、检修员、施工技术员等岗位。其中工业节能技术、节电技术与管理专业，就业面向的是节能节电设备生产企业的技术员等。这类岗位就业地点一般远离市区，薪资待遇中等偏下，岗位需求量比较少。这类专业在专升本的考试中一般可以报考新能源相关专业或电气相关专业。

黑色金属材料类

黑色金属主要指铁及其合金，如钢、生铁、铁合金、铸铁等，黑色金属以外的金属称为有色金属。黑色金属材料类专业，乍一听名字，很多家长和考生可能不知道是做什么的，但是其实这类专业学的就是冶金相关的技术。一提到冶金，大多数家长和考生可能就不感兴趣了。有志于从事黑色金属冶金相关行业的学生，可以重点关注。

专业介绍

专业名称	学习内容（主要部分）	对应的普通本科专业（部分）
钢铁智能冶金技术	智能化冶金的工艺技术，智能化冶金设备的操作、保养、维护、检修	冶金工程
智能轧钢技术	原料加热、钢铁轧制、钢材精整、热处理等技术	金属材料工程、材料成型及控制工程
钢铁冶金设备维护	冶金设备操作、点检、维护、保养、修理	冶金工程
金属材料检测技术	金属材料检测的工艺技术，检测设备的使用、维护	金属材料工程

就业方向

钢铁厂的相关岗位

这类专业就业面向钢铁冶炼企业、钢铁制品生产企业的冶金技术员、操作员、设备运维员、产品检测员。工作地点远离市区,工作环境比较艰苦,且有一定危险性,薪资待遇偏低,建议谨慎报考。

有色金属材料类

有色金属通常指除去铁(有时也除去锰和铬)和铁基合金以外的所有金属。有色金属可分为重金属(如铜、铅、锌等)、轻金属(如铝、镁等)、贵金属(如金、银、铂等)及稀有金属(如钨、钼、锗、锂、镧、铀等)。有色金属材料类专业学的内容也是和冶金相关的技术,只是偏向于有色金属冶金方向。这类专业也是大多数家长和考生不太愿意报考的,有志于从事有色金属冶金相关行业的学生,可以重点关注。

专业介绍

专业名称	学习内容(主要部分)	对应的普通本科专业(部分)
有色金属智能冶金技术	冶金工艺技术,冶金设备操作、维护。比如,火法冶金、湿法冶金	冶金工程
金属智能加工技术	有色金属的轧制、拉拔、锻造、冲压等技术,以生产钢板、钢筋等金属材料	材料科学与工程、金属材料工程、智能材料与结构
金属精密成型技术	三维绘图,3D打印设备、粉末冶金设备的操作、维护,以生产精密金属材料	冶金工程、粉体材料科学与工程、金属材料工程
储能材料技术	储能材料制备,储能电池、储能电池模组、储能电池系统的制造、检测、设备维护	新能源材料与器件、无机非金属材料工程

续表

专业名称	学习内容（主要部分）	对应的普通本科专业（部分）
稀土材料技术	稀土材料的生产、检测，稀土材料生产设备的维护、维修。包括稀土矿物分选、稀土分离提纯、稀土金属及合金制备、稀土永磁等功能材料制备、质量检测	材料科学与工程、冶金工程、金属材料工程

就业方向

<u>1. 冶金厂的相关岗位</u>

有色金属材料类专业除了储能材料技术专业外，主要学习有色金属的冶炼、加工、制造、检测等，就业面向有色金属冶金厂的冶金技术员、操作员、设备运维员、产品检测员等。工作地点远离市区，工作环境比较艰苦，且有一定危险性，薪资待遇偏低，建议谨慎报考。

<u>2. 与储能产品制造相关的岗位</u>

储能材料技术专业就业面向的是电池等储能相关企业的技术员、操作员等，这个专业升本考研后，可以应聘与锂电池材料相关的岗位，薪资待遇比较高。

非金属材料类

非金属材料指具有非金属性质（导电性导热性差）的材料。如水泥、人造石墨、特种陶瓷、合成橡胶、合成树脂（塑料）等。非金属材料类专业主要学习非金属材料的生产制造技术，方向比较多，有高分子材料方向、复合材料方向、光伏材料方向等。有志于从事非金属材料相关行业的学生，可以重点关注。

专业介绍

专业名称	学习内容（主要部分）	对应的普通本科专业（部分）
材料工程技术	新材料的配方设计、工艺优化、加工生产、质量检测、品质管控	高分子材料与工程、复合材料与工程
高分子材料智能制造技术	高分子材料的配方设计、工艺优化、加工生产、质量检测、品质管控	高分子材料与工程、复合材料与工程
复合材料智能制造技术	复合材料的配方设计、工艺优化、加工生产、质量检测、品质管控	材料科学与工程、高分子材料与工程、复合材料与工程
航空复合材料成型与加工技术	航空树脂基复合材料的结构件的成型、装配、检修、检测技术	复合材料与工程、复合材料成型工程、飞行器制造工程
非金属矿物材料技术	非金属矿物制品的配方设计、数字化生产、性能检测	无机非金属材料工程、材料科学与工程、功能材料、矿物加工工程
光伏材料制备技术	光伏材料的生产、工艺优化、设备运维、产品检测等。比如，单晶硅制备、硅片加工、太阳能电池智能制造	新能源材料与器件、材料科学与工程、材料物理、材料化学
硅材料制备技术	硅材料的生产、工艺优化、设备运维、质量控制等。比如，多晶硅、单晶硅、晶圆片、半导体芯片的生产	材料科学与工程、无机非金属材料工程、新能源材料与器件
炭材料工程技术	炭材料生产技术，炭材料生产设备操作、维护、检修	无机非金属材料工程
橡胶智能制造技术	橡胶生产的配方设计、工艺优化、性能测试	材料科学与工程、高分子材料与工程、复合材料与工程、化学工程与工艺

就业方向

与非金属材料制造相关的岗位

这类专业就业面向的是橡胶材料、半导体材料、复合材料等非金属材料生产企业的操作员、检测员。工作地点一般远离市区，工作环境比较艰苦，薪资待遇偏低，材料类专业本科就业情况都不乐观，建议谨慎报考。

建筑材料类

建筑材料类专业主要学的是与建筑材料生产制造相关的技术，开设这类专业的学校比较少，属于偏冷门的专业。有志于从事建筑材料相关行业的学生，可以重点关注。

专业介绍

专业名称	学习内容（主要部分）	对应的普通本科专业（部分）
建筑材料工程技术	建筑材料的配方设计、生产制备、工艺优化、性能检测。比如，水泥、玻璃、混凝土	材料科学与工程、无机非金属材料工程、复合材料与工程、功能材料
新型建筑材料技术	新型建筑材料的配方设计、制备、工艺优化、性能检测。比如，新型墙体材料、新型保温隔热材料、新型防水密封材料	材料科学与工程、无机非金属材料工程、复合材料与工程
建筑装饰材料技术	建筑装饰材料的配方设计、生产加工、工艺优化、性能检测。比如，装饰玻璃、装饰陶瓷	材料科学与工程、无机非金属材料工程、复合材料与工程
建筑材料检测技术	建筑材料化学分析、物理性能检验、有害成分检验、能源计量、节能诊断的技术。比如，装修材料的污染物检测	材料科学与工程、无机非金属材料工程
装配式建筑构件智能制造技术	装配式建筑构件的设计、制造、安装、质量检测	材料科学与工程、无机非金属材料工程、智能建造

就业方向

和建筑材料打交道的岗位

这类专业就业面向建筑材料生产企业、建筑施工企业的建材技术员、检测员、采购员等。工作环境一般在工厂一线或建筑施工现场，薪资待遇偏低，本科学历就业情况都不乐观，建议谨慎报考。

土木建筑大类

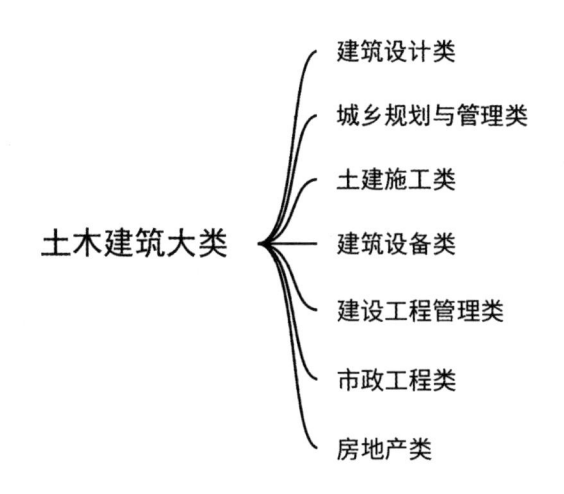

土木建筑大类
- 建筑设计类
- 城乡规划与管理类
- 土建施工类
- 建筑设备类
- 建设工程管理类
- 市政工程类
- 房地产类

建筑设计类

建筑设计类专业主要学习的是与建筑设计相关的内容。和土建施工类专业不同，这类专业不学习力学相关的课程，只学习设计相关的课程，主要目的是让建筑、景观等更美观、合理。有的学生对这类专业可能很感兴趣，但目前建筑设计相关企业的效益不乐观，是否要报考，可以看过下面的内容后再决定。

专业介绍

专业名称	学习内容（主要部分）	对应的普通本科专业（部分）
建筑设计	建筑方案设计、建筑施工图设计、建筑效果图表现、建筑方案文本制作	建筑学、城乡规划、风景园林、历史建筑保护工程、人居环境科学与技术、城市设计
建筑装饰工程技术	装饰设计、装饰施工图绘制、装饰工程计量与计价、装饰施工过程管理及质量检验	建筑学、历史建筑保护工程
古建筑工程技术	古建筑修缮方案设计、施工图绘制、施工管理	建筑学、历史建筑保护工程
园林工程技术	中小型园林施工图设计、施工管理、园林维护	风景园林、园林
风景园林设计	园林方案设计、施工图设计、效果图制作，园林植物造景设计	风景园林、园林
建筑室内设计	住宅和中小型公共建筑的室内方案设计、室内装饰图设计、施工图设计、装饰工程施工监理、软装设计、照明方案设计	建筑学、智慧建筑与建造、环境设计
建筑动画技术	建筑模型制作、建筑动画制作、建筑数字化表现	数字媒体艺术、风景园林

就业方向

想做建筑设计师吗？

这类专业就业面向的是建筑设计企业、室内设计企业、园林设计企业的设计师岗位。大中型企业一般要求建筑相关专业本科及以上学历，小型企业一般要求建筑相关专业的专科及以上学历。工作内容一般是根据要求，完成建筑设计方案、施工图设计等。经常需要根据需求方的意见，反复修改设计稿，工作比较辛苦，薪资待遇中等偏下。

城乡规划与管理类

城乡规划与管理类专业主要学与城乡规划设计相关内容。和建筑设计专业类似，主要学的也是设计相关的课程。开设这类专业的学校不算多，和建筑类比较相关。有志于从事城乡规划相关行业的学生，可以重点关注。

专业介绍

专业名称	学习内容（主要部分）	对应的普通本科专业(部分)
城乡规划	小城镇规划、村庄规划、修建性规划、景观规划	城乡规划、城市设计、建筑学、风景园林
智慧城市管理技术	城市信息模型建模、摄影测量、遥感、市政基础设施管理、城市社区管理	城市管理、信息管理与信息系统
村镇建设与管理	村镇规划管理、村镇房屋和基础设施施工维护	城乡规划、土木工程、工程管理

就业方向

想做城乡规划师吗？

城乡规划专业就业面向城乡规划设计公司的设计师岗位。这类岗位在大中型企业中，一般要求城乡规划或建筑相关专业本科及以上学历，小型企业一般要求城乡规划或建筑相关专业专科及以上学历。工作内容一般是做城市规划的设计方案，工作比较辛苦，薪资待遇中等偏下。和建筑设计类岗位类似，经常需要根据需求方的意见，反复修改设计稿。智慧城市管理技术专业就业面向市政施工测量相关岗位，村镇建设与管理专业就业面向城乡改造施工相关岗位，开设这两个专业的学校非常少，一般遇不到。

土建施工类

土建施工类专业主要学习与建筑施工相关的技术，对应的本科专业是土木工程专业。这类专业近两年的争议比较多，分数线连年下降。大多数家长和考生一般不愿意报这类专业。专科学这类专业找的工作，有可能和本科土木工程专业毕业生找的是一样的。有志于从事土建施工相关行业的学生，可以重点关注。

专业介绍

专业名称	学习内容（主要部分）	对应的普通本科专业（部分）
建筑工程技术	建筑力学、构造、结构，工程测量、岩土的知识，以解决建筑工程施工的技术问题、进度管理、质量管理、安全管理	土木工程、城市地下空间工程、智能建造、智慧建筑与建造
装配式建筑工程技术	建筑力学、构造、结构，工程测量的知识，以解决装配式构件的设计、生产、施工进度、施工质量、施工安全、成本控制的问题	土木工程、智能建造
建筑钢结构工程技术	建筑力学、构造、结构，工程测量的知识，以解决钢结构设计、钢结构检测、钢结构构件加工制作安装	土木工程、智能建造、智慧建筑与建造
智能建造技术	用智能化的设备做建筑施工。比如，用建筑机器人操作、测量	土木工程、智能建造
地下与隧道工程技术	地下空间与隧道的勘察、施工、施工质量检查、施工安全检查	城市地下空间工程、土木工程
土木工程检测技术	各种工程的材料检测、实体检测、桩基检测、室内环境检测、质量检测	土木工程、道路桥梁与渡河工程

就业方向

<u>与土建施工相关的岗位</u>

这类专业就业面向建筑施工企业的施工技术员、施工监理员、施工测量员、驻场资料员等。这类岗位一般要求土建相关专业的专科及以上学历，要经常根据施工项目出差，工作地点在施工工地现场，而且为保障工程施工进度，一般吃住都在工地附近，工作环境比较艰苦，薪资待遇中等偏下。

建筑设备类

建筑设备类专业主要学习的是建筑电气、暖通、给排水等系统的设计施工技术。暖通包括采暖、通风、空气调节这三个方面。大多数家长和考生对这类专业了解得不多，可能以为和土建施工类专业类似。虽然两类专业确实相关，但其实差别比较大。有志于从事建筑设备相关行业的学生，可以重点关注。

专业介绍

专业名称	学习内容（主要部分）	对应的普通本科专业（部分）
建筑设备工程技术	建筑给排水、供热、通风空调、电气的安装设计、施工、运维	建筑环境与能源应用工程、电气工程及其自动化、建筑电气与智能化、给排水科学与工程
建筑电气工程技术	建筑电气工程的设计、施工、运维	建筑环境与能源应用工程、建筑电气与智能化、电气工程及其自动化
供热通风与空调工程技术	暖通空调工程的设计、施工、运维	建筑环境与能源应用工程
建筑智能化工程技术	建筑智能化系统的安装设计、施工、运维。比如，建筑安全防范系统、火灾自动报警消防联动系统、监控系统	建筑电气与智能化

续表

专业名称	学习内容（主要部分）	对应的普通本科专业（部分）
工业设备安装工程技术	工业设备安装施工的技术、施工进度管理等。比如，工业机械、压力容器、工业管道等设备的安装	建筑环境与能源应用工程、建筑电气与智能化
建筑消防技术	建筑消防工程的设计、施工、维护	建筑环境与能源应用工程、建筑电气与智能化、消防工程

就业方向

<u>大楼里的水、电、暖气是怎么来的？</u>

这类专业就业面向建筑设计企业、建筑施工企业的建筑电气设计师、建筑给排水设计师、建筑暖通设计师等。工作内容主要是设计建筑电气、给排水、暖通的施工图，也要经常在建筑施工现场监督施工，沟通施工细节，薪资待遇中等，比土建类施工技术员岗位要高一些。

建设工程管理类

建设工程管理类专业主要学习建筑施工各个环节的管理内容。在与土木相关的专业中，是比较适合女生学习的一类专业。有志于从事工程管理相关行业的学生，可以重点关注。

专业介绍

专业名称	学习内容（主要部分）	对应的普通本科专业（部分）
工程造价	建筑工程的计量、计价、招投标、报价、合同价款结算	工程造价、工程管理
建设工程管理	工程施工的质量、安全、成本、进度、招投标、合同的管理	工程管理、工程造价

续表

专业名称	学习内容（主要部分）	对应的普通本科专业(部分)
建筑经济信息化管理	建筑工程成本的核算分析、物资采购、劳务资格审查培训	工程管理、工程造价、会计学
建设工程监理	工程项目的工程识图、工程施工、投资控制、进度控制、质量控制、安全监理、合同管理	工程管理、土木工程、智慧建筑与建造

就业方向

<u>1. 土建行业里适合女生的岗位</u>

工程造价、建设工程管理、建筑经济信息化管理三个专业，就业面向建筑施工企业、施工咨询企业的工程造价员、工程预算员等。工作内容一般包括成本核算、合同起草、财务结算、招投标等。岗位一般要求工程造价相关专业专科及以上学历，薪资待遇中等偏下，如果能考下工程造价相关的证书，薪资待遇会有较大提升。工程造价专业是与土建相关的专业中，相对适合女生的，类似于会计的文科专业。

<u>2. 监督施工的岗位</u>

建设工程监理专业，就业面向建筑施工企业的监理员岗位，工作内容一般是在工地现场协调各类施工问题，检查记录施工工艺和工序，保证施工进展。这类监理岗位土建施工类专业学生也可以做。

市政工程类

市政工程类专业主要学习与市政建设施工相关的技术，和土建施工类专业有些类似，也是大多数家长和考生不愿意报考的专业。但如果家长和考生想报考土建施工类专业，那么市政工程类专业就可以作为土建施工类专业的备选专业。有志于从事与市政施工相关的行业的学生，可以重点关注。

专业介绍

专业名称	学习内容（主要部分）	对应的普通本科专业（部分）
市政工程技术	市政工程的现场施工、市政设施维护。比如，道路、桥梁、管道	土木工程、城市地下空间工程、道路桥梁与渡河工程
给排水工程技术	给排水工程的设计、施工、计量计价，水处理设施运维	给排水科学与工程
城市燃气工程技术	城市燃气供应系统的设计、运维，燃气场站安全管理。包括液化石油气、压缩天然气、液化天然气	建筑环境与能源应用工程、新能源科学与工程
市政管网智能检测与维护	市政管网工程的施工、检测、运维。比如，给排水管道、城市热力管网、城市燃气管网	给排水科学与工程
城市环境工程技术	城市环境卫生设施的规划、设计、建设、运维。比如，生活垃圾的收集、运输、处理方案设计	给排水科学与工程、环境工程、环境生态工程

就业方向

与市政施工相关的岗位

这类专业就业面向市政施工企业的施工技术员、施工监理等。工作地点一般在市政施工现场，工作内容、薪资待遇和土建施工类专业对应岗位类似。升本的专业也都是和土木相关的专业。

房地产类

房地产类专业主要学习与房地产经营管理相关的内容，属于文科专业，开设这类专业的院校很少。有志于从事房地产相关行业的学生，可以重点关注。

专业介绍

专业名称	学习内容（主要部分）	对应的普通本科专业(部分)
房地产经营与管理	房地产市场调研、营销策划、项目管理、估价报告撰写	房地产开发与管理、土地资源管理、物业管理
房地产智能检测与估价	房屋结构识图，房屋检测仪器使用，房地产估价、土地估价、不动产估价报告撰写	房地产开发与管理、资产评估、大数据管理与应用
现代物业管理	楼宇、大型公共设施、产业园区、智慧社区、智慧城区的运营管理	物业管理、房地产开发与管理、公共事业管理

就业方向

房地产行业的相关岗位

房地产经营与管理、现代物业管理专业，就业面向房地产企业、物业企业的营销策划人员、物业管理人员。这类岗位对专业一般没有要求，大中型企业要求本科及以上学历，小型企业要求专科及以上学历，就业门槛比较低，薪资待遇不高。这类专业属于专业门槛较低的文科专业，建议谨慎报考。房地产智能检测与估价专业，专升本的时候有机会升入工程造价或资产评估专业，比其他两个专业稍微多一些专业门槛，就业面向房地产估价师，薪资待遇中等偏上，但是岗位需求量很少。

水利大类

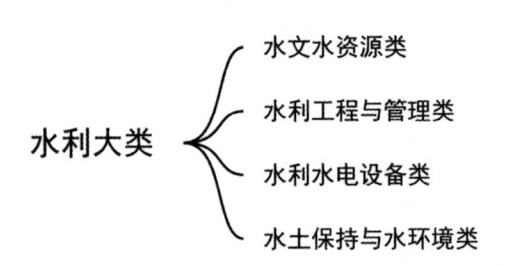

```
                    ┌─ 水文水资源类
                    │
                    ├─ 水利工程与管理类
          水利大类 ──┤
                    ├─ 水利水电设备类
                    │
                    └─ 水土保持与水环境类
```

水文水资源类

水文是研究自然界水的时空分布、变化规律的一门学科。水文水资源类专业主要研究水文和水资源保护利用的内容。开设这类专业的学校比较少，有志于从事水利相关行业的学生，可以重点关注。

专业介绍

专业名称	学习内容（主要部分）	对应的普通本科专业（部分）
水文与水资源技术	水文测验、水文预报、水利计算、水环境监测保护、防洪减灾	水文与水资源工程、水利水电工程、水利科学与工程
水政水资源管理	水文信息采集处理、水资源开发利用、水资源保护	水文与水资源工程、水利水电工程、水利科学与工程

就业方向

和水利打交道的岗位

这类专业就业面向水利工程施工企业的施工技术员、水文监测员、水利工程师等。这类岗位一般要求水利相关专业专科及以上学历，工作比较辛苦，需要根据项目出差，薪资待遇中等。这类专业就业面相对比较窄，对应岗位的工作性质和土建类专业类似。

水利工程与管理类

水利指的是对水力资源的开发和防止水灾。水利工程与管理类主要学习水利工程相关的施工技术。与土建施工相关专业类似，可以大致理解为：土建施工类学的是陆地上的各种工程施工技术，水利工程与管理类学的是和江河湖海相关的工程施工技术。

专业介绍

专业名称	学习内容（主要部分）	对应的普通本科专业（部分）
水利工程	中小型水利工程的设计、施工、管理。比如，农田排灌、节水灌溉、河道治理、乡镇供排水	农业水利工程、土地整治工程、水利水电工程
智慧水利技术	用智能化的设备，做水利工程的施工、监测。比如，闸站智能运行与维护、自动化监控系统	水利水电工程、水利科学与工程
水利水电工程技术	水利水电工程的施工、管理、检测	水利水电工程
水利水电工程智能管理	水利水电工程的维护运行、工程造价、招投标、工程监理、施工管理	水利水电工程
水利水电建筑工程	水利水电工程的设计、施工、监理、造价	水利水电工程
机电排灌工程技术	泵站工程施工、设备安装、泵站管理。比如，水泵与机电设备安装、检修	农业水利工程
治河与航道工程技术	中小河流的治理设计、治河施工、航道施工、河道防洪抢险、航道疏浚	水利水电工程、港口航道与海岸工程、道路桥梁与渡河工程、工程管理
智能水务管理	用智能化的设备做水务管理。包括水资源管理、水环境检测、城市给排水、河道整治、水务设施运维	水务工程

就业方向

<u>与水利工程施工相关的岗位</u>

  这类专业就业面向水利工程施工企业、水利水电工程施工企业的水利施工员、水利工程监理员、水文监测员、水利工程师等。这类岗位就业门槛不高,工作比较辛苦,需要根据项目出差,工作地点一般在水利工程施工现场,薪资待遇中等。这类专业的就业方向和水文水资源类专业几乎一样。

水利水电设备类

  水利水电设备类专业主要学的是水利水电设备维修维护相关的技术。开设这类专业的学校非常少,有志于从事水利水电设备相关行业的学生,可以重点关注。

专业介绍

专业名称	学习内容(主要部分)	对应的普通本科专业(部分)
水电站设备安装与管理	水电站设备安装、调试、操作、检修、运维	电气工程与智能控制、电气工程及其自动化
水电站运行与智能管理	水电站设备的运行维护。包括水利机械设备、水轮发电机组、电气仪表	电气工程与智能控制、电气工程及其自动化
水利机电设备智能管理	水利机电设备的安装、调试、操作、运维等。比如,闸站电气设备、水利机组、水轮机	电气工程与智能控制、电气工程及其自动化

就业方向

<u>与水电站设备维护相关的岗位</u>

  这类专业就业面向水电站、水利水电设备生产企业的水电站设备运维员、操作员、检修员等。这类岗位一般要求水利水电设备、机电、电气相关专业的专科及以上学历,工作地点在水电站内,远离市区,部分需要倒班,

比较辛苦，薪资待遇中等偏下。这类专业在部分省份参加专升本，有机会报考电气相关专业。

水土保持与水环境类

水土保持与水环境类专业主要学习水土保持和水环境保护相关的技术。开设这类专业的学校也是非常少的。有志于从事水土保持相关行业的学生，可以重点关注。

专业介绍

专业名称	学习内容（主要部分）	对应的普通本科专业（部分）
水土保持技术	水土综合治理，水土保持的规划、监测，水土保持工程的设计、施工	水土保持与荒漠化防治、农业水利工程
水环境智能监测与治理	用智能化设备做水环境监测、水质检验，小型水处理工程设计、施工，小型水处理设施运行、维护	环境科学与工程、环境工程、环境生态工程
水生态修复技术	水生态环境监测、修复，水生态环境修复工程施工、监理	水利水电工程、环境工程、环境生态工程

就业方向

<u>与水土保护相关的岗位</u>

这类专业就业面向环保咨询企业的水土保持方案编制人员。这类岗位需求量比较少，一般要求水土保持相关专业专科及以上学历或水利、环境相关专业本科及以上学历，工作内容一般是到现场勘查，编制水土保持方案等，薪资待遇中等，建议谨慎报考。这类专业就业面相对较窄，一般专升本可以报考的专业是环境相关专业。

装备制造大类

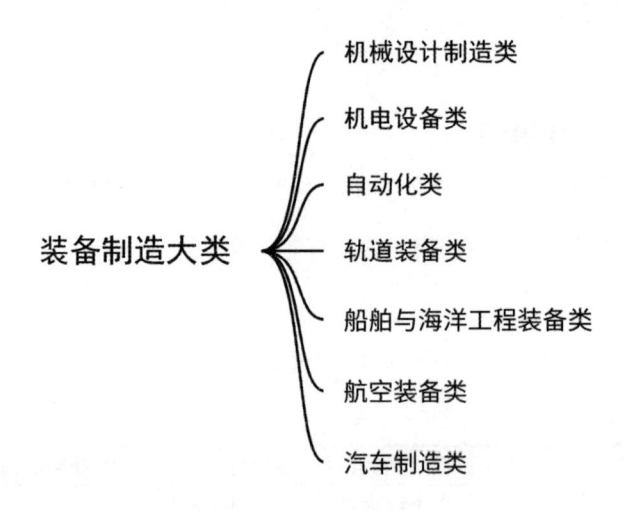

装备制造大类
- 机械设计制造类
- 机电设备类
- 自动化类
- 轨道装备类
- 船舶与海洋工程装备类
- 航空装备类
- 汽车制造类

机械设计制造类

机械类专业在本科段有一些争议，有人说机械是比较坑的专业，但其实机械专业没有大家想象的那么差，一部分机械专业在专科段来说，还是比较不错的。我把机械类专业大致分为机械制造相关专业、材料成型相关专业两类。那机械制造相关专业、材料成型相关专业分别是学什么的，就业能做什么，哪个更值得选？各位可以通过下面的内容了解一下。

机械制造相关专业

专业介绍

专业名称	学习内容（主要部分）	对应的普通本科专业（部分）
机械设计与制造	机械产品及其零部件的设计、加工制造、质量控制、产品检验	机械设计制造及其自动化、机械工程、机械工艺技术、机械电子工程
数字化设计与制造技术	机械产品的数字化设计、制造、质量控制	机械设计制造及其自动化、机械工艺技术、智能制造工程、增材制造工程

续表

专业名称	学习内容（主要部分）	对应的普通本科专业（部分）
数控技术	数控机床的构造、数控加工工艺、数控编程与仿真、数控设备操作，数控机床安装、调试、维护、保养	机械工程、机械设计制造及其自动化、机械工艺技术、机械电子工程
机械制造及自动化	机械加工工艺、数控设备操作、编程、维护，产品质量监测控制	机械设计制造及其自动化、机械电子工程、智能制造工程、机械工艺技术
工业设计	产品形态设计、外观结构设计、人机交互界面设计	工业设计、机械工程
工业工程技术	工业生产过程的技术与管理。包括对人员、物料、设备、能源等进行改善、评价	工业工程、机械设计制造及其自动化、物流工程、物流管理
特种加工技术	特种加工零部件设计、工艺拟定、加工制造、质量检验，特种加工设备安装、调试、操作、维护	机械工程、机械设计制造及其自动化、增材制造工程、材料成型及控制工程、材料科学与工程
智能光电制造技术	光学镜片、镜头、激光产品的制造。比如，激光光路设计调试、光学镜片设计制造	机械工程、电子信息工程、机械电子工程、电气工程及其自动化、光电信息科学与工程、自动化
电线电缆制造技术	电线电缆生产设备操作、制造工艺控制、产品检验	机械设计制造及其自动化、电气工程及其自动化、机械电子工程、材料科学与工程
内燃机制造与应用技术	内燃机及零部件的工艺、加工、装配、测试、维修、质量控制	机械设计制造及其自动化、车辆工程、能源与动力工程
机械装备制造技术	机械装备的零件制造、安装、调试、维护、维修、售后	机械设计制造及其自动化、机械工程、机械电子工程、智能制造工程
工业产品质量检测技术	工业产品生产过程检验，产品质量检测、质量分析、质量管控	机械工程、机械设计制造及其自动化、测控技术与仪器

就业方向

1. 与机械产品设计制造相关的岗位

机械制造相关专业主要学习机械产品的设计、生产中用到的技术，就业面向机械产品生产企业、机械加工企业、数控设备制造企业的机械制图员、机械设计师、机械工程师、数控机床操作员等岗位。

2. 机械制造相关行业就业情况怎么样？

机械产品生产流程大致为：设计机械器件，产出设计图纸，选用合适材料和工艺加工方式，操作机器进行生产。机械设计岗位负责机械器件的设计工作，这类岗位小型企业一般要求机械相关专业的专科及以上学历，大中型企业要求机械相关专业的本科及以上学历，薪资待遇中等偏上。机械加工岗位，负责具体的加工操作部分，工作环境比较艰苦，一般在工厂一线车间。小型企业的机械加工技师岗位一般不要求学历和专业，经过培训后即可上手，就业门槛稍低，部分企业需要倒班，薪资待遇不高。大中型企业的工艺工程师，一般要求机械相关专业的专科及以上学历，负责加工工艺的改进，以提高生产效率等，薪资待遇中等偏上。

3. 总结

总体来说，机械相关行业的大中小型企业非常多，机械制造相关专业非常容易就业，如果个人能力较强或升本读研提升学历后，能从事机械设计工程师等岗位的工作，薪资待遇还是比较不错的。另外，机械类专业在工科专业中，属于升本考研相对容易的专业。

材料成型相关专业

专业介绍

专业名称	学习内容（主要部分）	对应的普通本科专业（部分）
材料成型及控制技术	铸造、锻压、热处理工艺，以及设备的操作、维护，产品质量控制、检测	材料成型及控制工程、材料科学与工程、金属材料工程、机械设计制造及其自动化
现代铸造技术	铸造工艺设计，铸造生产操作、铸造设备操作维护	材料科学与工程、材料成型及控制工程、金属材料工程
现代锻压技术	锻压工艺设计、锻压生产操作、锻压设备操作维护	材料成型及控制工程、材料科学与工程、金属材料工程
智能焊接技术	用智能化设备做金属材料焊接。包括焊接机器人编程与操作、自动化焊接设备操作	材料成型及控制工程、材料科学与工程、焊接技术与工程
工业材料表面处理技术	表面处理设备的操作、维护，表面涂层制备、产品表面性能检测分析	材料成型及控制工程、材料科学与工程、金属材料工程、涂料工程
增材制造技术	增材制造工艺，增材制造设备安装、调试、操作、维护，增材制造产品后处理	增材制造工程、工业设计、机械工程、机械设计制造及其自动化、材料成型及控制工程
模具设计与制造	模具设计、制造工艺、装配调试、使用维护、质量检测	材料成型及控制工程、机械设计制造及其自动化、工业设计
理化测试与质检技术	金属材料及零部件产品的无损检测、力学性能检验、化学检验	材料成型及控制工程、材料科学与工程、金属材料工程

就业方向

与金属零件加工成型相关的岗位

材料成型相关专业就业面向的是金属制品制造企业的锻压工程师、焊接工程师、铸造工程师、模具工程师、冲压工程师等岗位。这类岗位的工作内容是，通过锻压、焊接、铸造、冲压等各种材料加工的工艺，保证产品生产的质量和效率。这类岗位，小型企业一般对学历和专业没有要求，求职者经过培训即可上岗。工作内容一般是在工厂的一线车间，做具体的生产操作工作，比较辛苦，薪资待遇较低。大中型企业一般要求专科及以上学历，负责加工工艺的优化及技术指导工作，薪资待遇中等偏上。总体来说，材料成型相关专业虽然也属于机械类，但主要面向金属制品的生产工艺部分，与产品设计相关的部分比较少。这类专业的录取分数线也比机械制造相关专业要低一些，专升本时可以报考的专业一般是与材料相关的专业。

机电设备类

机电设备类专业主要学习机电设备生产、维修等相关的技术。机电设备一般指机械、电器及电气自动化设备。这类专业和机械相关，但是比纯机械专业多了电气、自动化的相关课程，是专科段公认的就业比较好的专业，各位家长可以重点关注。

专业介绍

专业名称	学习内容（主要部分）	对应的普通本科专业（部分）
智能制造装备技术	智能制造装备的安装、调试、维护、维修。比如，数控机床	智能制造工程、机械设计制造及其自动化、机械电子工程、机械工程
机电设备技术	机电设备的安装、调试、维护、维修、设备管理、设备售后	机械电子工程、机械设计制造及其自动化、机械工程、智能制造工程
电机与电器技术	电机电器产品的装配制造、测试、检验、维护、维修	电气工程及其自动化、机械设计制造及其自动化、机械电子工程
新能源装备技术	新能源装备车间工艺、制造、调试，以及新能源装备的安装、调试、维护、维修	电气工程及其自动化、能源与动力工程、机械设计制造及其自动化

续表

专业名称	学习内容（主要部分）	对应的普通本科专业（部分）
制冷与空调技术	制冷空调产品的设计、制造、调试、维护、维修，制冷工程方案设计、施工	能源与动力工程、建筑环境与能源应用工程
电梯工程技术	电梯的维护、维修、调试、检测	机械工程、机械电子工程、电气工程及其自动化

就业方向

1. 机电设备行业的相关岗位

智能制造装备技术、机电设备技术专业就业面向机电设备生产企业、汽车制造企业的机电工程师、设备安装员、设备维修员等岗位。设备安装维修岗位一般要求机电相关专业专科及以上学历，薪资待遇中等，部分企业出差较多。机电产品工程师岗位负责机电产品研发工作，一般要求本科及以上学历，薪资待遇中等偏上。这类专业专升本时可以报考的专业一般是机械电子工程、自动化相关专业。

2. 与电机、电器设备生产相关的岗位

电机与电器专业就业面向电机生产企业、电器生产企业、电池生产企业等的电机工程师、电器工程师、电机电器维修员等。这类岗位就业一般要求机电相关专业的专科学历，薪资待遇比较高，尤其是电机工程师。这个专业和电气专业的相关性非常大，专升本考试可以报考的专业一般是电气工程及其自动化。电气工程专业，在研究生阶段其中一个二级学科就是电机与电器。

3. 和新能源装备打交道的岗位

开设新能源装备技术专业的学校比较少，这类专业就业面向新能源产品生产企业的工程师岗位。专升本考试可以报考电气或能源动力相关专业。

4. 与制冷设备、空调生产相关的岗位

开设制冷与空调技术专业的学校比较少，就业面向空调生产企业、制冷设备生产企业的制冷工程师、设备维修员岗位。这类岗位一般要求制冷相关专业的专科学历或能源与动力工程专业的本科及以上学历。工作内容一般是制冷压缩机、制冷产品、制冷系统的设计研发工作。如果个人能力较差，那只能做制冷设备的维修、维护工作。

5. 与电梯设备生产相关的岗位

电梯工程技术专业就业面向电梯生产企业的研发工程师，其他机电、机械相关专业的学生也可以应聘这类岗位。如果个人能力较差，那只能做电梯维护、维修工作。

6. 总结

总体来说，机电设备类专业就业面非常广，各企业的需求量也是比较大的，家长和考生可以重点关注。

自动化类

自动化类专业主要学习各种自动化设备的生产、维修等的技术。和机电设备类专业的学习内容类似，也属于机电相关专业。自动化专业的应用面非常广，可以说一切用机器代替人的环节都涉及自动化，是公认的专科段好就业、就业好的专业，各位家长和考生可以重点关注。

专业介绍

专业名称	学习内容（主要部分）	对应的普通本科专业(部分)
机电一体化技术	机电设备、自动化生产线的安装、调试、维护、维修	机械电子工程、自动化、电气工程及其自动化、智能制造工程、机械设计制造及其自动化
智能机电技术	智能生产线、智能设备的安装、调试、操作、维护、维修	机械电子工程、智能装备与系统、机器人工程、自动化、机械设计制造及其自动化、电气工程及其自动化
智能控制技术	智能制造控制系统的安装、调试、维护、维修	自动化、电气工程与智能控制、电气工程及其自动化、机器人工程
智能机器人技术	智能机器人的安装、调试、机器人软件开发、系统运维	机器人工程、人工智能、机械电子工程、电气工程及其自动化、自动化
工业机器人技术	工业机器人系统集成、安装、调试、运维	机器人工程、智能制造工程、机械设计制造及其自动化
电气自动化技术	电气系统、电力自动化设备的安装、调试、运维	电气工程及其自动化、自动化、电气工程与智能控制
工业过程自动化技术	生产过程中的自动化设备、控制系统的安装、调试、维护、维修	电气工程及其自动化、过程装备与控制工程、机械电子工程
工业自动化仪表技术	工业自动化仪表的开发、制造、安装、调试、维修	测控技术与仪器、自动化
液压与气动技术	液压气动系统的设计、安装、调试、维护、维修，液压气动元器件的生产	机械电子工程、过程装备与控制工程
工业互联网应用	工业网络系统集成运维，工业数据采集、应用	自动化、智能装备与系统、工业智能、电气工程与智能控制、智能科学与技术、智能制造工程
计量测试与应用技术	计量操作，计量器具使用、维护，计量检测仪器的开发	测控技术与仪器

067

就业方向

让"机器代替人工作"的岗位

自动化类专业就业面向机电设备制造企业、机器人制造企业、自动化设备制造企业的工程师岗位、安装维修岗位。这类岗位一般要求自动化相关专业、电气相关专业的专科及以上学历,部分要求高的企业会要求本科及以上学历。如果个人能力较差,一般从事安装、售后维修等岗位,部分企业可能要经常出差,薪资待遇中等。个人能力较强的话,可以做产品的研发设计工作,薪资待遇比较高。这类专业专升本考试一般可以报自动化类、电气类、机械电子相关专业。另外,部分铁路局的机车维修维护岗位,也招机电一体化技术专业及相关专业的毕业生。

一切用机器代替人的工作,都涉及自动化,所以自动化类专业的就业面是非常广的,岗位需求量也比较大,毕业后找工作比较容易,可以重点关注。

轨道装备类

轨道装备类专业主要学习轨道车辆、设备等的生产维修相关的技术。很多家长应该都听说过"专科报一个铁路专业,毕业后去铁路局"的说法。轨道装备类专业就属于毕业后可以去铁路局的专业,但是不同专业毕业后去的岗位还是有区别的,到底有哪些区别,看完这一节的内容,各位家长和考生应该就会有一个清晰的了解。

专业介绍

专业名称	学习内容（主要部分）	对应的普通本科专业（部分）
铁道机车车辆制造与维护	机车车辆部件、电气部件、整车的装配、调试、维护、检修	轨道交通电气与控制、车辆工程、交通设备与控制工程
高速铁路动车组制造与维护	动车组整车及其部件的设备装配、系统调试、维修维护	车辆工程、交通运输
城市轨道交通车辆制造与维护	城市轨道车辆及其部件的制造、装配、调试、维修	交通运输、轨道交通信号与控制、轨道交通电气与控制
轨道交通通信信号设备制造与维护	轨道交通通信信号设备的生产加工、安装、调试、维护、维修	轨道交通信号与控制、电子信息科学与技术、电气工程与智能控制
轨道交通工程机械制造与维护	轨道交通工程机械车体的生产加工、组装、调试、维护、维修	车辆工程、智能车辆工程

就业方向

1. 高铁、地铁等轨道车辆维护的岗位

铁道机车车辆制造与维护、高速铁路动车组制造与维护、城市轨道交通车辆制造与维护三个专业，虽然名称上有差别，但就业方向几乎没差别，都是面向各个铁路局、轨道交通运营企业的车辆维修维护岗位。

2. 高铁、地铁等轨道交通信号设备维护的岗位

轨道交通通信信号设备制造与维护专业就业面向的是各个铁路局、轨道交通运营企业的电务维修维护岗位，比如，铁道信号灯的维修维护。

3. 和"维护高铁、地铁等轨道交通用到的工程机械"打交道的岗位

轨道交通工程机械制造与维护专业就业面向的是各个铁路局、轨道交通运营企业的自轮运转设备操作岗位。比如，铺轨机、轨道起重机的操作。

4. 能进铁路局吗？

如果能考到本省或附近省份的铁道特色学校，比如，辽宁铁道职业技

术学院、陕西铁路工程职业技术学院等，是非常有机会进入各大铁路局、各省的轨交集团的。这类岗位比较稳定，薪资待遇中等偏上，只是工作内容比较辛苦。

船舶与海洋工程装备类

船舶与海洋工程装备类专业主要学习的是船舶生产制造维修相关的技术。开设这类专业的学校不多，大多数家长和考生对这类专业了解得也不多，可能以为毕业后会做随船出海的船员，实际上更多是做船舶制造维修相关工作的。有志于从事船舶相关行业的学生，可以重点关注。

专业介绍

专业名称	学习内容（主要部分）	对应的普通本科专业（部分）
船舶工程技术	绘制船体设计图，船体焊接、加工、装配、检验	船舶与海洋工程
船舶动力工程技术	船舶动力机械设备的装配、安装、调试、检验、验收	能源与动力工程、船舶与海洋工程
船舶电气工程技术	船舶电气工艺设计、施工，船舶电气设备安装、调试、维护、维修	船舶电子电气工程、自动化
船舶智能焊接技术	焊接工艺设计，智能焊接设备使用、维护，焊接检验	焊接技术与工程、智能制造工程
船舶舾装工程技术	船舶舾装件的工艺设计、生产制造、安装、质量检验	船舶与海洋工程、机械设计制造及其自动化
船舶涂装工程技术	船舶涂装材料选用配置，涂装施工管理、涂装质量检验	应用化学、材料化学
船舶通信装备技术	船舶通信导航设备的生产、安装、调试、维护、维修、质量检验	船舶电子电气工程、电子信息工程、通信工程
游艇设计与制造	游艇设计、制造、维修	船舶与海洋工程
邮轮内装技术	邮轮舱室及公共区域的内装设计、内装材料工艺及应用、施工	邮轮工程与管理

续表

专业名称	学习内容（主要部分）	对应的普通本科专业（部分）
海洋工程装备技术	海洋工程装备的设计、制造、安装调试、维护维修、质量检验。包括海洋油气资源装备、海上风电装备	船舶与海洋工程、海洋工程与技术

就业方向

1. 造船、修船的相关岗位

这类专业就业面向船舶制造企业、船舶维修企业、船舶设计企业、海洋工程装备生产企业、船舶配套企业的技术员、维修员、检验员、船舶设计师等岗位。如果个人比较优秀，能力较强，有机会从事船舶设计工作，但船体设计类岗位需求量比较少。大部分毕业生从事船舶的生产制造、维修工作，这类岗位招聘一般要求船舶、机械、焊接、轮机等相关专业的专科及以上学历，工作环境在一线工厂，工作比较辛苦，薪资待遇中等。

2. 邮轮"装修"的相关岗位

邮轮内装技术专业缺少生产制造相关的技术类课程，更多的是内装设计课程，属于专业门槛较低的专业，对应岗位需求量很少，建议谨慎报考。

3. 总结

总体来说，船舶与海洋工程装备类专业对比机电设备类、自动化类专业就业面要窄很多，但是在部分省份专升本考试中，有机会升入机械相关专业。

航空装备类

航空装备类主要学习航空装备生产维修相关的技术。开设这类专业的学校也非常少，一般是航空特色学校才会开设。有志于从事航空装备相关行业的学生，可以重点关注。

专业介绍

专业名称	学习内容（主要部分）	对应的普通本科专业（部分）
飞行器数字化制造技术	数控设备操作，飞机结构件、零部件的加工、检测	机械设计制造及其自动化、飞行器制造工程
飞行器数字化装配技术	飞行器的数字化安装、调试、装配、质量检测	飞行器制造工程、机械设计制造及其自动化
航空发动机制造技术	飞机发动机叶片、叶盘等零部件的数控加工工艺，数控设备操作，质量检测、质量控制	机械设计制造及其自动化
航空发动机装配调试技术	航空发动机装配调试、维护维修	飞行器动力工程、能源与动力工程
飞机机载设备装配调试技术	飞机机载设备制造、装配、调试、维护、维修	测控技术与仪器、电气工程及其自动化
航空装备表面处理技术	航空零部件的镀层、镀膜、涂装整机喷涂等表面处理的工艺，设备操作维护、质量检测	材料科学与工程、金属材料工程
飞行器维修技术	飞机结构修理、部件修理、装配调试、飞机维护	飞行器制造工程、飞行器适航技术
航空发动机维修技术	航空发动机部件的装配、试验、检测、维护、维修	飞行器动力工程
无人机应用技术	无人机装配调试、飞行操控、检测维护、售前售后技术服务	无人驾驶航空器系统工程、飞行器控制与信息工程
航空材料精密成型技术	精密铸件、锻件的生产工艺，增材制造设备操作、维护，产品质量控制	材料成型及控制工程、材料科学与工程
导弹维修技术	导弹电子电气部件制造、维修，导弹分解、装配，导弹测试，导弹质量检验	探测制导与控制技术、武器系统与工程、智能无人系统技术

就业方向

1. 造飞机、修飞机的相关岗位

这类专业就业面向航空航天设备制造企业、航空发动机零部件制造企业、航空公司、军工企业的装配员、维修员、质检员等岗位。这类岗位一般要求航空装备类专业、机械类、机电类专业专科及以上学历，在一线工厂负责航空器零部件的生产、装配、检测，薪资待遇中等，工作比较辛苦。由于航空航天相关企业一般都是国有企业，所以工作稳定性比较高。航空公司的机务维修岗位，一般要求航空装备相关、机电相关、电气相关专业专科及以上学历，主要从事飞机的检修维护工作，需要倒班，比较辛苦，薪资待遇中等。

2. 总结

开设这类专业的学校比较少，一般是航空特色学校，如长沙航空职业技术学院、成都航空职业技术学院等学校，对比机电设备类、自动化类专业，就业面要窄很多。在一些省份专升本考试时，有机会报考机械相关专业。

汽车制造类

汽车制造类专业主要学习汽车生产维修相关的技术。大多数家长和考生一听就知道这类专业大概是做什么的，并且也有部分考生会对汽车比较感兴趣。这类专业中的各个专业是学什么的，就业怎么样？看完下面内容，就会有大致的了解。

专业介绍

专业名称	学习内容（主要部分）	对应的普通本科专业(部分)
汽车制造与试验技术	汽车整车的成品试制、试验、装配、调试、质量检验、返修	车辆工程、新能源汽车工程、智能车辆工程

续表

专业名称	学习内容（主要部分）	对应的普通本科专业（部分）
新能源汽车技术	新能源汽车整车、关键零部件的装配调试、性能检测、质量检验、维修维护	车辆工程、汽车服务工程
汽车电子技术	汽车电子产品的装配、调试、测试、质量检验、维修维护	新能源汽车工程、智能车辆工程、车辆工程
智能网联汽车技术	智能网联汽车整车、系统部件的样品试制试验、成品装配、调试、质量检验、维修维护	智能车辆工程、车辆工程、汽车服务工程、新能源汽车工程
汽车造型与改装技术	汽车的数字建模，汽车模型设计、制作、试制，汽车零部件、改装件试制、生产、装配，功能改装调试、生产	车辆工程、产品设计、工业设计

就业方向

1. 造汽车、修汽车的相关岗位

这类专业就业面向汽车整车制造企业、汽车零部件制造企业的汽车焊装工、汽车涂装工、汽车装配工、售后维修工等岗位。这类岗位一般要求汽车制造、机械、机电相关专业专科及以上学历，工作环境一般在一线工厂，薪资待遇中等。如果个人能力较强，在汽车维修企业工作的薪资待遇也是不错的，只是比较辛苦。

2. 总结

这类专业对比机电设备类、自动化类专业，就业面要窄很多。如果想要从事汽车相关的研发工作，需要升本读研。专升本的本科专业一般是车辆工程或其他机械相关专业。其中，汽车电子技术专业在部分省份有机会报考电子信息相关专业。

生物与化工大类

生物与化工大类 { 生物技术类
化工技术类

生物技术类

生物技术类专业主要学习在食品、药品、农业、化工等领域应用的生物相关技术。可能有很多考生在高中生物学得比较不错，想着报考生物技术类专业，但是不了解这类专业的就业形势。那么报考之前最好看完下面的内容再做决定。

专业介绍

专业名称	学习内容（主要部分）	对应的普通本科专业（部分）
食品生物技术	生物发酵、发酵食品生产、质量控制	食品科学与工程、酿酒工程、生物工程、合成生物学
药品生物技术	生物药品制造、检验	生物技术、生物工程、生物制药、制药工程、药物制剂、药学
农业生物技术	农业育种、种苗脱毒、生物肥料、生物农药、食品药用菌	生物技术、生物工程
化工生物技术	微生物培养、生化制品发酵提取、生化制品检验	生物工程
生物产品检验检疫	生物药物检测、生化检验、动植物检疫检验	生物技术、生物工程、生物制药
绿色生物制造技术	绿色生物产品制造。比如，绿色催化剂生产、绿色农药	合成生物学、生物工程、生物制药
生物信息技术	生物分子实验操作、生物信息分析解读、生物数据使用	生物信息学、合成生物学、生物技术、生物医药数据科学、计算机科学与技术、数据科学与大数据技术

就业方向

<u>1. 和细菌、病毒、细胞等打交道的岗位</u>

生物技术类专业学习的是各类领域应用的生物相关技术，就业面向的是发酵食品企业、生物制药企业、农业生物企业等的检测员、操作员、细胞培育员等。这类岗位就业有专业和学历要求，大中型企业一般要求生物相关专业本科及以上学历，小型企业一般要求生物相关专业专科及以上学历。但是工作内容一般是根据规定流程，做生物实验相关的基础工作，比如培育细胞、提取核酸、清洗实验设备等。由于做的是基础工作，所以薪资待遇一般比较低。

<u>2. 总结</u>

生物类专业本科毕业的就业薪资情况仍然不乐观，如果想要从事生物相关的研发、研究工作，需要读到研究生以上。不过，生物相关专业考研相对容易。

化工技术类

化工技术类专业主要学习各类化工生产相关的技术。大多数家长和考生会觉得学化工总要和有毒有害物质打交道，对健康有影响，所以不愿意报考这类专业，导致这类专业的分数线一直比较低。有志于从事化工相关行业的学生，可以重点关注。

专业介绍

专业名称	学习内容（主要部分）	对应的普通本科专业（部分）
应用化工技术	化工生产操作、控制、工艺、管理	化学工程与工艺
石油炼制技术	炼油生产装置操作、工艺优化、事故处理	化学工程与工艺、能源化学工程

续表

专业名称	学习内容（主要部分）	对应的普通本科专业（部分）
精细化工技术	精细化工生产、配方优化、性能测试、品质控制	化学工程与工艺
石油化工技术	石油化工的生产操作、产品检测，石油化工装置的操作、调试、运行维护	化学工程与工艺
煤化工技术	煤化工生产装置操作、维护，原料、煤化工产品的分析检验	化学工程与工艺、能源化学工程
高分子合成技术	高分子合成的设备操作、品质管控、生产工艺控制	高分子材料与工程、应用化学
海洋化工技术	海洋化工产品的制造、生产，设备操作、维护	化学工程与工艺
分析检验技术	样品采集制备、分析检测，仪器设备的使用、维护	化学、应用化学、环境科学
化工智能制造技术	化工智能生产控制、大数据系统运维	化学工程与工艺、能源化学工程
化工装备技术	化工装备的制造、安装、操作、维修	过程装备与控制工程
化工自动化技术	化工自动化仪表、自动化系统的安装调试、运行维护	自动化、测控技术与仪器
涂装防护技术	涂料的原料性能分析、预处理，涂料生产、施工、性能测试、分析检测，设备使用维护	化学工程与工艺
烟花爆竹技术与管理	烟花爆竹的生产、产品质量检测、焰火燃放设计编排	特种能源技术与工程

就业方向

1.化工设备、仪器生产维修的岗位

化工技术类专业主要学习化工生产过程中用到的相关技术，其中化工装备技术、化工自动化技术两个专业比较特殊，学的是化工装备、仪器相关内容，要学很多机械、仪器的专业课，就业面向化工企业、化工设备生产企业的设备维修维护员、设备工程师。化工装备技术专业在四川一些省份专升本有机会报考机械相关专业。开设化工自动化技术专业的学校比较少，在一些省份专升本有机会报考仪器、自动化、机械相关专业。

2.制造化工产品需要的岗位

化工技术类的其他专业，就业面向化工生产企业、石油炼化企业、煤化工企业的操作员、生产技术员。这类岗位就业门槛低，一般不要求学历和专业。工作地点一般远离市区，因为化工厂一般都建在郊外。工作环境一般在化工厂一线车间，环境艰苦，较多企业需要倒班。另外，部分化工原料及制品带有一定毒性，可能对身体有一定危害，建议谨慎报考。

轻工纺织大类

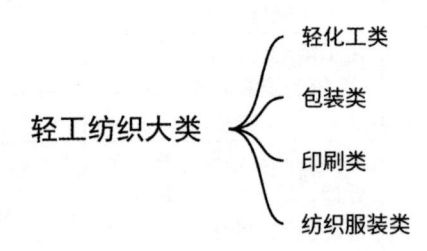

轻工纺织大类
- 轻化工类
- 包装类
- 印刷类
- 纺织服装类

轻化工类

轻化工类专业主要学习的是各类轻化工生产相关的技术。开设这类专业的学校比较少，大多数家长和考生也不愿意报考。有志于从事轻化工相关行业的学生，可以重点关注。

专业介绍

专业名称	学习内容（主要部分）	对应的普通本科专业(部分)
化妆品技术	化妆品配置、打样、产品生产、产品检验	化妆品技术与工程、化妆品科学与技术、精细化工
现代造纸技术	制浆造纸生产设备操作、维护，产品分析检验	轻化工程、包装工程、印刷工程
家具设计与制造	家具产品造型设计、结构设计、制造工艺	家具设计与工程、产品设计、木材科学与工程
鞋类设计与工艺	鞋类产品设计、生产加工	服装设计与工程、服装与服饰设计、产品设计
陶瓷制造技术与工艺	陶瓷生产、陶瓷产品检测、造型设计，陶瓷窑炉设备操作维护	无机非金属材料工程、材料化学、材料物理、产品设计
珠宝首饰技术与管理	珠宝首饰建模、制造、鉴定、质量控制、质量检验	宝石及材料工艺学
皮革加工技术	皮革、毛皮加工生产、产品检测，生产设备维护	轻化工程
皮具制作与工艺	箱包、鞋类、服饰等皮具产品的结构设计、制作工艺、生产加工、质量检测	服装设计与工程、服装与服饰设计、产品设计
乐器制造与维护	乐器及零部件制作、乐器维修养护	音乐表演、艺术与科技
香料香精技术与工艺	香料香精的调配、生产、质量检验	香料香精技术与工程、化妆品技术与工程、应用化学
表面精饰工艺	镀液和镀层性能分析、智能电镀生产操作、产品检测、质量控制	化学工程与工艺

就业方向

1. 与制造轻化工产品相关的岗位

轻化工类专业就业面向各类轻化工企业的生产制造岗位，如化妆品及原材料生产企业、制浆造纸生产企业、家具生产企业、鞋类生产企业、陶瓷产品生产企业、珠宝首饰企业、皮革皮具生产企业的生产操作员、技术员、销售员等。这类岗位就业门槛很低，其他专业的学生经过简单培训即可上手，工作环境一般在一线工厂，部分需要倒班，工作比较辛苦，薪资待遇不高，建议谨慎报考。

包装类

包装类专业主要学习的是与产品包装相关的内容。有志于从事包装相关行业的学生，可以重点关注。

专业介绍

专业名称	学习内容（主要部分）	对应的普通本科专业（部分）
包装工程技术	包装产品的设计、生产、检测，包装生产设备的操作和维护	包装工程、印刷工程
包装策划与设计	品牌包装策划、设计，防护包装验证	包装工程、印刷工程

就业方向

1. 制造"包装产品"的相关岗位

这类专业就业面向包装制品生产企业的包装设计师、包装操作员、检验员等。包装生产相关岗位，就业门槛很低，没学过的人经过培训也可以上手，一般在一线工厂，部分需要倒班。包装设计岗位也招平面设计等相关专业的学生。总体来说，这类专业就业面比较窄，工作比较辛苦，薪资待遇不高，建议谨慎报考。

印刷类

印刷类专业主要学习的是印刷相关的技术。这类专业光看名字大多数家长和考生就不愿意报考，开设这类专业的学校也不多。有志于从事印刷相关行业的学生，可以重点关注。

专业介绍

专业名称	学习内容（主要部分）	对应的普通本科专业（部分）
数字印刷技术	数字印前设计、校色等，数字印刷设备的操作、维护，数字印刷产品质量检测	印刷工程、包装工程
印刷媒体技术	印前制作、印刷过程控制、印刷质量管理	印刷工程、新媒体技术
印刷数字图文技术	印前数据处理、图文设计制作、数字印刷	印刷工程、包装工程、数字媒体技术
印刷设备应用技术	高端印刷设备的安装、调试、操作、维护、维修	印刷工程、包装工程、机械工程

就业方向

<u>1. 印刷厂的相关岗位</u>

这类专业就业面向数字印刷企业、印刷包装企业的印刷操作员、技术员等。这类岗位就业门槛很低，几乎不要求学历和专业，一般在印刷厂一线车间，部分需要倒班，工作比较辛苦，薪资待遇不高，建议谨慎报考。

纺织服装类

纺织服装类专业学习的是纺织品、服装品生产制造相关的技术。有志于从事纺织服装相关行业的学生，可以重点关注。

专业介绍

专业名称	学习内容（主要部分）	对应的普通本科专业（部分）
现代纺织技术	纺织原料检验、采购，纺织面料、工艺设计，纺织设备的维护	纺织工程、非织造材料与工程
服装设计与工艺	服装产品设计、版型设计、工艺设计、生产管理	服装设计与工程、服装设计与工艺教育

续表

专业名称	学习内容（主要部分）	对应的普通本科专业(部分)
丝绸技术	丝绸生产、丝绸品检测、丝绸贸易	纺织工程
针织技术与针织服装	针织面料的生产，服装设计、生产，针织贸易	服装设计与工程、服装设计与工艺教育、服装与服饰设计、纺织工程
数字化染整技术	纺织染整技术、数字化染整技术	轻化工程
纺织品设计	纺织品的图案设计、面料设计、家纺设计	纺织工程、服装设计与工程、非织造材料与工程、丝绸设计与工程
现代家用纺织品设计	家纺的花型设计、面料设计、产品款式设计、室内配套设计	产品设计
纺织材料与应用	纺织材料及产品的检测、纺织产品生产工艺设计	纺织工程、服装设计与工程
现代非织造技术	非织造布的生产工艺、质量检测，非织造布生产设备的维护	纺织工程
纺织机电技术	纺织设备的设计、生产、安装、维护、维修	纺织工程
纺织品检验与贸易	纺织服装产品的质量检验、鉴定、营销	纺织工程、国际商务、跨境电子商务
皮革服装制作与工艺	皮革服装工艺、款式配饰设计、生产、营销	服装设计与工程

就业方向

1. 和服装设计、服装生产打交道的岗位

服装设计与工艺、针织技术与针织服装专业，就业面向服装销售企业的服装设计师岗位，岗位就业门槛不高，薪资待遇中等。纺织机电技术专业就业面向纺织品生产企业的设备维护岗位，岗位需求量很少。皮革服装制作与工艺就业面向皮革生产企业的设计生产岗位，岗位就业门槛低，薪资待遇低，需求量少。除了以上的专业外，其他专业都是和纺织品生产相关的专业，就业面向纺织品生产企业的技术员、纺织操作员、纺织品设计师等岗位，就业门槛不高，薪资待遇不高，建议谨慎报考。

食品药品与粮食大类

食品药品与粮食大类 ─┬─ 食品类
　　　　　　　　　　├─ 药品与医疗器械类
　　　　　　　　　　└─ 粮食类

食品类

食品类专业主要学习食品生产制造相关的技术。一些考生可能会觉得学食品类专业可以学做各种好吃的零食，想要报考这类专业。但这类专业的就业情况很可能跟考生想的不一样。到底要不要报，可以看过这一节的内容再决定。

专业介绍

专业名称	学习内容（主要部分）	对应的普通本科专业(部分)
食品智能加工技术	食品智能加工的生产操作、工艺优化、质量控制	食品科学与工程、食品质量与安全、食品营养与健康、粮食工程、乳品工程、酿酒工程、生物工程
食品质量与安全	食品质量控制、检测、安全管理	食品科学与工程、食品质量与安全
食品营养与健康	人体健康测量，食品营养的咨询教育、加工检测	食品营养与健康、食品营养与检验教育、食品科学与工程
食品检验检测技术	食品检验检测、质量控制、安全管理	食品科学与工程、食品质量与安全、食品安全与检测

续表

专业名称	学习内容（主要部分）	对应的普通本科专业（部分）
酿酒技术	酒类质量分析、酒体风味设计、酒类营销	食品科学与工程、酿酒工程、食品质量与安全、葡萄与葡萄酒工程、白酒酿造工程、食品营养与健康、食品安全与检测
食品贮运与营销	食品包装、贮藏保鲜、检验分析、食品物流	食品科学与工程、食品质量与安全、食品安全与检测、食品营养与健康

就业方向

<u>1. 食品厂的相关岗位</u>

这类专业就业面向各类食品生产企业的研发技术员、操作员、检验员等。大中型企业要求食品相关专业本科及以上学历，小型企业一般要求食品相关专业专科及以上学历。

<u>2. 酒厂的相关岗位</u>

酿酒技术专业专门学习酒类食品的酿造技术，就业面向各类酒企。食品行业内，白酒企业的盈利能力相对来说是不错的。不过总体来说，食品专业就业门槛稍低，薪资待遇中等偏下。

药品与医疗器械类

药品与医疗器械类专业，可以大致分为药品/保健品/化妆品相关专业、医疗器械相关专业两大类。药品/保健品/化妆品相关专业主要学习药品、保健品、化妆品生产相关的技术。医疗器械相关专业主要学习医疗器械生产维修、维护相关的技术。大多数家长和考生对这两类专业了解得不多，一般也不太愿意报考，但一些医疗器械相关的专业，还是比较值得报考的。

药品／保健品／化妆品相关专业

专业介绍

专业名称	学习内容（主要部分）	对应的普通本科专业（部分）
药品生产技术	化学原料药制造、中药制药、药物制剂、生物制药	药学、药物制剂、制药工程、生物制药、中药制药、中药学
生物制药技术	药用生物原料的获取、处理，目标产物的提取、分离，质量检验。包括细胞培养、菌种培育、微生物发酵、生物药品分离纯化、生物药品质量控制	生物制药、药学、制药工程、生物技术、生物工程
药物制剂技术	药物制剂生产、药物质量管控检测	药物制剂、中药制药
化学制药技术	化学原料药研发、制造、质量检验	制药工程、化学工程与工艺、药物化学
兽药制药技术	化学药物合成、中药炮制提取、抗生素发酵、兽药制剂生产、质量检测	药物制剂、制药工程、动物药学
药品质量与安全	药品检验检测、药品生产规划操作、质量管理	药学、药物制剂、药事管理、药物分析
制药设备应用技术	制药设备的安装调试、运行、维护维修	制药工程
药品经营与管理	药品采购、销售、售后服务，用药咨询指导，药店运营	药学、药事管理、市场营销、工商管理
食品药品监督管理	食品药品的生产经营过程合规管理、注册管理	食品质量与安全、药事管理、工商管理
保健食品质量与管理	保健食品的生产操作、品质控制、质量检验，生产设备维修维护	食品科学与工程
化妆品经营与管理	化妆品市场分析、产品策划、营销推广	市场营销、工商管理
化妆品质量与安全	化妆品原料管理、生产工艺、功效评价	轻化工程、化妆品技术与工程

就业方向

1. 药厂的相关岗位

药品生产技术、生物制药技术、药物制剂技术、化学制药技术、兽药制药技术、药品质量与安全专业，就业面向药品生产企业的技术员、工艺员、检测员等岗位。这类岗位一般要求药学相关专业专科及以上学历，工作环境一般在药品生产工厂一线车间，薪资待遇不高，部分需要倒班。制药设备应用技术专业开设学校非常少，就业面向药品生产企业的设备维护员，岗位需求量少，就业面比较窄。药学相关专业想要从事药品研发相关工作，需要升本考研，药学专业考研相对容易。

2. 保健品厂的相关岗位

保健食品质量与管理专业，就业面向保健品生产企业的技术员、工艺员、检测员等。化妆品质量与安全专业，就业面向化妆品生产企业的技术员、工艺员、检测员等。这两个专业对应的岗位就业门槛不高，工作环境一般在一线工厂，薪资待遇较低。

3. 药店、化妆品店的相关岗位

药品经营与管理、食品药品监督管理、化妆品经营与管理专业，属于专业门槛较低的文科专业，就业面向相关销售企业的运营销售岗位，这类岗位几乎没有就业门槛，任何专业的学生都可以做。

医疗器械相关专业

专业介绍

专业名称	学习内容（主要部分）	对应的普通本科专业(部分)
智能医疗装备技术	智能医疗装备的软硬件装配调试、操作保养、质量检测、维护维修	生物医学工程、智能科学与技术、智能影像工程、临床工程技术

专业名称	学习内容（主要部分）	对应的普通本科专业（部分）
医用电子仪器技术	医用电子仪器的生产、装配调试、质量检测、维护维修	生物医学工程、医学信息工程
医用材料与应用	医用材料产品的成型加工、检验检测	生物医学工程、材料科学与工程
医疗器械维护与管理	医疗器械的产品质量检验、测试、维护、维修	生物医学工程、医疗产品管理
医疗器械经营与服务	医疗器械的采购、销售、安装调试	生物医学工程、医疗产品管理、市场营销
康复工程技术	康复辅助器具组装、改造、选配、临床应用，假肢、矫形器制作、装配	康复工程、生物医学工程、假肢矫形工程

就业方向

1. 与医疗器械行业相关的岗位

智能医疗装备技术、医用电子仪器技术、医疗器械维护与管理、康复工程技术专业，就业面向医疗器械生产企业的技术员、工程师、申报员等岗位。对这类岗位，大中型企业一般要求生物医学工程、电子信息、机械相关专业的本科及以上学历，部分小型企业要求医疗器械、电子信息、机械相关专业专科及以上学历，薪资待遇中等偏上。其中智能医疗装备技术、医用电子仪器技术专业，更偏向有源医疗器械产品方向，有源医疗器械产品本质属于电子产品，所以这两个专业会学习一些电子信息相关的专业课。医疗器械经营与服务专业就业面向医疗器械销售企业的销售岗位，就业门槛比较低。

2. 有机会转到其他工科专业吗？

这类专业专升本可以报考的专业一般是生物医学工程，而生物医学工程在本科阶段也会学很多电子信息的专业课，未来可以跨考电子信息相关专业。医用材料与应用专业偏向医疗材料方向，本质是材料学，开设这个专业的学校非常少，专升本考试可以报考材料科学与工程专业。

粮食类

粮食类专业主要学习粮食的生产储运相关的技术。有志于从事粮食相关行业的学生，可以重点关注。

专业介绍

专业名称	学习内容（主要部分）	对应的普通本科专业（部分）
粮食工程技术与管理	大米、面粉、油脂、饲料等粮食的生产操作，检验、品质管控，粮食加工生产设备的操作、维护及维修	粮食工程、食品科学与工程
粮食储运与质量安全	粮油储藏、检测、运输、质量检测	粮食工程、食品科学与工程、食品质量与安全

就业方向

<u>和米、面、油等粮食打交道的岗位</u>

这类专业就业面向粮食生产企业、粮食销售企业的加工技术员、检测员、销售员等岗位。这类岗位就业门槛比较低，一般对学历和专业没有要求，其他专业的学生经过培训也可以上手，薪资待遇比较低，建议谨慎报考。

交通运输大类

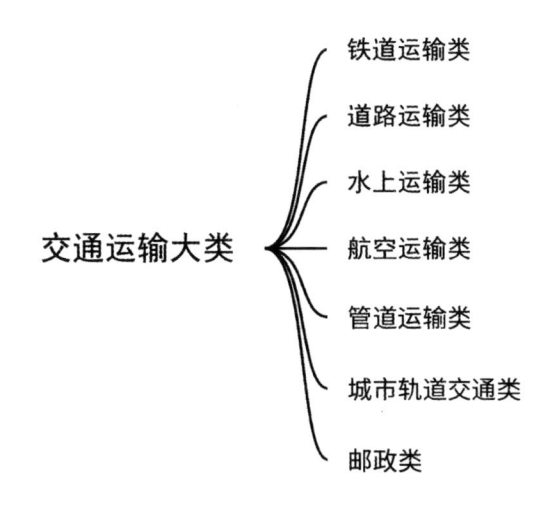

- 铁道运输类
- 道路运输类
- 水上运输类
- 航空运输类
- 管道运输类
- 城市轨道交通类
- 邮政类

铁道运输类

铁道运输类专业主要学习与铁道运输相关的技术。这类专业就是所谓"能进铁路局"的专业。铁路系统分为车务段、机务段、电务段、车辆段、工务段五大部分,每个部分负责的工作内容不同。铁道运输类专业共有13个,不同专业对应铁路系统的不同岗位。具体专业对应哪些岗位,看过下面内容,各位就会有一定了解。

专业介绍

专业名称	学习内容(主要部分)	对应的普通本科专业(部分)
铁道工程技术	铁路施工、测量、线路养护维修等,包括铁路路基、轨道、桥梁、隧道施工	铁道工程、土木工程
高速铁路施工与维护	高速铁路工程的施工、养护维修、检测	铁道工程、土木工程
铁道桥梁隧道工程技术	铁道桥梁隧道的施工、维护、检测	铁道工程、土木工程
铁道养护机械应用技术	铁道大型养路机械设备的安装、调试、使用、维护、维修	机械工程、车辆工程、交通工程、机械设计制造及其自动化

续表

专业名称	学习内容（主要部分）	对应的普通本科专业（部分）
铁道机车运用与维护	机车检测、故障分析、维护维修，包括机车的牵引传动系统、控制系统	交通运输、交通工程
铁道车辆技术	铁道车辆检修、运行保障、故障处理，包括电气装置、空调装置、制动装置	交通运输、车辆工程、机械电子工程
铁道供电技术	轨道交通线路、变配电设备的运行、检修、施工，包括接触网、铁路电力线路、动力照明灯供电设施的安装、维修、保养、调度	电气工程及其自动化、智能电网信息工程、电气工程与智能控制
动车组检修技术	动车组各系统组装调试、运行监控、故障处理、入库检修	交通运输、车辆工程、机械电子工程
高速铁路综合维修技术	高铁基础设施维护、保养、故障诊断、维修	土木工程、电气工程及其自动化、通信工程、轨道交通信号与控制、铁道工程、轨道交通电气与控制
铁道信号自动控制	铁路信号设备的操作、维护、检修	轨道交通信号与控制、智慧交通
铁道通信与信息化技术	铁路通信设备、计算机网络设备的安装、调试、维护检修、故障处理	通信工程、电子信息工程
铁道交通运营管理	铁路接发列车、列车调度指挥等，可以从事铁路行车、客运、货运行业	交通运输
高速铁路客运服务	高铁值班员、列车长、售票员等工作用到的技能	交通运输

就业方向

1. 维护铁道铁轨和线路的岗位

铁道工程技术、高速铁路施工与维护、铁道桥梁隧道工程技术、高速铁路综合维修技术四个专业学习的内容，偏向于铁道铁轨、铁道线路的施工维护方向，可以报考的铁路局岗位是铁路工务操作岗位，工作内容是铁道线路涉及的桥梁、隧道、涵洞、路基、钢轨、道岔、轨枕、道砟等的养护维修。专升本时可以报考的专业一般为土木工程、铁道工程、交通工程等。

2. 维护铁路车辆的岗位

铁道机车运用与维护、铁道车辆技术、动车组检修技术三个专业学习的内容偏向于铁道机车、铁道养护机械的维修维护方向，可以报考铁路局的铁道机务检修操作岗位、铁道车辆检修维护岗位，工作内容是检查、修理、养护铁道机车。在专升本考试时，可以报考的专业一般为机械设计制造及其自动化、机械电子工程、车辆工程等机械相关专业。

3. 操作铁道工程机械的岗位

铁道养护机械应用技术专业学习的内容偏向铁道养护工程机械的操作，可以报考铁路局的铁路自轮运转操作岗位，工作内容是操作工程机械对铁路线路进行维护。在专升本考试时，可以报考的专业一般为机械相关专业。

4. 维护铁路供电设备的岗位

铁道供电技术专业学的内容偏向于铁道供电方向，一般可以报考铁路局的铁路供电操作岗位，工作内容是对铁路供电系统进行检修、维护、保养，比如，铁路供电网检修。所以专升本可以报考的专业一般是电气相关专业。

5. 维护铁路信号设备的岗位

铁道信号自动控制、铁道通信与信息化技术两个专业，学的内容偏向于铁道通信方向，可以报考铁路局的铁路电务操作岗位，工作内容是对铁路信号设备、机车信号设备及道岔进行检修、维护、保养。比如，铁路信号灯检修。专升本可以报考的专业一般是自动化、通信相关的专业。

6. 铁路系统里适合女生的岗位

高速铁路客运服务、铁道交通运营管理两个专业，主要学习铁路客运、调度管理方向的内容，可以报考铁路局的车务运转操作岗位、车务调度操作岗位，工作内容比较杂，包括列车调度，旅客转运等。比如，最常见的岗位是售票员、检票员、调度员等。这类专业是铁道类专业中最适合女生的专业。专升本可以报考的专业一般是交通运输相关专业。

7.总结

各个铁路局每年的招聘数量非常多，但是大多数岗位都比较辛苦，需要倒班，很多岗位在招聘时一般会标注出"适宜男性"，薪资待遇水平中等偏上。很多省份都有铁道特色的专科学校，比如，辽宁铁道职业技术学院、南京铁道职业技术学院等，在这些学校学铁道相关专业，毕业后进入铁路局相应单位的机会非常大。除了铁路局外，城市轨道交通企业、轨道车辆生产制造企业也会招聘铁道相关专业的毕业生。对专科段来说，铁道运输类专业算是比较不错的选择。

道路运输类

道路运输类专业大致分为三类，分别是道路施工相关专业、交通管理相关专业、汽车服务相关专业。道路施工相关专业主要学习与道路施工、维护相关的技术。交通管理相关专业主要学习与交通管理、运营相关的内容。汽车服务相关专业主要学习汽车售后服务、维修等相关内容。具体要报哪一类专业，可以看过下面内容后再决定。

道路施工相关专业

专业介绍

专业名称	学习内容（主要部分）	对应的普通本科专业(部分)
道路与桥梁工程技术	道路桥梁工程测量、施工、质量检测	道路桥梁与渡河工程、土木工程、工程造价

续表

专业名称	学习内容（主要部分）	对应的普通本科专业（部分）
道路机械化施工技术	道路、桥梁、隧道的机械化施工、养护，工程机械的操作使用、维护	机械工程、土木工程
智能工程机械运用技术	工程机械的使用、维护、故障检测、修理	机械电子工程、机械设计制造及其自动化、智能装备与系统、车辆工程
道路工程检测技术	道路原材料、施工地基、桥梁制品与构件、道路施工质量的检测，施工过程的监控检测	道路桥梁与渡河工程、土木工程
道路工程造价	工程造价、定价、工料分析、造价文件编制、施工计划编制	工程造价、工程管理
道路养护与管理	养护工程的测量、施工、试验、质量检测、公路技术状况评定	土木工程、道路桥梁与渡河工程、工程管理

就业方向

1. 修路施工的相关岗位

道路与桥梁工程技术、道路工程检测技术、道路养护与管理三个专业学习的是道路施工方向的内容，就业面向道路施工企业的施工技术员岗位，工作内容一般是根据道路施工设计图纸和要求，进行一线施工，保证施工进度和质量。这类岗位和土建类专业从事岗位类似，对学历和专业要求很低，薪资待遇不高，工作环境一般在室外工地，比较艰苦，建议谨慎报考。这类专业专升本时可以报考的一般是土木工程、道路桥梁与隧道工程等土木相关专业。

2. 和"修路用的工程机械"打交道的岗位

道路机械化施工技术、智能工程机械运用技术两个专业学习的是工程机械方向内容，就业方向和机械设计类专业类似，面向机械生产企业的工程师、设计师等，工作内容一般是设计机械产品或零部件，产出设计图，对选材、生产工艺进行技术指导，保障产品生产。对这类岗位，大中型企业要求机械相关专业的本科及以上学历，小型企业要求机械相关专业的专科及以上学历，薪资待遇中等偏上，需求量比较大，但偶尔需要在一线车间进行技术指导或设备维修工作。另外，这两个专业有机会报考铁路局的自轮运转操作岗位。专升本时可以报考机械设计制造及其自动化、机械电子工程等机械相关专业。

3. 施工行业里适合女生的岗位

道路工程造价专业和土建类专业中的工程造价专业类似，学习的是工程造价相关的内容，就业面向施工企业、造价咨询企业的工程造价员。工作内容一般是制定招投标文件、编制合约、对成本进行控制、做财务结算等。这类岗位和会计专业类似，属于有一技之长的文科专业，工作环境也适合女生，薪资待遇中等，如果获得工程造价相关的证书，薪资会有提升。专升本时可以报考的专业一般是工程造价、工程管理相关专业。

交通管理相关专业

专业介绍

专业名称	学习内容（主要部分）	对应的普通本科专业（部分）
智能交通技术	智能交通系统的集成、安装、调试，交通工程项目的实施，交通大数据的分析处理	交通运输、交通工程、交通设备与控制工程、智慧交通、交通管理
道路运输管理	道路运输生产、运输企业安全管理、运输事故处理，营运车辆维护管理	交通运输

续表

专业名称	学习内容（主要部分）	对应的普通本科专业（部分）
交通运营管理	城市公共交通行车作业计划编制、调度，网约车管理、交通枢纽管理、道路运输管理	交通运输、交通工程

就业方向

1. 和交通设备打交道的岗位

智能交通技术专业会学很多控制、电子电工、计算机相关的课程，就业面向智能交通设备生产企业的技术员、操作员岗位。这类岗位需求量比较少。在一些省份，这类专业在专升本考试中有机会报考物联网相关专业。

2. 不能做交警的交通管理相关的岗位

道路运输管理、交通运营管理专业就业面向公共交通运营企业、交通运输企业调度员、运营人员。这类岗位就业门槛很低，且需求量比较少，薪资待遇不高。另外，这两个专业是不能做交警的，和警校提前批中的道路交通管理专业完全不一样。

汽车服务相关专业

专业介绍

专业名称	学习内容（主要部分）	对应的普通本科专业（部分）
汽车技术服务与营销	汽车营销策划、销售、售后服务、二手车鉴定、事故车勘查定损	汽车服务工程
汽车检测与维修技术	汽车维护、机电维修、检测、配件管理、二手车鉴定评估、事故车勘查定损	汽车服务工程、汽车维修工程教育
新能源汽车检测与维修技术	新能源汽车维护、检测、维修，充电设备装配、调试、检测、维护	车辆工程、汽车服务工程

就业方向

1. 汽车售前、售后服务的相关岗位

汽车技术服务与营销专业就业面向汽车销售企业的销售员、售后服务人员等。这类岗位就业门槛很低，其他专业的学生经过培训也可以做。

2. 修汽车的岗位

汽车检测与维修技术、新能源汽车检测与维修技术专业就业面向汽车保险企业、二手车销售企业、汽车维修企业的理赔员、维修员等，招聘一般要求汽车、车辆相关专业专科及以上学历，薪资待遇中等。这三个专业在专升本考试时，都有机会报考车辆工程等机械相关专业。

水上运输类

水上运输类专业主要学习的是与航海、航运相关的技术，也就是大家经常说的"出海跑船"的专业。这类专业一般放在提前批招生，开设这类专业的学校也不多，有志于从事相关行业的学生，可以重点关注。

专业介绍

专业名称	学习内容（主要部分）	对应的普通本科专业（部分）
航海技术	船舶航行值班、货物操作作业监督、船舶污染防范、通信导航设备操作、维护、保养，消防救生设备管理	航海技术、海事管理
港口与航道工程技术	港口、航道的工程测量、施工、造价编制、监理	港口航道与海岸工程、土木工程、工程管理
轮机工程技术	船舶机舱设备操作、轮机设备维护维修、船舶作业管理、人员管理、海上救生	轮机工程
国际邮轮乘务管理	邮轮的宾客服务、客舱服务、餐饮服务、娱乐服务	酒店管理、旅游管理

续表

专业名称	学习内容（主要部分）	对应的普通本科专业（部分）
水路运输安全管理	水上交通秩序管理、船舶适航管理、船舶货运管理、海事调查	海事管理、交通管理、安全工程
港口机械与智能控制	港口设备的操作、维护、检测、维修	机械工程、机械设计制造及其自动化、机械电子工程
港口与航运管理	港口管理、航运管理、船舶代理、货运代理、进出口通关	交通运输、海事管理
船舶电子电气技术	船舶电子电气、自动化、通信、导航等设备的运行监控、维护维修	船舶电子电气工程、轮机工程、电气工程及其自动化
船舶检验	船舶船体结构件、设备状况的检验、测试、鉴定	船舶与海洋工程
集装箱运输管理	集装箱的装卸、运输，堆场管理、运输单证管理、揽货配货	交通运输

就业方向

1. 做船员，随船出海的岗位

航海技术专业就业面向海运企业的船员岗位，这类岗位就业门槛不高，其他专业学生经过培训也可以做。由于经常要随船出海几个月，有一定危险性，工作环境比较艰苦，但薪资比较高，建议谨慎报考。

2. 造船、修船的岗位

轮机工程技术、船舶电子电气技术、船舶检验三个专业，就业面向船舶制造企业的操作员、技术员等。这类岗位一般要求船舶、机械相关专业的专科及以上学历，工作环境在一线工厂，比较艰苦，薪资待遇中等。这类专业的学生也可以做船员，需要随船出海。

3. 修港口、修航道的岗位

港口与航道工程技术专业，就业面向港口航道施工企业的施工技术员，这类岗位和土建类专业从事岗位类似，就业门槛不高，薪资待遇较低，建议谨慎报考。

4.港口需要的岗位

港口机械与智能控制专业，就业面向港口工程机械生产企业的操作员、技术员等。专门生产港口工程机械的企业比较少，所以专业就业面比较窄。但这个专业和机械专业相关，在一些省份专升本考试中，可以报考机械相关专业。

水路运输安全管理、港口与航运管理、集装箱运输管理三个专业就业面向港口的管理调度岗位。国际邮轮乘务管理专业就业面向邮轮的乘务服务岗位。以上四个专业都几乎不学技术类的课程，就业面比较窄，建议谨慎报考。

航空运输类

航空运输类专业大致可分为航空运输服务相关专业、航空器维修相关专业。航空运输服务相关专业主要学习航空业的各类服务相关的内容。航空器维修相关专业主要学习与航空器的维修维护相关的技术。这两类专业是否值得报考，可以看完下面内容再自己判断。

航空运输服务相关专业

专业介绍

专业名称	学习内容（主要部分）	对应的普通本科专业（部分）
民航运输服务	民航旅客地面服务、客服务、货运服务	物流管理、交通运输
定翼机驾驶技术	飞机驾驶操纵、应急处置	交通运输、交通工程

续表

专业名称	学习内容（主要部分）	对应的普通本科专业（部分）
直升机驾驶技术	直升机驾驶操纵、应急处置	交通运输、交通工程
空中乘务	客舱服务、应急处置、紧急救护	航空服务艺术与管理、旅游管理与服务教育、旅游管理
民航安全技术管理	民航旅客、行李、货邮的安全检查	交通运输、交通工程、安全工程、应急技术与管理
民航空中安全保卫	民航旅客运输、客舱突发事件处理、客舱安全管理	运动训练、体能训练、国内安全保卫、治安学
机场运行服务与管理	机场运行资源分配、机场现场指挥、地面服务保障	交通运输
机场场务技术与管理	机场飞行区鸟击防范、道面维护维修、净空巡查	交通运输、资源环境科学
通用航空航务技术	航行情报收集、飞机性能计算、飞行计划制作、航班任务协调、运行监控	交通运输、交通工程
航空油料	航空油料化验、计量、储运、加注，飞机加油服务	油气储运工程、安全工程

就业方向

1. 通航飞行员岗位

开设定翼机驾驶技术、直升机驾驶技术两个专业的学校非常少，培养的是通航飞行员。不过，和本科的飞行技术专业培养的民航飞行员不同，通航飞行员学习过程中的费用需要自己承担，费用非常高，建议谨慎报考。

2. 航空公司的服务保障岗位

除了定翼机驾驶技术、直升机驾驶技术两个专业外，其他专业就业面向航空公司、民航机场的空中乘务员、机场场务员、安检员、机场地面服务保障员、航空航务支持员等各类岗位。这类岗位就业门槛不高，其他专业学生经过培训也可以做，建议谨慎报考。

航空器维修相关专业

专业介绍

专业名称	学习内容（主要部分）	对应的普通本科专业（部分）
民航通信技术	民航通信导航设备的安装、调试、运行维护	通信工程
飞机机电设备维修	飞机机电设备维护维修，飞机机体和动力装置的结构检查、部件拆装、维护维修	飞行器动力工程、飞行器制造工程
飞机电子设备维修	航空器通信系统、导航系统、仪表系统、自动飞行系统等操作、故障检测、维护维修	飞行器制造工程、飞行器适航技术、飞行器控制与信息工程
飞机部件修理	航空器机械部件、起落架、动力装置部件的维护维修	飞行器制造工程
通用航空器维修	通用航空器的机体、动力装置、结构件检测、拆装、故障分析、维护维修	飞行器制造工程、飞行器动力工程、飞行器适航技术
飞机结构修理	飞机金属结构件维修、复合材料结构件修理、飞机客舱设施拆装维修	飞行器制造工程、飞行器设计与工程
航空地面设备维修	航空地面设备维护保养、操作使用、故障诊断、维修	车辆工程、新能源汽车工程

就业方向

1.飞机维修岗位

这类专业就业面向航空公司的维修员、航空航天设备生产制造企业和军工企业的操作员、技术员等。这类岗位一般要求航空器维修、机械相关专业的专科及以上学历，岗位需求量比较大。每年都有大量相关企业去各省的航空特色学校进行校园招聘。岗位薪资待遇中等，但工作比较辛苦，需要倒班。

管道运输类

管道运输类专业主要学习管道运输施工相关的技术。开设这类专业的学校很少，大多数家长也不愿意让孩子报考。有志于从事管道施工相关行业的学生，可以重点关注。

专业介绍

专业名称	学习内容（主要部分）	对应的普通本科专业（部分）
管道工程技术	管道工程勘测、施工、质量检测	建筑环境与能源应用工程、水利水电工程、给排水科学与工程、工程管理
管道运输管理	管道仪器设备安全操作、运输调度、运行监测、维护保养、检测	交通运输、油气储运工程

就业方向

1. 暖气管道、排水管道、石油管道等各种管道的施工岗位

这类专业就业面向管道施工企业的管道设计师、施工员、检修员等岗位。这类岗位一般要求管道或给排水相关专业专科及以上学历，薪资待遇中等。开设这两个专业的学校比较少，就业面较窄。

城市轨道交通类

城市轨道交通类专业主要学习城市轨道交通维修维护的相关技术。这类专业学习的内容和铁道运输类专业类似，就业方向也和铁道运输类专业类似。也有机会考入铁路局，可以作为铁道运输类专业的备选专业。具体各个专业学什么，就业的岗位是什么，可以通过下面内容了解。

专业介绍

专业名称	学习内容（主要部分）	对应的普通本科专业（部分）
城市轨道交通工程技术	城市轨道交通工程勘测、线路设计、施工管理、质量检测、设施养护	土木工程、城市地下空间工程、铁道工程
城市轨道车辆应用技术	城市轨道交通列车驾驶、故障处理、检测、维修	轨道交通信号与控制、车辆工程
城市轨道交通机电技术	城市轨道交通机电设备的安装调试、运行维护、故障处理，包括站台门、自动售检票系统、电梯、给排水系统检修	轨道交通信号与控制、电气工程及其自动化
城市轨道交通通信信号技术	城市轨道交通通信设备的安装调试、检测、维护维修	轨道交通信号与控制、通信工程
城市轨道交通供配电技术	城市轨道交通的接触网施工检修，供配电设备安装调试、检修	轨道交通电气与控制、电气工程及其自动化、电气工程与智能控制
城市轨道交通运营管理	城市轨道交通车站设备运用、列车组织运行、车站管理、票务处理	交通运输

就业方向

1. 轨道交通的线路维护岗位

城市轨道交通工程技术专业就业面向铁路局、轨道交通运营企业的轨道线路检修维护岗位。工作内容是桥梁、隧道、涵洞、路基、钢轨、道岔、轨枕、道砟等轨道线路的养护维修。专升本时可以报考的专业一般是土木工程、铁道工程、交通工程等。

2. 轨道交通的车辆维护岗位

城市轨道车辆应用技术、城市轨道交通机电技术专业就业面向铁路局、轨道交通运营企业的车辆检修维护岗位。工作内容是检查、修理、养护轨道机车。在专升本时可以报考的专业一般是机械设计制造及其自动化、机械电子工程、车辆工程等机械相关专业。

3. 轨道交通信号设备的维护岗位

城市轨道交通通信信号技术专业就业面向铁路局、轨道交通运营企业的交通信号设备检修维护岗位。工作内容是对铁路信号设备、机车信号设备及道岔进行检修、维护、保养。比如，铁路信号灯检修。所以专升本时可以报考的专业一般是自动化、通信相关专业。

4. 轨道交通的供电设备维护岗位

城市轨道交通供配电技术专业就业面向铁路局、轨道交通运营企业的供电设备检修维护岗位。工作内容是对轨道交通供电系统进行检修、维护、保养。比如，铁路供电网检修。专升本时可以报考的专业一般是电气相关专业。

5. 轨道交通服务保障岗位

城市轨道交通运营管理就业面向铁路局、轨道交通运营企业的客运服务岗位。工作内容比较杂，包括列车调度，旅客转运等。比如，最常见的岗位是售票员、检票员、调度员等。这个专业在轨道交通运输类专业中是最适合女生的专业，专升本时可以报考的专业一般是交通运输相关专业。

6. 总结

轨道交通运营企业也是各地的大型国企，各个岗位的薪资待遇比铁路局稍低一些，但也是中等偏上。这类专业和铁道运输类专业的学习内容、就业方向都很类似。各铁路局在招聘时也会选择这类专业的毕业生，所以如果分数不够铁道运输类专业，报考这类专业，也是有机会进到铁路局的。

邮政类

邮政类专业主要学习与邮政快递相关的内容。有志于从事邮政相关行业的学生，可以重点关注。

专业介绍

专业名称	学习内容（主要部分）	对应的普通本科专业（部分）
邮政快递运营管理	邮政快递智能设备操作、维护保养，邮政快递运营、网店管理	邮政工程
邮政快递智能技术	邮政快递智能设备运维、信息系统维护、数据分析、网店运营	邮政工程
邮政通信管理	邮政快递基层业务的处理	邮政管理、工商管理、市场营销

就业方向

1. 与快递、物流行业相关的岗位

开设这类专业的学校很少，就业面向物流快递企业的物流分拣员、派件员、调度员等。这类岗位就业门槛很低，其他专业的学生经过培训也可以做，工作比较辛苦，薪资待遇不高，建议谨慎报考。

电子与信息大类

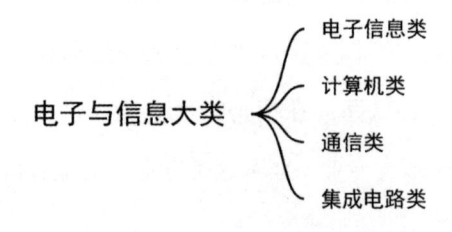

电子与信息大类
- 电子信息类
- 计算机类
- 通信类
- 集成电路类

电子信息类

电子信息类专业主要学习电子产品生产制造相关的技术。对电子信息相关专业，大多数家长应该听说过，这类专业在本科段是热门专业，但同时也是学习难度很高的专业。在专科段要不要选这类专业，可以经过这一节内容的学习再做决定。

专业介绍

专业名称	学习内容（主要部分）	对应的普通本科专业（部分）
电子信息工程技术	电子设备的设计、装配、调试、系统运维	电子信息工程、电子科学与技术、通信工程
物联网应用技术	物联网设备安装、调试，物联网系统应用开发、运维	物联网工程、电子信息工程、电子信息科学与技术、计算机科学与技术
应用电子技术	电子产品辅助设计、硬件调试、生产工艺管理、产品检测，电子产品生产设备操作、维护	电子信息工程、电子科学与技术
电子产品制造技术	电子产品电路板设计、制造、检测、设备维护	电子封装技术、微电子科学与工程、电子科学与技术、电子信息工程
电子产品检测技术	电子元器件的标准化检测、电子产品检测	测控技术与仪器、智能测控工程、电子信息工程、智能电网信息工程、集成电路设计与集成系统
移动互联应用技术	移动互联网软硬件开发、系统集成、运维	电子信息工程、网络工程、通信工程
汽车智能技术	智能驾驶系统、车路协同系统的试制、试验、装配、调试、测试、质量检验	智能车辆工程、电子信息工程、车辆工程
智能产品开发与应用	智能产品电路设计、应用软件开发、安装调试、系统运维	人工智能、智能科学与技术、计算机科学与技术

续表

专业名称	学习内容（主要部分）	对应的普通本科专业（部分）
智能光电技术应用	LED制造、智能光电产品开发、智能照明工程设计、实施、运维，智能电光源系统设计、安装、调试、维护	光源与照明、光电信息科学与工程、电子科学与技术、电子信息工程
光电显示技术	LED、OLED制造测试、半导体照明产品设计、制造、检测，室内外大屏幕显示系统、城市景观照明工程的设计、施工	电子信息工程、光电信息科学与工程、光源与照明

就业方向

1. 电子产品制造行业的相关岗位

这类专业就业面向电子产品制造企业的操作员、安装员、测试员、技术支持人员、工程师等岗位。电子产品生产工厂的一线员工岗位，就业门槛非常低，对专业和学历都没有要求，经过培训即可上岗，一般是计件工资制，工作比较辛苦，薪资待遇不高。小型电子产品设计研发企业的工程师岗位，一般要求电子信息、计算机或自动化等专业本科及以上学历，要求有一定软硬件研发测试能力，薪资待遇中等。大型电子产品设计研发企业，一般要求电子信息相关专业研究生及以上学历，需要有较高的软硬件研发测试基础，薪资待遇比较高。

2. 就业难度、学习难度怎么样？

电子产品制造相关行业跟日常生活消费品息息相关，所以招收这类专业毕业生的大中小型企业都非常多，就业非常容易，但像华为等大型企业对学历和能力的要求都很高。电子信息类专业的学习难度比较大，对考生数学和物理的学习要求高，如果考生的数学和物理成绩一般，学起来会比较困难。

3. 有机会转到其他专业吗？

物联网应用技术专业可以升本到物联网工程专业，移动互联应用技术专业有机会升本到网络工程专业，智能产品开发与应用专业有机会升本到智能科学与技术专业。物联网工程、网络工程、智能科学与技术专业属于计算机类专业，考公、考编的岗位是比较多的。

4. 涉及光学的两个专业

智能光电技术应用、光电显示技术专业对口的本科专业是光电信息科学与工程，这两个专业都涉及光学。激光、摄像头等和光学相关的电子元器件都涉及光学相关学科，也是比较难学的。

计算机类

计算机类专业主要学习各种与计算机相关的技术。计算机类专业在本科段是非常热门的专业，但专科段的计算机专业的学生毕业后一般做什么工作？是否值得选？各位可以通过学习这一节的内容，再想要不要报考。

专业介绍

专业名称	学习内容（主要部分）	对应的普通本科专业(部分)
计算机应用技术	程序设计、数据采集分析、网络管理、信息系统维护	计算机科学与技术、网络工程、软件工程、数据科学与大数据技术
计算机网络技术	网络技术支持、网络系统运维、网络应用开发	网络工程、计算机科学与技术
软件技术	软件设计、开发、测试、技术支持	软件工程、计算机科学与技术、人工智能、智能科学与技术、数据科学与大数据技术
数字媒体技术	视觉传达设计、界面交互设计、数字文创产品设计、音视频编辑	数字媒体技术、数字媒体艺术

续表

专业名称	学习内容（主要部分）	对应的普通本科专业(部分)
大数据技术	大数据采集、处理、分析、可视化、系统运维、平台管理	数据科学与大数据技术、人工智能、智能科学与技术、计算机科学与技术、软件工程
云计算技术应用	私有云、容器云、公有云平台的部署、维护、应用开发，云计算技术支持、云计算产品销售	计算机科学与技术、网络工程、软件工程、人工智能
信息安全技术应用	数据存储与容灾、网络安全渗透、网络安全防护	信息安全、网络空间安全、计算机科学与技术、网络工程、软件工程、区块链工程
虚拟现实技术应用	虚拟现实、增强现实的建模、动画、界面交互、软硬件系统搭建等，以从事虚拟现实、增强现实项目的设计、制作、调试	虚拟现实技术、数字媒体技术
人工智能技术应用	数据处理、模型训练、应用开发等，从事人工智能数据服务、软件设计开发、应用系统部署运维	人工智能、智能科学与技术、计算机科学与技术
嵌入式技术应用	嵌入式硬件产品设计、底层驱动开发、应用程序开发、硬件软件测试	电子信息工程、计算机科学与技术
工业互联网技术	工业网络集成、数据采集处理、工业App开发应用、安全防护运维等，以从事工业互联网工程的实施、运维	计算机科学与技术、网络工程、物联网工程
区块链技术应用	区块链应用开发、测试、运维、运营	区块链工程、密码科学与技术、信息安全、计算机科学与技术、网络空间安全
移动应用开发	移动端App开发、Web开发、小程序开发、移动端应用测试	计算机科学与技术、软件工程
工业软件开发技术	工业控制网络设备安装、运维，工业应用软件开发、测试、运维	计算机科学与技术、软件工程、数据科学与大数据技术、智能装备与系统、工业智能

续表

专业名称	学习内容（主要部分）	对应的普通本科专业(部分)
动漫制作技术	动漫策划、漫画绘制、原画设计、二维动漫创作、三维动画创作、后期合成	动画、数字媒体技术、数字媒体艺术
密码技术应用	国产密码产品部署管理、商用密码产品检测、商用密码应用测评、密码应用方案咨询	密码科学与技术、保密技术、信息安全、网络空间安全、计算机科学与技术

就业方向

1. 传说中的程序员

这类专业就业面向软件产品开发企业、电子产品研发企业、工业制造企业的测试员、运维员、技术支持员、工程师。软件开发工程师这类岗位有学历和专业门槛，薪资待遇比较高。一般大中型企业的软件开发工程师岗位，要求计算机相关专业，加上行业中比较认可的学校的本科及以上学历。小型企业一般要求计算机相关专业本科学历，比较优秀的专科学历学生，也有机会应聘。软件测试、系统运维、技术支持等岗位对学历要求不高，门槛也相对低一些，薪资待遇一般也不高。

2. 就业的上限和下限怎么样？

如果考生的逻辑性比较好，编程技术学习得足够好，可以选择从事软件开发相关岗位，能在企业拿到不错的薪资。如果考生技术能力不足，那可以选择从事软件测试、系统运维等岗位，就业相对容易些，且未来如果升本成功，还有考公、考编的机会。因为计算机类专业，尤其是计算机科学与技术、软件工程两个专业，在公务员、事业单位招考中岗位是比较多的。

3. 与游戏、动漫相关行业的相关岗位

数字媒体技术、动漫制作技术专业和其他计算机类专业差别比较大，属于偏艺术类的专业。就业方向一般是游戏、动漫公司的建模师、动画设计师等。

通信类

通信类专业主要学习的是与通信相关的技术。通信类专业在本科段属于电子信息类专业中的一部分，也是属于比较热门的本科专业，但在专科段就不是特别热门了。有志于从事通信相关行业的考生，可以重点关注。

专业介绍

专业名称	学习内容（主要部分）	对应的普通本科专业（部分）
现代通信技术	通信网络设备选型、方案设计、设备安装部署、业务开通、调试等，以从事通信工程的勘察、设计、施工、监理，通信网络运维、优化	通信工程、电子信息工程、信息工程、网络工程
现代移动通信技术	通信工程勘察、设计、施工、监理，移动通信系统基站安装、调试、维护，移动通信网络规划、开通、运维、优化	通信工程、电子信息工程、网络工程、物联网工程
通信软件技术	通信系统软件的部署、测试、维护，通信业务数据的分析应用，移动终端应用、通信应用软件的开发、测试、维护	通信工程、软件工程
卫星通信与导航技术	卫星通信、导航相关的安装、维护、数据测绘分析、设备调试、应用开发	通信工程、信息工程、遥感科学与技术、导航工程

续表

专业名称	学习内容（主要部分）	对应的普通本科专业（部分）
通信工程设计与监理	通信工程勘察、概预算、设计、施工、监理、招投标代理	通信工程、电子信息工程、电子科学与技术、光电信息科学与工程、信息工程、电信工程及管理
通信系统运行管理	通信网络、通信系统的安装、配置、性能管理、检修、维护、故障处理	电信工程及管理、网络工程、信息安全
智能互联网络技术	智能互联网络的规划、设计、设备调试维护、系统部署运维、系统应用开发、安全维护	网络工程、物联网工程、通信工程、计算机科学与技术
网络规划与优化技术	通信网络的规划、部署，室内分布系统、专网通信系统的规划设计、移动通信无线网络数据采集、测试、优化	通信工程、电子信息工程、信息工程、网络工程、物联网工程
电信服务与管理	信息通信设备营销、业务运营、信息化系统维护	电信工程及管理、通信工程、市场营销、电子商务

就业方向

1. 和通信设施、设备打交道的岗位

这类专业就业面向通信服务供应企业、通信工程建设企业、通信网络设备制造企业、通信工程运维企业的通信技术员、运维员、施工技术员岗位。基础的通信网络技术员、运维员等岗位就业门槛不高，要求专科及以上学历，毕业生经过培训后即可上手，薪资中等。大中型企业的通信产品的研发岗位一般要求通信相关专业，且有行业内认可的学校的本科及以上学历，比如北京邮电大学、南京邮电大学等，岗位薪资待遇很高。小型企业的通信产品研发岗位一般也要求通信相关专业本科及以上学历，一般薪资待遇中等。所以，读了这个专业最好能够升本读研。

2. 能转到其他专业吗？

通信类专业对数学的要求很高，和电子信息类专业类似，也是属于难度较高的专业。通信类专业最对口的升本专业是通信工程专业，但是升本到网络工程、物联网工程、计算机科学与技术、信息安全等计算机类专业的机会也是比较多的。比如，智能互联网络技术专业在四川省2024年可以升本到计算机科学与技术、通信工程、网络工程、物联网工程四个专业，所以如果分数不够计算机类专业，可以选择报考一些省份的通信相关专业，未来再升本到计算机类专业。

集成电路类

集成电路类专业学习的是芯片生产制造相关的技术。芯片产业是目前国家大力发展的产业，很多家长和考生可能会对这类专业感兴趣。有志于从事芯片相关行业的家长和考生，可以重点关注。

专业介绍

专业名称	学习内容（主要部分）	对应的普通本科专业（部分）
集成电路技术	芯片版图设计、芯片验证、应用方案开发、芯片制造、封装测试	集成电路设计与集成系统、微电子科学与工程
微电子技术	芯片制造、封装测试的工艺、产品检验、芯片版图设计、芯片验证	微电子科学与工程、集成电路设计与集成系统

就业方向

1. 芯片制造行业的相关岗位

这类专业就业面向集成电路设计企业、集成电路制造企业、集成电路封测企业的操作员、封装测试员、集成电路设计师等岗位。大中型企业的芯片研发设计岗位一般要求集成电路或微电子相关专业，且有行业内认可的学校的研究生学历，比如电子科技大学、西安电子科技大学等，薪资待遇非常高。小型企业的芯片设计岗位，一般要求相关专业的本科学历，薪资待遇中等偏上。芯片生产制造企业的操作员、封装测试员等岗位对学历和专业要求不高，毕业生经过简单培训即可上手，工作环境一般在无尘车间，薪资待遇中等。

<u>2.总结</u>

芯片制造涉及的链路非常多，从设计、制造到最后的封装测试，各个环节都需要人。想要从事芯片设计相关岗位，必须升本考研，而且考研院校档次不能太低。如果从事芯片制造相关岗位，专科或本科学历就可以胜任。当然，学历越高，能进的企业也越好。

医药卫生大类

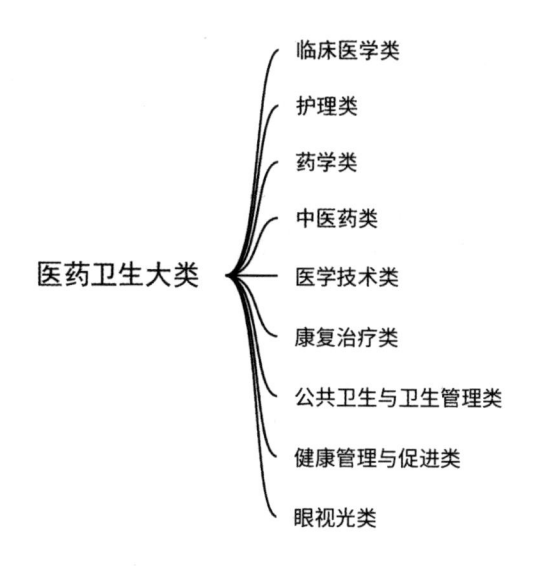

医药卫生大类
- 临床医学类
- 护理类
- 药学类
- 中医药类
- 医学技术类
- 康复治疗类
- 公共卫生与卫生管理类
- 健康管理与促进类
- 眼视光类

临床医学类

　　临床医学类专业主要学习与病患诊疗相关的技术，专科临床医学类下只有临床医学、口腔医学两个专业。这两个专业都是热门专业，每年的分数也比较高。这两个专业具体有哪些差别，就业分别可以找哪些岗位，看完这一节内容，各位就会有大致了解。

专业介绍

专业名称	学习内容（主要部分）	对应的普通本科专业（部分）
临床医学	诊断、处理常见病、多发病、重大疾病，并实施初步急救处理，提出转诊建议，慢性病的管理，社区疾病康复	临床医学
口腔医学	口腔常见病、多发病的基本诊断、治疗、预防	口腔医学

就业方向

<u>1. 专科学历的医生去哪儿就业？</u>

　　临床医学和口腔医学两个专业的区别是比较大的，临床医学专业是培养医生的（不包含口腔科医生）。专科临床医学专业的毕业生，一般只能去乡镇卫生院、村卫生所等基层医疗机构或者私立医院。公立医院对学历的要求是比较高的，省会或经济发达城市的三甲医院基本要求博士学历，普通地级市医院要求本科及以上学历，哪怕是经济欠发达地区的公立医院，招聘的最低学历要求也是本科。所以，如果读了专科临床医学专业，最好能升本科，升本科后最好能继续考研。但问题是，专科临床医学专业想要升本和考研是比较难的，过程中有很多限制。

2. 临床医学专业升本、考研有多难？

首先，很多省份根本没有临床医学专业的专升本招生计划，比如，安徽、重庆、天津等。也就是说，在没有临床医学专业专升本招生计划的省市读了专科临床医学专业，想在本省市升本的机会都没有。而有临床医学专升本招生计划的省份，一般招生数量也比较少，所以竞争会比较激烈。比如，福建省2023年临床医学专业专升本只有莆田学院一所学校有临床医学专业招生计划，面向普通考生有36个招生计划，面向退役大学生士兵有13个招生计划，面向脱贫户家庭考生有1个招生计划[1]。当然，也有一些省份的临床医学专业招生计划会多一些，具体是哪些省份，在"各省专升本政策介绍"一节，会详细介绍。

其次，在考研时，很多学校会要求5年制临床医学本科才能报考，也就是说，不接受专升本或同等学力的学生报考，所以专升本的临床医学专业学生在考研时又会受限。

总的来说，临床医学专业专科生升本考研一般是比较难的。所以，报考时要谨慎考虑，如果专升本、考研失败，是否能接受去乡镇卫生院或者私立医院就业。对家庭条件一般，老家在农村或经济不太发达的乡镇县城的学生，专科学临床医学专业，毕业后能在老家附近的乡镇卫生院或者私立医院就业还是不错的，工作环境、工作内容、工作稳定性、薪资待遇与其他大多数专科专业相比要好得多。当然也要注意，专科临床医学专业的录取分数每年都比较高。

3. 专科学历的口腔医生去哪儿就业？

口腔医学专业是培养口腔医生的。口腔医学专业的毕业生如果想要进入公立医院的口腔科，面临对学历的要求和临床医学专业一样高，也是需

---

[1] 福建省2023年专升本各类别最低录取控制分数线及招生计划公布。

要升本读研甚至读博的。并且大部分省份口腔医学专业的专升本招生计划同样也是很少的，部分省份甚至没有。例如，在2023年山西省的专升本考试中，口腔医学专业只有山西医科大学汾阳学院招生，招生计划只有30个。

4. 口腔医学专业和临床医学专业比起来怎么样？

对比临床医学专业，口腔医学专业的劣势在于一般没有乡镇卫生院等基层医疗单位的岗位可以报考，因为这些单位往往需要临床医学专业或中医学专业学生来从事全科医生岗位。但口腔医学专业的一大优势在于有大量的民营口腔诊所可以就业。哪怕专升本失败、考研失败，只要通过相关的医师资格考试，有执业医师资格，仍然可以在口腔诊所做口腔医生。而且工作环境在室内，几乎没有加班，并且口腔诊所的盈利情况是很不错的，所以口腔医生的薪资待遇也是不错的。当然，口腔医学专业的录取分数在专科中也是比较高的，有的甚至超过了本科线。

5. 专科临床医学、口腔医学的毕业生能考执业医师资格吗？

根据《中华人民共和国医师法》规定，医师资格考试分为执业医师资格考试和执业助理医师资格考试。考试成绩合格，取得执业医师资格或者执业助理医师资格，发给医师资格证书。

专科学历的临床医学、口腔医学专业毕业生，需要毕业后在执业医师指导下，在医疗卫生机构中参加医学专业工作实践满一年，才可以参加执业助理医师资格考试。在取得执业助理医师资格证且在医疗、预防、保健机构中工作满两年后，才可以报考执业医师资格考试。在取得执业医师资格证后，才算是正式的医师，有独立的处方权。根据法律规定，执业助理医师应当在执业医师的指导下，在医疗卫生机构中按照注册的执业类别、执业范围执业。在乡、民族乡、镇和村医疗卫生机构以及艰苦边远地区县级医疗卫生机构中执业的执业助理医师，可以根据医疗卫生服务情况和本人实践经验，独立从事一般的执业活动。

如果是临床、口腔专业本科及以上学历，那么在执业医师指导下，在医疗卫生机构中参加医学专业工作实践满一年，就可以报考执业医师资格考试。

6.总结

如果考生想要学医，那在专科段建议首选口腔医学，因为有很多民营的口腔诊所可以就业。其次，报考时最好看一下，报考的学校所在省份专升本有没有临床医学、口腔医学专业招生计划，招生人数有多少。如果报考了没有这两个专业的专升本招生计划的省份，那么以后基本连专升本的机会都没有了。而对医生这个行业来说，学历是非常重要的，不仅是涉及执业医师考试报名资格，哪怕是在私立的诊所或医院就业，一般情况下本科学历也比专科学历更有优势，未来的发展空间会更大一些。

护理类

护理类专业主要学习护理相关的内容，只有护理、助产两个专业。对护理类专业，很多家长和考生应该都有所了解，那么两个专业有哪些区别，这些专业目前的就业情况到底怎么样，看完这一节的内容，各位会有更深入的了解。

专业介绍

专业名称	学习内容（主要部分）	对应的普通本科专业（部分）
护理	护理、疾病预防保健	护理学、助产学
助产	分娩接生、分娩期母婴异常识别、危急重症抢救配合	助产学、护理学

就业方向

1. 护士、助产士能去哪儿就业？

护理类专业分为护理和助产，就业面向公立医院、民营医院、医疗机构的护士、助产士岗位。护理类专业的毕业生在公立医院就业时，对学历的要求没有医生那么高，专科学历的毕业后会有机会进入公立医院。经济发达城市的三甲医院对学历要求会高一些，可能要本科及以上学历。护理类专业的毕业生哪怕不能进入公立医院，也可以在民营医院、口腔诊所等单位就业。

2. 护理、助产专业优先报哪个？

护理、助产这两个专业在学校学的内容其实差不多，在很多省份的助产专业专升本考试中也可以考本科的护理专业。但是在考医院编制时，医院对专业限制得比较严格，护士岗位要求是护理专业才能报考，而助产专业随着生育率下降，招聘需求也在下降，所以建议优先报考护理专业。总体来说，护理类专业在医院的工作会比较辛苦，需要值夜班，但是稳定，薪资待遇中等。

药学类

药学类专业只有药学一个专业，大多数家长和考生可能都没考虑过要报考药学专业，有志于从事药品相关行业的学生，可以重点关注。

专业介绍

专业名称	学习内容（主要部分）	对应的普通本科专业(部分)
药学	典型药物的药理作用、药品调剂、用药指导、药品质量检验	药学、药物制剂、药物分析

就业方向

<u>1. 制药厂的相关岗位</u>

该专业就业面向药品经营企业、制药企业的制药操作员、检验员、药店营业员、药品销售员等。想要在医院药剂科就业，一般要求药学专业本科及以上学历，薪资待遇中等。想要在私立医院或普通药房就业，药学相关专业专科及以上学历即可，薪资待遇中等偏下。如果想要从事药品研发相关工作，需要升本读研，甚至读博。

中医药类

中医药类专业可以分为中医相关专业、中医康复养生相关专业、中药相关专业。中医相关专业主要学与中医诊疗相关的技术，中医康复养生相关专业主要学与中医康复养生相关的内容，中药相关专业主要学与中药制作相关的内容。中医相关专业虽然没有临床医学类专业那么热门，但也是属于比较热门的专业，很多分数达不到临床医学和口腔医学专业录取分数的考生会想着学中医。如果想报考中医药类专业，那一定要把这一节内容看完。

中医相关专业

专业介绍

专业名称	学习内容（主要部分）	对应的普通本科专业（部分）
中医学	常见病、多发病的诊疗，养生指导	中医学
中医骨伤	骨伤科常见病、多发病的诊治	中医骨伤科学
针灸推拿	针法、灸法、罐法、推拿手法	针灸推拿学、中医学

续表

专业名称	学习内容（主要部分）	对应的普通本科专业（部分）
蒙医学	用蒙医药防治常见病、多发病，包括蒙医放血疗法、酸马奶疗法、拔罐穿刺法	蒙医学
藏医学	用藏医药防治常见病、多发病，包括藏医放血、火灸、药浴	藏医学
维医学	用维医药防治常见病、多发病，包括熏疗、浴疗、敷疗	维医学
傣医学	用傣医药防治常见病、多发病，包括傣医睡药、熏蒸	傣医学
哈医学	用哈医药防治常见病、多发病，包括哈医放血、羊油疗法	哈医学
朝医学	用朝医药防治常见病、多发病，包括太极针法、熏脐治疗	暂无

就业方向

1. 专科学历的中医师，能去哪儿就业？

专科段中医相关专业就业面向乡镇卫生院、村卫生所等基层医疗机构的全科医生岗位，或私立医院中医科、中医诊所、中医针灸推拿店、中医理疗保健店的中医师、针灸师、推拿师等。

公立中医院和公立医院的中医科目前是比较少的，而且招聘的需求量也不多。如果考生以进入公立医院为目标，那和临床医学专业一样，需要升本考研。如果目标是乡镇卫生院等基层医疗单位，那么专科学历就可以报考，部分经济发达地区会要求本科及以上学历。私立医院的中医科、中医诊所、中医针灸推拿店、中医理疗保健店对学历的要求并不高，仅对专业和能力有要求，专科中医相关专业也可以就业，薪资待遇也不错。

2. 专科中医能考执业医师资格吗？

根据《中华人民共和国医师法》规定，医师资格考试分为执业医师资格考试和执业助理医师资格考试。考试成绩合格，取得执业医师资格或者执业助理医师资格，发给医师资格证书。

专科学历的中医相关专业毕业生，需要在毕业后在执业医师指导下，在医疗卫生机构中参加医学专业工作实践满一年，才可以参加执业助理医师资格考试。在取得执业助理医师资格证且在医疗、预防、保健机构中工作满两年后，才可以报考执业医师资格考试。在取得执业医师资格证后，才算是正式的医师，有独立的处方权。根据法律规定，执业助理医师应当在执业医师的指导下，在医疗卫生机构中按照注册的执业类别、执业范围执业。在乡、民族乡、镇和村医疗卫生机构以及艰苦边远地区县级医疗卫生机构中执业的执业助理医师，可以根据医疗卫生服务情况和本人实践经验，独立从事一般的执业活动。

如果是本科以上学历，那么在执业医师指导下，在医疗卫生机构中参加医学专业工作实践满一年，就可以报考执业医师资格考试。

3. 总结

总体来说，中医行业对学历和专业有一定要求，但没有临床和口腔专业那么高，不一定非要科班出身才能干。不仅会有从学校毕业的科班学生进入中医行业，也有经过中医名家的"师徒制"培养的徒弟进入中医行业。对专科段考生来说，中医相关专业还是比较不错的，能学到一技之长，且对应岗位就业门槛相对较高，其他专业的学生是做不了的。如果准备报考中医相关专业，和临床医学、口腔医学专业一样，最好也要看一下报考学校所在省份专升本有没有中医相关专业的招生计划。如果录取的学校所在省份没有中医的专升本招生计划，那么就基本没有机会升为本科了。

另外，开设哈医学、蒙医学等少数民族特色医学专业的学校比较少，一般只有少数民族地区学校才有开设，往往也只能在少数民族地区就业。

中医康复养生相关专业

专业介绍

专业名称	学习内容（主要部分）	对应的普通本科专业（部分）
中医康复技术	中医的康复治疗、保健调理、按摩保健	康复治疗学、运动康复
中医养生保健	中医养生保健、中医特色康复、健康管理	中医养生学、中医康复学

就业方向

1. 和中医相关专业有什么区别？

中医康复技术、中医养生保健两个专业虽然和中医有一些相关性，但是不能报考医师资格考试，所以属于不能做医生的专业。中医康复技术专业对应的本科专业不是中医类专业，而是康复相关专业，就业对应的岗位是康复技师。中医养生保健专业对应的本科专业虽然是中医养生学，但是部分省份是不能升本到中医相关专业的，只能升本到健康管理或其他相关专业。报考这两个专业时最好查看学校所在省份的专升本招生政策，确认好专升本可以升的专业再报考。

2.和康复、养生打交道的岗位

中医康复技术、中医养生保健专业就业面向中医推拿按摩店、中医理疗保健店的推拿师、康复技师等岗位。就业门槛不高,经过一定培训即可上岗,薪资待遇中等偏下。

中药相关专业

专业介绍

专业名称	学习内容（主要部分）	对应的普通本科专业(部分)
中药学	中药调剂、用药指导、炮制加工、制剂生产、质检、购销	中药学、中药制药、中药资源与开发
蒙药学	蒙药种植、鉴定、炮制、制剂、调剂、购销、保管	蒙药学、中药学
维药学	维药种植、鉴定、炮制、制剂、调剂、购销、保管	中药学
藏药学	藏药种植、鉴定、炮制、制剂、调剂、购销、保管	藏药学、中药学
中药材生产与加工	中药种植生产、饮片生产、提取物生产、质量检测、保管、购销	中草药栽培与鉴定、中药学、中药资源与开发
中药制药	中药饮品生产、制剂生产、质量检验、保管	中药学、中药制药、制药工程
药膳与食疗	药膳和食疗方案制订、药膳制作	暂无

就业方向

1.和中药打交道的岗位

中药类专业就业主要面向中医诊所、中药生产企业、中药销售企业的中药调剂员、中药采购员等岗位。这类专业的学生毕业后不能作为医生给病人开药,只能根据药方给病人抓药或制药。中药生产企业的中药采购岗位对中药相关专业的学生需求量比较大,岗位一般要求应聘者有辨认中药材优劣的能力或经验，就业有一定门槛，如果能进到大中型中药生产企业，薪资待遇还是不错的。和少数民族特色医学专业一样，很少有学校开设蒙药学、维药学、藏药学等专业，一般只有少数民族地区的学校才开设，往往也只能在少数民族地区就业。

医学技术类

医学技术类专业主要学习通过各种医学辅助技术，来帮助实现诊疗。很多家长和考生对这类专业不了解，有的甚至把口腔医学技术和口腔医学专业弄混，以为报考口腔医学技术专业可以做口腔医生，结果学了后发现不行。具体这类专业是学什么的，毕业后能做什么工作，看完这一节各位会有大致的了解。

专业介绍

专业名称	学习内容（主要部分）	对应的普通本科专业（部分）
医学检验技术	临床医学检验、输采供血检验、病理检验	医学检验技术、医学实验技术、卫生检验与检疫
医学影像技术	用智能化医学影像设备，对人体各部位进行影像检查，包括X线摄影检查、CT检查、超声检查	医学影像技术、智能影像工程
医学生物技术	生物技术服务、医学实验室管理，包括基因检测、细胞治疗、分子克隆、抗体制备	医学实验技术
口腔医学技术	口腔修复体、各种矫治装置的设计与制作	口腔医学技术
放射治疗技术	操作放射治疗设备，对各部位肿瘤进行放射治疗，包括医用电子加速器治疗操作、肿瘤模拟定位操作、近距离放射治疗操作	医学影像技术、生物医学工程

续表

专业名称	学习内容（主要部分）	对应的普通本科专业(部分)
呼吸治疗技术	机械通气、气道管理、氧疗、气道廓清	康复治疗学
医学美容技术	医学美容技术咨询、光电美容、文饰美容、中医美容	暂无
卫生检验与检疫技术	卫生微生物检验、环境检验、食品检验、职业卫生监测与评价	卫生检验与检疫、医学检验技术、食品质量与安全

就业方向

1.医院检验科的检验技师

医学检验技术专业就业面向医院检验科的检验技师岗位,工作内容一般是对血液、尿液、皮肤组织等进行化验检验。医学影像技术专业就业面向医院影像技师岗位,工作内容一般是通过操作影像仪器,对患者患病部位进行拍摄。本科当中的医学实验技术专业就业面向各类医学实验单位的实验操作员岗位,做细胞培养、病理切片染色等实验辅助工作。

2.其他医学相关的技师岗位有哪些?

口腔医学技术专业就业面向义齿、牙齿矫治装置生产企业的操作技工岗位。放射治疗技术专业就业面向医院放射治疗仪器的操作岗位,和医学影像技术专业一样,对应的本科专业都是医学影像技术。呼吸治疗技术专业就业面向医院康复科的与呼吸相关的康复技师岗位。医学美容技术专业就业面向美容机构的美容技师岗位。卫生检验与检疫技术专业就业面向疾病防控中心的相关岗位,一般本科及以上学历才能报名参加招聘考试,且岗位需求量比较少。

3.总结

总体来说,医学检验技术、医学影像技术、医学生物技术、放射治疗技术、呼吸治疗技术等专业在医院的岗位都属于辅助性岗位,公立医院一般都要求本科及以上学历，薪资待遇中等。专科学历往往只能在私立医院就业，薪资待遇中等。口腔医学技术、医学美容技术专业对应的是大中型企业招聘，这些企业对学生所学的专业有要求，但更看重的是学生的实操能力，其他专业的学生经过培训也可以做，薪资待遇中等。

康复治疗类

康复治疗是指促使损伤、疾病、发育缺陷等因素造成的身心功能障碍恢复正常或接近正常的治疗方式。康复治疗类专业主要学习与康复治疗相关的技术。大多数家长和考生对这类专业的就业情况不了解。有志于从事康复治疗相关行业的学生，可以重点关注。

专业介绍

专业名称	学习内容（主要部分）	对应的普通本科专业（部分）
康复治疗技术	康复评定、康复治疗等，以从事物理治疗、作业治疗、言语治疗	康复治疗学、康复物理治疗、康复作业治疗
康复辅助器具技术	康复辅具产品的功能特点、康复辅具的配置、康复辅具综合资讯、适配调整、使用指导	假肢矫形工程、康复工程
言语听觉康复技术	对言语功能障碍、听力功能障碍进行评定、康复治疗	听力与语言康复学

就业方向

1.康复治疗师能去哪儿就业？

康复治疗类专业就业面向医院康复科、康复专科医院、基层医疗机构的康复技师岗位。康复治疗的目的是在患者经过临床治疗后，加快患者的恢复，并实现更好的恢复效果。工作内容一般是通过各种康复器具和康复手段，辅助患者做相应的康复治疗。

公立医院的康复技师岗位和医学技术类专业类似，属于技师序列，一般要求康复治疗相关专业的本科及以上学历，经济发达城市对学历要求更高。民营康复机构一般要求康复相关专业专科及以上学历。并且，康复相关工作比较辛苦，对治疗师的体力有一定要求。该类岗位的招聘需求量比较大，薪资待遇中等。

公共卫生与卫生管理类

公共卫生与卫生管理类专业主要学习公共卫生管理相关的内容。这类专业大多数家长不愿意让孩子报考，如果报考时遇到了，可以了解一下相关内容。

专业介绍

专业名称	学习内容（主要部分）	对应的普通本科专业（部分）
公共卫生管理	基层公共卫生调查、疫病控制管理、卫生监测监督	卫生监督、全球健康学、公共事业管理
卫生信息管理	医学信息统计、卫生信息系统使用维护，以从事医院信息管理	信息管理与信息系统、公共事业管理
预防医学	基层疾病预防控制、突发公共卫生事件、流行病学调查	预防医学
健康大数据管理与服务	大数据采集、处理、程序设计等，以从事健康数据分析服务	公共事业管理、健康服务与管理

就业方向

1. 医疗机构里的辅助岗位

卫生信息管理专业就业面向医院信息科的信息系统维护岗位。这类岗位在医院属于后勤岗位，需求量不高，一般要求信息系统与信息管理专业或计算机相关专业本科及以上学历。公共卫生管理、预防医学、健康大数据管理与服务专业就业面向社区卫生站、疾控中心的卫生健康监督人员、公共卫生统计人员等岗位。这类岗位需求量比较小，每年的招聘数量少，一般要求相关专业的本科及以上学历才能报考，在医学相关专业中属于专业门槛相对较低的专业，建议谨慎报考。

健康管理与促进类

　　健康管理与促进类专业主要学习健康管理相关的内容，这类专业看似内容丰富，可能会有家长和考生感兴趣，但是实际的就业情况与家长和考生想象中的会有比较大的出入。

专业介绍

专业名称	学习内容（主要部分）	对应的普通本科专业(部分)
健康管理	健康信息采集、统计、监测、风险评估、健康干预	健康服务与管理
婴幼儿托育服务与管理	婴幼儿的生活照料、安全保障、健康看护	健康服务与管理
老年保健与管理	老年人健康评估、健康照护、康复保健、康乐活动策划	健康服务与管理、养老服务管理
心理咨询	心理测评、心理健康咨询、心理健康科普宣教	心理学、应用心理学
医学营养	膳食营养管理、特殊膳食制备、营养宣传咨询与膳食指导、营养液配制	食品营养与健康、食品卫生与营养学
生殖健康管理	生殖健康咨询、知识宣传培训、性病预防控制与其健康监护管理	妇幼保健医学

续表

专业名称	学习内容（主要部分）	对应的普通本科专业（部分）
口腔卫生保健	口腔医学基础知识、专业理论及口腔预防技能，致力于培养合格的口腔卫生师，做好口腔疾病的预防及口腔卫生保健工作	暂无

就业方向

1. 健康管理的相关岗位

健康管理、医学营养专业就业面向健康管理企业的健康顾问、营养顾问等岗位，这类岗位对学历和专业要求很低，带有比较强的销售属性，薪资中等偏下。婴幼儿托育服务与管理专业就业面向月子中心、早教机构的婴幼儿护理岗位，薪资中等偏下。老年保健与管理专业就业面向养老院、老年康养机构的老年人护理岗位，工作比较辛苦，薪资中等。心理咨询专业就业面向心理咨询企业的心理咨询师岗位，这类岗位需求量少。生殖健康管理专业就业面向健康管理机构的生殖健康咨询岗位，岗位需求量比较少。

总体来说，这类专业的门槛比较低，对应的岗位就业门槛也比较低，对学历和专业几乎没有要求，其他专业学生经过简单培训也能做，建议谨慎报考。

眼视光类

眼视光类专业主要学习与眼视光相关的内容。可能会有家长把眼视光技术专业和本科专业中的眼视光医学专业弄混，其实这两个专业差别非常大。那么，这类专业具体学什么，和眼视光医学有什么区别，看完这一节内容，就会有答案。

专业介绍

专业名称	学习内容（主要部分）	对应的普通本科专业（部分）
眼视光技术	视功能检查、眼光、接触镜验配、双眼视功能评估处理、眼镜定配、眼镜营销	眼视光学
眼视光仪器技术	眼视光仪器设备的安装调试、维护维修、评估测量、使用培训	眼视光学
视觉训练与康复	眼基础保健、儿童青少年近视防控、视觉训练、视觉康复矫治	眼视光学

就业方向

1. 和眼睛、眼镜打交道的岗位

这类专业就业面向眼镜零售企业、眼科医院的验光师、配镜师等岗位。眼科医院的验光师岗位，对专业和学历有要求，一般要求眼视光技术专业本科及以上学历。眼镜零售企业的验光师、配镜师岗位对学历和专业几乎没有要求，其他专业学生经过简单培训也可以上手，薪资一般不高，建议谨慎报考。另外需注意，眼视光技术专业不学眼睛疾病的诊疗技术，不能做眼科医生，报考的时候不要和本科专业"眼视光医学"混淆。

财经商贸大类

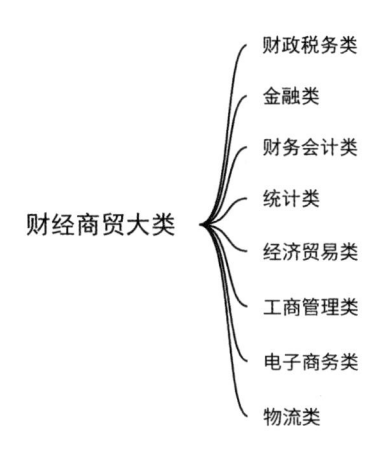

```
                    ┌── 财政税务类
                    ├── 金融类
                    ├── 财务会计类
                    ├── 统计类
        财经商贸大类 ┤
                    ├── 经济贸易类
                    ├── 工商管理类
                    ├── 电子商务类
                    └── 物流类
```

财政税务类

财政税务类专业主要学习与政府财政税务核算、支出等相关的内容。有的家长可能会把这类专业和会计类专业弄混,这两类专业之间有相关的地方,但还是有区别的。

专业介绍

专业名称	学习内容（主要部分）	对应的普通本科专业（部分）
财税大数据应用	财税会计核算、代理、数据分析、应用，财税机器人应用维护	财政学、税收学、会计学、财务管理、审计学
资产评估与管理	会计、管理、法律、资产评估的知识，以从事资产评估师助理、资产管理	资产评估
政府采购管理	招投标代理、基层政府采购管理、供应商投标、建设工程招投标	工商管理、财政学

就业方向

<u>1. 能考财政局吗?</u>

财税大数据应用、政府采购管理等专业就业面向政府财政管理人员,一般来说是财政局的公务员,因为毕竟只有政府单位才有财政税收管理的工作需要。但是专科生能报考的公务员岗位本就非常少,财政局的岗位就更少了,可以说几乎没有。资产评估与管理就业面向会计师事务所的资产评估师岗位,这类岗位一般要求本科及以上学历,最好还要有资产评估相关的证书。

<u>2. 总结</u>

财政税务类专业也会学一些会计、审计相关的课程,只要通过初级会计资格考试、中级会计资格考试等会计师相关的证书考试,就可以去小型企业应聘会计岗位。不论是去会计师事务所做资产评估相关工作还是考公,专科学历都非常受限,所以如果就读了这类专业,最好能够专升本。在一些省份中,这些专业有机会升本到会计相关专业。

金融类

金融类专业主要学习金融服务相关的内容。这类专业名字看似光鲜,但实际就业情况和很多人想象的会有比较大的出入。

专业介绍

专业名称	学习内容(主要部分)	对应的普通本科专业(部分)
金融服务与管理	银行等金融机构一线柜面业务处理、银行信贷业务处理、电话咨询服务、理财方案设计、厅堂业务引导	金融学、投资学、经济与金融

续表

专业名称	学习内容（主要部分）	对应的普通本科专业(部分)
金融科技应用	金融科技的客服、营销、运营、数据分析、产品设计	金融学、金融科技、金融工程
保险实务	保险产品营销、客服、定损理赔、理财规划	保险学、金融学
信用管理	信用风险管理、应收账款管理、银行信贷审核	信用管理、金融学、经济与金融、投资学、金融工程、保险学、经济学、财政学
财富管理	理财方案设计、金融产品营销、投资咨询	投资学、金融学
证券实务	客户开发、服务，金融产品投资分析、咨询，个人理财规划、资产配置，金融产品推广营销	投资学、金融学
国际金融	国际金融业务的临柜操作、客服、国际结算、外汇管理、国际投融资管理	金融学、经济与金融
农村金融	银行柜面服务、农支行小贷款、农业保险操作	金融学、金融科技、金融工程

就业方向

1. 能去金融机构的哪些岗位？

金融类专业就业面向银行企业、保险企业、证券企业的银行柜员、保险销售员、证券销售员。金融行业很大，但不管是保险、银行、证券还是基金，运作模式归根结底就一条：钱生钱。通过筹集资金，运作资金，实现资金的增长。那么在行业内自然而然就产生了两种岗位：一种是通过各种方法为金融企业筹集资金，这类岗位销售的性质非常强；另一种是通过各种方法让金融企业筹集的资金增长。

专科金融类专业的学生，只能做第一种，属于基础的销售类岗位。比如，帮银行推销信用卡、帮保险公司卖保险等。这类岗位的就业门槛很低，学什么专业的都能干，至于能不能干得好，完全取决于个人的综合素质，跟学校里的学习成绩关系不大。这类岗位一般很难干出较好的业绩，所以薪资待遇一般不高，比较辛苦，建议谨慎报考。

财务会计类

财务会计类专业主要学习会计、审计、财务管理相关的内容。财会类专业在专科段的文科专业中，是比较热门的专业。如果考生出于一些原因不能学理科专业，那么财务会计类专业是比较不错的选择。

专业介绍

专业名称	学习内容（主要部分）	对应的普通本科专业（部分）
大数据与财务管理	财务大数据分析、预算管理、投融资管理、成本管理、税务管理、风险管理、会计核算	财务管理、会计学
大数据与会计	企业财务会计核算、管理会计分析、财务审计、企业成本核算、管控、税费申报	会计学、财务管理、审计学、财务会计教育
大数据与审计	大数据工具应用、审计技能、审计证据获取、出具审计报告	审计学、会计学、财务管理
会计信息管理	财务数据收集、整理，财务数据挖掘、分析，会计信息系统运用、维护	会计学、财务管理、审计学、财务会计教育

就业方向

1. 各类企业的财会岗位

虽然上述四个专业名字不同，但是核心课程都与会计相关，就业几乎没区别。主要面向企业、会计师事务所的会计师、审计师等。专科学历的会计专业毕业生，一般只能应聘小型企业的会计岗位，大中型企业对学历有一定要求，一般要本科及以上学历。工作内容是为企业做财务核算、出财务报表等，在公司中属于辅助性岗位，薪资一般不高。

大中型会计师事务所的招聘对学历和院校档次都有要求，越大的会计师事务所要求越高。其工作内容一般是帮助企业核算财务情况，出财务报告、审计报告等，有时需要根据项目出差，工作比较辛苦，薪资待遇比较高。

2. 财会人的职业发展路径

财会类专业有一定门槛，但门槛不算特别高，只要获得初级会计资格、中级会计资格等会计师职称资格证书，就可以做最基础的会计岗位。但如果想要在会计行业有较大的发展，需要升本考研来提升学历和院校档次，并获得会计师职称资格证书、注册会计师证等含金量较高的证书，才有机会进入比较好的会计师事务所。但问题是，各个省份招收专升本的学校绝大多数都是普通公办二本或民办本科，院校档次不高，而会计专业考研又比较困难，竞争也非常激烈，所以这条路也比较难走。

3. 考公、考编岗位多吗？

财务会计类专业专升本后的专业分别是会计学、审计学、财务管理，这三个专业在考公、考事业单位的时候，岗位是比较多的。如果能升本后考进编制，是比较不错的。总体来说，在专科的文科专业中，财务会计类专业是比较不错的。

统计类

统计类专业主要学习与数据统计相关的内容。统计类专业在本科段，对数学比较好的考生来说是不错的选择。但是在专科段，大多数考生数学不够好，家长和考生一般也不愿意报考，报考时如果遇到了或者被调剂到了这类专业，可以看看，了解一下。

专业介绍

专业名称	学习内容（主要部分）	对应的普通本科专业（部分）
统计与大数据分析	数据预处理、统计数据、资料分析、数据可视化、数据库应用维护	统计学、经济统计学、应用统计学
统计与会计核算	数据收集、分析、可视化，会计核算，税费计算申报	经济统计学、统计学、应用统计学、会计学
市场调查与统计分析	调查方案设计、问卷设计、资料数据收集、数据整理分析、调查报告撰写	统计学、应用统计学、经济统计学、市场营销

就业方向

1. 专科统计学能做什么？

专科统计类专业就业面向各类企业的数据统计员岗位，做货品、生产数据的统计工作。这类岗位需求量一般比较少，薪资待遇不高，就业门槛很低。在专科段，统计类专业更多学习的是与数据统计相关的具体操作技能。而在本科段，统计学专业其实就是数学，而数学对一些学生来说是非常难学的。

2. 考公的岗位多吗？

统计类专业专升本的本科专业是统计学或经济统计学等，这些专业可以考公的岗位是比较多的。如果专科读了统计类专业，最好能够升本，然后再考公。如果学生数学学得非常好，对统计学也有兴趣，那可以升本后继续考研，研究生毕业后有机会进入互联网企业、金融企业等做数据分析相关工作。

经济贸易类

经济贸易类专业主要学习与对外贸易相关的内容。有志于从事外贸相关行业的学生，可以重点关注。

专业介绍

专业名称	学习内容（主要部分）	对应的普通本科专业（部分）
国际经济与贸易	进出口业务操作，外贸单证操作，外贸跟单操作，跨境电商B2B运营、销售	国际经济与贸易、国际商务、跨境电子商务、数字经济、市场营销
国际商务	国际市场调研分析、营销推广、商务合作	国际商务、国际经济与贸易、跨境电子商务、市场营销
关务与外贸服务	报关单填制、复核，进出口商品归类，税费核算，通关服务，关务咨询	海关管理、国际经济与贸易、国际商务、跨境电子商务、文化产业管理
服务外包	外包接包业务，国际服务外包项目运营、管理	国际经济与贸易、国际商务
国际文化贸易	文化产品进出口、文化服务进出口、国际文化产品展会策划营销	国际经济与贸易、国际商务、跨境电子商务、文化产业管理
国际服务贸易	国际服务贸易的相关内容	国际经济与贸易

就业方向

1.外贸行业的相关岗位

这类专业就业面向外贸企业、跨境电商企业、报关企业的外贸业务员、外贸跟单员、B2B运营专员等岗位。工作内容一般包括外贸业务中的各类环节，如海外客户拓展，售前、售中、售后的客户沟通，等等。这类岗位对学历和专业的要求都不高，工作内容比较简单，其他专业的学生经过企业简单培训后也能做。如果会一门外语，那会有一定的优势。所以这类岗位，学小语种的学生也是可以做的。最终能不能做好，还是要看个人的综合能力。如果升本考研，考公时也会有一些岗位。不过总体来说，这类专业属于就业门槛比较低的专业，建议谨慎报考。

工商管理类

工商管理类专业主要学习与企业营销管理相关的内容。这类专业看似光鲜，但其实就业情况很不乐观，报考时如果遇到或者被调剂到了这类专业，可以看看，了解一下。

专业介绍

专业名称	学习内容（主要部分）	对应的普通本科专业（部分）
工商企业管理	企业运营、人员管理、管理咨询	工商管理
连锁经营与管理	门店开发、门店管理、品类管理、采购管理、区域督导	工商管理、零售业管理
商务管理	品牌推广、产品促销、商务策划	工商管理、市场营销
中小企业创业与经营	初创企业商业模式企划、融资管理、财税管理	工商管理、市场营销、财务管理、人力资源管理
市场营销	商品、服务的营销、销售	市场营销、市场营销教育、工商管理、零售业管理

就业方向

1. 五花八门的销售岗位

这类专业就业面向各种企业的销售人员、运营人员岗位，这类岗位招聘几乎没有门槛，任何专业的学生，经过企业简单培训，甚至不需要经过培训也可以上手。学生在校学的与营销管理相关的内容，实操性不强，因为企业会倾向于把管理岗位交给经验丰富的人。这类专业升本后会有一些考公的岗位，但数量不多。所以这类专业属于专业门槛比较低的文科专业，建议谨慎报考。

电子商务类

电子商务类专业主要学习从事电子商务行业需要用到的相关技能。和工商管理类专业类似，属于看似光鲜，但就业并不太乐观的专业。报考时如果遇到或者被调剂到了这类专业，可以看看，了解一下。

专业介绍

专业名称	学习内容（主要部分）	对应的普通本科专业(部分)
电子商务	网店运营、社群运营、视觉设计、电商产品开发	电子商务、电子商务及法律、跨境电子商务
跨境电子商务	跨境电商店铺运营、视觉营销设计、跨境电商数据分析、跨境电商客户服务	跨境电子商务、电子商务、国际经济与贸易、市场营销、国际商务
移动商务	内容运营、产品运营、用户运营、移动界面设计、新媒体运营	电子商务、电子商务及法律、跨境电子商务、工商管理、市场营销
网络营销与直播电商	直播运营、内容策划编辑、粉丝引导转化、新媒体运营	电子商务、跨境电子商务、电子商务及法律、市场营销
农村电子商务	农产品品控、电商化开发、网店运营、新媒体运营、供应链管理	电子商务、电子商务及法律、跨境电子商务
商务数据分析与应用	销售、产品、市场等数据采集、处理、分析、可视化	电子商务、市场营销、市场营销教育、零售业管理

就业方向

1. 电子商务就是在网上卖货

这类专业就业面向电商企业的电商运营人员，工作内容一般是拍摄制作产品介绍图、上架产品链接、与客户沟通、汇总分析销售数据等。电子商务类专业跟工商管理类专业类似，就业门槛很低。大中型的电商企业的招聘，会要求本科及以上学历，对专业没有要求。小型电商企业一般要求专科及以上学历，对专业没有要求。这类岗位经过企业简单培训后即可上手，学生在学校学习的电子商务的理论，在实际工作中很可能用不上。并且电商企业的基础运营人员，工作比较辛苦，工资也不高。这类专业升本后的考公、考编岗位非常少，属于专业门槛比较低的文科专业，建议谨慎报考。

物流类

物流类专业主要学习各类物流相关的内容。有志于从事物流相关行业的学生，可以重点关注。

专业介绍

专业名称	学习内容（主要部分）	对应的普通本科专业（部分）
物流工程技术	物流系统辅助设计、物流工程项目运作实施、智能物流装备装调运维	物流管理、物流工程
现代物流管理	智慧仓配、物流运输、物流数据分析、物流系统规划	物流管理、采购管理、供应链管理、物流工程、工商管理
航空物流管理	航空货物运输、国际货运代理、航空货物仓储、配送服务	物流管理、物流工程、采购管理、供应链管理
铁路物流管理	铁路车站货运服务、仓储管理、配送管理	物流管理、物流工程、交通运输、交通工程
冷链物流技术与管理	冷库管理、冷链仓储与运输、项目运营、设备运维	物流管理、物流工程、供应链管理
港口物流管理	港口调度、货运代理、船舶代理、报关	物流管理、交通管理、供应链管理
工程物流管理	工程物资数字化采购、智能运输与仓储、工程机械设备数字化管理、工程物资设备成本	物流管理、工程管理
采购与供应管理	采购品类管理、供应商选择管理、谈判与合同控制、采购作业执行、采购成本管理、采购绩效评价	物流管理、采购管理、供应链管理、物流工程、工商管理
智能物流技术	智能物流软硬件安装、运行分析、维护，智能监控等信息系统的安装、调试、维护	物流管理、物流工程

续表

专业名称	学习内容（主要部分）	对应的普通本科专业（部分）
供应链运营	采购与供应商管理、供应链生产与控制、供应链物流管理	物流管理、采购管理、供应链管理、物流工程、工商管理

就业方向

1. 物流行业的相关岗位

这类专业就业面向各种物流企业、制造业企业物流部门的物流运营人员、调度员等岗位。工作内容是跟踪货物运输进度，进行合理的调度，清点审核后发出或接收货物，等等。这类岗位就业门槛不高，薪资待遇也不高，其他专业的学生经过企业培训后也可以做。这类专业和工商管理类专业、电子商务类专业类似，属于专业门槛比较低的文科专业，建议谨慎报考。

旅游大类

旅游大类 { 旅游类 餐饮类

旅游类

旅游类专业主要学习与旅游产业相关的内容。这类专业看似内容丰富，实则就业并不乐观。

专业介绍

专业名称	学习内容（主要部分）	对应的普通本科专业（部分）
旅游管理	旅游资讯、旅游产品策划、旅游营销	旅游管理、酒店管理

续表

专业名称	学习内容（主要部分）	对应的普通本科专业（部分）
导游	旅行服务、导览服务、讲解服务、咨询服务、研学旅游	旅游管理、会展经济与管理
旅行社经营与管理	旅行社运营、旅游产品开发营销、线路设计、导游接待服务等	旅游管理、会展经济与管理、旅游管理与服务教育
定制旅行管理与服务	旅行定制、行中管理、客户服务、定制旅行业务运营	旅游管理、酒店管理
研学旅行管理与服务	研学旅游产品开发、营销	旅游管理、旅游管理与服务教育
酒店管理与数字化运营	酒店、餐饮、民宿等的接待服务、运营管理	酒店管理、旅游管理
民宿管理与运营	民宿产品策划、接待服务、运营管理	旅游管理、酒店管理
葡萄酒文化与营销	侍酒服务，葡萄酒销售、鉴别、培训	旅游管理、酒店管理、市场营销
茶艺与茶文化	茶艺服务、茶文化传播、茶叶销售	茶学
智慧景区开发与管理	旅游资源开发、规划、营销	旅游管理
智慧旅游技术应用	旅游市场调研、大数据分析、智慧旅游产品设计应用	旅游管理、酒店管理
会展策划与管理	会展策划、设计、运营	会展经济与管理、旅游管理、酒店管理、文化产业管理
休闲服务与管理	休闲、康养项目的策划设计、运营管理	旅游管理、酒店管理、休闲体育

就业方向

1. 旅游行业的相关岗位

这类专业就业面向旅行社、景区、旅游电子商务企业、研学旅游企业、酒店企业的导游、讲解员、旅游定制员、服务人员等岗位。岗位就业门槛比较低，一般要求专科及以上学历，对专业没有要求，不是相关专业的学生经过简单培训也能做同样的岗位。导游、讲解员等需在户外带领队伍进行游览，一般薪资不高，且比较辛苦。这类专业升本到旅游管理专业后，可以报考文旅局及下属事业单位的事业编，但每年招考岗位数量不多。其中茶艺与茶文化对应的本科专业是茶学专业，在本科属于农学类。总体来说，这类专业属于专业门槛比较低的专业，建议谨慎报考。

餐饮类

这类专业主要学习与餐饮相关的内容。有志于从事餐饮相关行业的学生，可以重点关注。

专业介绍

专业名称	学习内容（主要部分）	对应的普通本科专业（部分）
餐饮智能管理	餐饮产品生产、餐厅服务与管理	烹饪与营养教育、酒店管理
烹饪工艺与营养	中式菜点烹饪、营养配餐、宴会设计等	烹饪与营养教育、食品营养与健康
中西面点工艺	面点原料采购、配料、中西面点制作、营养配餐	烹饪与营养教育、食品营养与健康
西式烹饪工艺	西餐烹饪、宴会设计、西餐厨房运行管理	烹饪与营养教育、食品营养与健康
营养配餐	营养膳食设计、营养餐烹饪、厨房管理	食品营养与健康、烹饪与营养教育

就业方向

做个厨师怎么样？

这类专业就业面向餐饮企业、酒店服务企业、烹饪学校的烹饪师、面点师、餐厅运营人员、烹饪教师等岗位。国内餐饮行业中大部分后厨人员都是通过各种厨师培训班或餐饮企业内"师傅带徒弟"方式学习的，所以专科餐饮类专业毕业生对这个行业来说，算是高学历的科班人才。但是厨师工作对学历没有任何要求，只对厨师的个人能力有要求。厨师的工作环境是饭店厨房，如果从事的是中餐工作，那厨房油烟味往往比较大，并且在烹饪过程中，厨房温度较高，环境比较艰苦，连续制作菜品对体力还有一定要求。总体来说，专业有一定门槛，但是不算高，可以学到一技之长。如果个人能力较强，那么薪资待遇可以达到中等偏上，但是工作可能会比较辛苦。

文化艺术大类

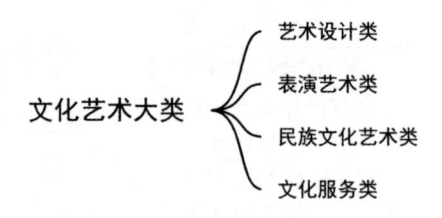

文化艺术大类
- 艺术设计类
- 表演艺术类
- 民族文化艺术类
- 文化服务类

艺术设计类

这类专业主要学习各行各业与设计相关的内容。每年也会有考生说对艺术设计类专业感兴趣，想要报考，但是该专业的实际就业情况和预想的一般都有比较大的差距。

专业介绍

专业名称	学习内容（主要部分）	对应的普通本科专业（部分）
艺术设计	文创开发、设计策划、界面设计	艺术设计学、艺术与科技、新媒体艺术、工艺美术
视觉传达设计	视觉传达设计、平面设计、广告策划与设计、包装设计	视觉传达设计
数字媒体艺术设计	数字交互设计、虚拟现实内容设计制作、动画设计制作	数字媒体艺术、新媒体艺术、动画、视觉传达设计
产品艺术设计	工业产品、文创产品、家具、玩具、交互设计	产品设计、工业设计
服装与服饰设计	服装与服饰设计，品牌设计、策划、运营	服装与服饰设计、服装设计与工程
环境艺术设计	环境空间设计、方案设计与制作、施工管理	环境设计
书画艺术	书画制作、教育教学、艺术品创作与经营	美术学、书法学、工艺美术
公共艺术设计	公共空间艺术景观设计、设施设计与与制作、装置设计与制作	环境设计、公共艺术、工艺美术
游戏艺术设计	游戏美工、角色场景建模、游戏动画设计与制作、游戏特效	数字媒体艺术、动画
展示艺术设计	会展设计、策划，展馆设计，卖场设计	环境设计
美容美体艺术	美容护肤、美体塑形、养生保健、化妆造型	戏剧影视美术设计
工艺美术品设计	工艺美术品设计、制作，礼品开发、营销	工艺美术、艺术设计学、公共艺术、非物质文化遗产保护
广告艺术设计	品牌识别系统设计、平面广告设计、广告策划	广告学、视觉传达设计、数字媒体艺术、新媒体艺术
室内艺术设计	室内装饰设计、软装设计	环境设计、艺术设计学、公共艺术
家具艺术设计	家具设计、家具工艺设计、家具绘图	产品设计、家具设计与工程、工业设计

续表

专业名称	学习内容（主要部分）	对应的普通本科专业(部分)
动漫设计	动画制作、原画设计、动画分镜设计、角色与场景设计、三维模型制作、灯光渲染、特效设计制作、漫画设计	动画、漫画、数字媒体艺术、新媒体艺术
人物形象设计	形象设计、妆发设计、服饰搭配、色彩搭配	戏剧影视美术设计
摄影与摄像艺术	摄影摄像、影像美工、影视广告制作	影视摄影与制作、视觉传达设计、数字媒体艺术
雕刻艺术设计	雕刻艺术品设计、制作	工艺美术
皮具艺术设计	箱包、鞋类、皮装、皮革饰品等皮具产品设计开发	产品设计、服装与服饰设计
包装艺术设计	包装设计、视觉设计	包装设计、视觉传达设计
陶瓷设计与工艺	日用陶瓷、艺术陶瓷、陶瓷雕塑、陶瓷纹样、陶瓷产品的设计制作	陶瓷艺术设计、工业设计、非物质文化遗产保护
首饰设计与工艺	首饰3D制图、绘图、设计、加工	服装与服饰设计、产品设计、非物质文化遗产保护
玉器设计与工艺	玉器设计与制作、工艺美术品设计与制作、文玩修复	工艺美术、雕塑、文物保护与修复、艺术设计学、非物质文化遗产保护
刺绣设计与工艺	刺绣绣稿设计、手绣工艺制作、电脑刺绣	工艺美术、美术学、艺术设计学、产品设计、服装与服饰设计、非物质文化遗产保护
雕塑设计	雕塑设计制作、数字雕塑、雕塑翻制、工艺品雕刻	雕塑、工艺美术、公共艺术、环境设计
服装陈列与展示设计	服装陈列展示策划，卖场、橱窗、展具设计	艺术设计学、服装与服饰设计、环境设计、视觉传达设计

就业方向

1. 各行各业的设计师

摄影与摄像艺术专业就业面向影视制作企业的摄影师岗位，工作比较辛苦。除了摄影与摄像艺术专业外，其他专业就业面向的是对应行业的设计师岗位。比如，服装与服饰设计专业对应服装设计行业，家具艺术设计专业对应家居设计行业，室内艺术设计专业对应室内装修设计行业。一般基础的设计类岗位薪资是比较低的。

2.游戏行业的设计师

在这类专业中，游戏艺术设计和数字媒体艺术设计专业相对比较好，因为这两个专业就业面向的是游戏行业的美术设计相关岗位。游戏开发企业的盈利能力是比较不错的，并且游戏的美术、动画、特效在一款游戏中是非常重要的，所以对应的岗位在游戏开发团队中也是比较重要的。如果个人能潜心打磨游戏美术相关的技术，拿出比较不错的作品，哪怕是专科学历，也有机会进入比较大的游戏开发企业。另外，游戏行业内的很多公司，对产品开发、迭代速度要求较高，所以游戏设计开发人员加班情况可能会比较多。

总体来说，设计类岗位工作比较辛苦，薪资待遇一般不高，如果不是特别热爱，建议谨慎报考。

表演艺术类

这类专业主要学习各类艺术表演相关的内容。对音乐、舞蹈、戏曲等表演感兴趣的考生，可以看看这一节内容，了解一下。

专业介绍

专业名称	学习内容（主要部分）	对应的普通本科专业(部分)
音乐表演	声乐演唱、器乐演奏、舞台表演、音乐鉴赏	音乐表演、音乐学、流行音乐、音乐教育
舞蹈表演	舞蹈表演、培训	舞蹈表演、舞蹈学、舞蹈编导、舞蹈教育、流行舞蹈

续表

专业名称	学习内容（主要部分）	对应的普通本科专业（部分）
戏曲表演	戏曲表演基本功、人物形象塑造、唱腔身段	表演、戏剧影视导演、戏剧教育、非物质文化遗产保护
表演艺术	电影电视、戏剧戏曲、音乐舞蹈等的表演	表演、音乐学、舞蹈学
戏剧影视表演	戏剧、影视、旅游演艺的表演，戏剧艺术活动策划、主持	表演、戏剧学、戏剧影视导演、戏剧教育
歌舞表演	歌舞表演、舞蹈编导	音乐表演、音乐学、舞蹈表演、舞蹈学、舞蹈编导、表演
曲艺表演	曲艺表演、作品创编	表演
音乐剧表演	音乐剧、歌舞表演，音乐剧编排、策划	表演、戏剧学、戏剧教育、播音与主持艺术、音乐表演、舞蹈表演、舞蹈教育
国际标准舞	国际标准舞表演、培训	舞蹈表演、舞蹈编导、舞蹈教育、流行舞蹈
现代流行音乐	流行声乐演唱、流行器乐演奏，流行音乐编配、录音	流行音乐、音乐表演、录音艺术
戏曲音乐	戏曲音乐表演、戏曲传承、培训	音乐表演、音乐学、作曲与作曲技术理论、表演
音乐制作	音乐编创、录制、编辑、监制，音效音响设计	录音艺术、艺术与科技、作曲与作曲技术理论
钢琴伴奏	钢琴伴奏、艺术指导、培训	音乐表演、音乐学、流行音乐
钢琴调律	钢琴调律与修整、装配与修复、智能钢琴安装调修	音乐学、艺术与科技
舞蹈编导	舞蹈编导、舞蹈表演、培训	舞蹈编导、舞蹈表演、舞蹈学、舞蹈教育
音乐传播	音乐活动策划、演出经纪、舞台管理	音乐学、传播学、播音与主持艺术、艺术管理
时尚表演与传播	模特表演、平面拍摄、时尚编导	表演、网络与新媒体
舞台艺术设计与制作	舞美设计、置景道具制作、灯光设计、人物造型设计	戏剧影视美术设计、服装与服饰设计

续表

专业名称	学习内容（主要部分）	对应的普通本科专业(部分)
作曲技术	音乐创作、录音制作、电子音乐编辑、制谱	作曲与作曲技术理论、音乐表演、音乐学
现代魔术设计与表演	魔术表演、魔术道具设计与制作、魔术场景布置	艺术管理、戏剧影视美术设计

就业方向

1. 艺术培训机构的老师

这类专业就业面向艺术团体、音乐培训机构、舞蹈培训机构、戏曲培训机构的表演人员、培训教师岗位，该类专业的毕业生从事艺术培训行业比较多。艺术表演相关岗位，对学生的专业和对应的艺术表演才能有一定要求，对学历要求并不是很高。

2. 为什么大部分都去做了培训老师？

在抖音等短视频平台出现之前，艺术表演展示的渠道往往是电视选秀节目、各类电视晚会演出或线下演出，普通人得到大量曝光的机会非常少。但在抖音等短视频平台出现后，每个人都可以通过短视频展示自己的表演才能，在平台收获大量曝光的机会和粉丝，这就给真正有表演实力的人带来了大量机会。但问题是，绝大多数人表演能力并不出众，所以最后从事相关的培训教学工作的人占大多数。

民族文化艺术类

这类专业主要学民族文化艺术相关的内容。开设这类专业的学校比较少，如果遇到这类专业，可以了解一下。

专业介绍

专业名称	学习内容（主要部分）	对应的普通本科专业（部分）
民族表演艺术	民族乐器、民族舞蹈表演、音乐表演、歌唱表演	音乐表演、舞蹈表演
民族美术	民族绘画、工艺美术品设计、美术衍生品制作、民族美术艺术品修复	绘画、美术学、工艺美术、艺术设计学、公共艺术
民族服装与饰品	民族服装饰品的设计、结构制图、工艺制作、产品研发	服装与服饰设计、服装设计与工程
民族传统技艺	民族传统技艺、设计造型、传承	工艺美术、产品设计
中国少数民族语言文化	少数民族传统文化、语言、双语翻译、听说读写	中国少数民族语言文学、汉语言文学

就业方向

努力传播民族文化的岗位

这类专业就业面向民族艺术机构、民族服装饰品生产企业的演艺人员、教师、设计师等岗位。这类专业在全国范围内都很少有学校开设，学生毕业后的就业面比较窄，对应的岗位需求量比较少，建议谨慎报考。

文化服务类

这类专业主要学习文化服务相关内容，其中有文物保护和考古相关的专业。如果遇到这类专业，可以了解一下。

专业介绍

专业名称	学习内容（主要部分）	对应的普通本科专业（部分）
文化创意与策划	文化活动组织策划、文创产品设计、新媒体运营	网络与新媒体、视觉传达设计
文化产业经营与管理	文化经纪、文化活动策划、文化产品营销	文化产业管理、艺术管理、工商管理、网络与新媒体

续表

专业名称	学习内容（主要部分）	对应的普通本科专业(部分)
公共文化服务与管理	组织群众文化活动所需的艺术技能，策划、管理能力	公共事业管理、社会工作、艺术管理、非物质文化遗产保护
文物修复与保护	文物时代特征、材质特点、制作工艺，从事文物本体修复、保护	文物保护技术
文物考古技术	考古调查、勘探、发掘，考古资料整理，出土、出水文物现场保护	考古学
文物展示利用技术	文物藏品管理、文物展陈设计、信息化管理、文创产品开发	文物与博物馆学
图书档案管理	图书档案管理、文献保护修复、图书档案数字化加工	图书馆学、档案学、信息资源管理
石窟寺保护技术	石窟寺、摩崖石刻、壁画彩塑等文物的勘察、监测、保护、修复、数字化采集、日常保养	文物保护技术

就业方向

1. 和文物打交道的岗位

文物修复与保护、文物考古技术、文物展示利用技术、石窟寺保护技术专业就业面向考古机构、博物馆、文物保护与修复机构的考古人员、文物修复师、博物馆运营人员等岗位。考古相关岗位一般要求考古相关专业专科及以上学历。但考古一般要在野外、田间地头进行调查、勘探，工作比较辛苦，对体力要求高。文物修复工作一般要求文物修复相关专业专科及以上学历，工作内容是对各种文物进行细致入微的修复，比较枯燥，需要耐得住寂寞。博物馆的运营岗位对人员需求比较少，一般要求考古、文博相关专业本科及以上学历。总体来说，博物馆、文物修复行业、考古相关行业在商业上的盈利能力较弱，作为半公益性行业存在，所以从业人员的薪资一般不会太高。

2. 与图书馆、档案馆相关的岗位

图书档案管理专业就业面向图书馆的运营管理人员岗位。图书馆可以分为大中小学图书馆和城市公共图书馆，这两类都属于事业单位，但没有盈利能力，全靠财政拨款，单位编制非常稀缺，招聘需求量很小，即便招人，一般也会要求本科及以上学历。专升本后有机会报考档案馆从事档案管理职位，不过这类岗位的数量也非常少。

3. 各类文化服务企业的相关岗位

文化创意与策划、文化产业经营与管理、公共文化服务与管理专业就业面向各类文化服务企业的策划运营工作。这三个专业对应的就业岗位一般只有学历要求，没有专业要求，就业门槛较低，薪资不高，属于专业门槛较低的专业，建议谨慎报考。

新闻传播大类

新闻传播大类 { 新闻出版类
广播影视类

新闻出版类

新闻出版类专业主要学习与出版、新闻相关的内容。如果考生想要报考这类专业，未来从事新闻出版相关行业，可以看完下面内容再做决定。

专业介绍

专业名称	学习内容（主要部分）	对应的普通本科专业（部分）
数字图文信息处理技术	出版物整体装帧设计、版面编排、数字出版物编辑加工	网络与新媒体、数字出版、新媒体技术、数字媒体技术、包装工程、印刷工程
网络新闻与传播	融媒体新闻采编、文案编辑、音视频编辑、互动策划	网络与新媒体、新闻学、传播学
出版策划与编辑	编校加工、排版设计、新媒体编辑	编辑出版学、新闻学、传播学、网络与新媒体、数字出版
出版商务	出版物营销、策划、推广，文化产品营销活动策划，新媒体营销策划、运营	市场营销、编辑出版学、传播学、网络与新媒体
数字出版	数字内容加工、网络编辑，数字内容产品策划、制作、营销推广	数字出版、网络与新媒体
数字媒体设备应用与管理	数字媒体设备操作、安装调试、运行维护、销售、技术服务	广播电视工程、数字媒体艺术、新媒体技术、影视摄影与制作

就业方向

1. 新闻采编相关的岗位

网络新闻与传播专业就业面向新闻采编企业、各类企业的新闻采编岗位、新媒体运营岗位。这类岗位的工作内容是将一些事件整理写成公众号文章或拍摄剪辑成短视频，在互联网平台进行传播。岗位就业门槛不高，大中型企业一般只要求本科及以上学历，不限专业。小型企业会把学历要求放宽到专科。新闻采编企业的盈利能力不强，各类企业的新媒体运营岗位不属于直接为企业创造营收的岗位，所以这类岗位薪资待遇一般不高。

2. 出版行业的相关岗位

数字图文信息处理技术、出版策划与编辑、出版商务、数字出版专业就业面向图书出版行业的出版编辑、出版策划人员、出版商务人员。工作内容包括联系作者约稿，对稿件进行编辑、校对、审核，图书出版宣传等。招聘这类岗位的大中型企业一般要求出版相关专业本科及以上学历，小型企业会放宽到出版相关专业的专科及以上学历。出版行业作为比较传统的行业，各类岗位的薪资待遇一般不高。

<u>3. 电视台的设备维护岗位</u>

数字媒体设备应用与管理专业就业面向电视台、演艺企业的设备维护岗位、设备维修岗位。这类岗位需求量比较少，薪资待遇不高。

广播影视类

这类专业主要学习与广播影视制作相关的内容。可能有很多考生想学习这类专业，未来从事影视行业。那最好看过这一节的内容后再仔细考虑。

专业介绍

专业名称	学习内容（主要部分）	对应的普通本科专业(部分)
播音与主持	新闻播音、采访报道、网络直播、节目主持、活动主持	播音与主持艺术、新闻学、传播学
广播影视节目制作	视音频剪辑、合成，节目包装、影像拍摄	影视摄影与制作、广播电视编导、影视技术
数字广播电视技术	广播电视播控机房值机、维护，广播电视传输、接收、维护	广播电视工程、网络工程
影视编导	影视剧本创作、导演、策划、视听节目剪辑	戏剧影视文学、广播电视编导、戏剧影视导演
新闻采编与制作	新闻采访、写作、编辑、摄像、制作、宣传	新闻学、传播学、广播电视学
影视动画	动画角色模型制作、场景制作、三维特效制作、后期合成	动画、数字媒体艺术、视觉传达设计

续表

专业名称	学习内容（主要部分）	对应的普通本科专业(部分)
影视制片管理	院线营运、管理，影展策划、运营，影视片发行、策划、营销	文化产业管理
影视多媒体技术	新媒体视频制作、影视包装、视频剪辑	数字媒体艺术
影视照明技术与艺术	演艺灯光、特效设备的销售、维护，演出灯光系统搭建，影视及舞台灯光效果设计、呈现	戏剧影视美术设计、影视摄影与制作
音像技术	舞台音响调音、灯光设计、机械操控，舞台系统工程集成安装、调试、维护	戏剧影视美术设计
录音技术与艺术	音乐录音、混音，影视录音、声音制作，现场音响调音，音频系统安装调试	录音艺术、广播电视编导、音乐学
摄影摄像技术	使用照相机、摄像机、后期编辑软件、灯光造型设备、各类辅助拍摄器材	影视摄影与制作
融媒体技术与运营	融媒体采编、融媒体运营、互联网信息审核	网络与新媒体
网络直播与运营	网络直播运营、编导	网络与新媒体、播音与主持艺术、广播电视学
传播与策划	视听内容的创意策划、编辑加工、传播运营	新闻学、传播学、网络与新媒体
全媒体广告策划与营销	广告策划，图片、音视频制作，新媒体编辑、运营、推广	广告学、市场营销

就业方向

1. 影视行业的各类岗位

这类专业就业面向文化媒体企业、影视制作企业的影视制作各个环节的岗位。如播音与主持专业就业面向的是各类节目的主持人岗位，影视编导专业就业面向的是导演策划岗位，影视动画专业就业面向的是动画制作岗位等。广播影视相关行业有大量的小型企业，在传媒行业比较发达的地区，如杭州、上海等城市，专科学历的毕业生找个小型企业的基础岗位不难。影视制作的拍摄环节有时需要出外景，在户外工作。录音、剪辑等工作在办公室进行。无论是哪个岗位，影视行业基础员工岗位的门槛都比较低，对学历和专业要求不高，经过培训后即可上手，工作一般比较辛苦，且薪资不高。影视动画、影视多媒体技术、影视照明技术与艺术、录音技术与艺术、摄影摄像技术几个专业在这类专业中，算是相对有技术门槛的，但门槛仍然不高，其他专业的学生经过个人学习或培训后，也可以应聘相关的岗位。

2. 总结

这类岗位就业的下限比较低，上限也不高，很难做到导演、节目制作人等核心岗位。这类专业升本读研后，考公、考编的岗位仍然不多。总体来说，建议各位谨慎报考。

教育与体育大类

教育与体育大类 { 教育类 / 语言类 / 体育类

教育类

这类专业主要学习与教育相关的内容。教育类专业学习的内容很容易理解，但是就业情况怎么样，大多数家长和考生都不够了解。如果对教育类专业感兴趣，那可以看看这一节。

专业介绍

专业名称	学习内容（主要部分）	对应的普通本科专业(部分)
早期教育	婴幼儿教育活动设计、实施，婴幼儿卫生保健，家庭教育	教育学、学前教育、特殊教育
学前教育	幼儿保育，幼儿课程设计、实施，班级建设、管理	学前教育
小学教育	小学课程设计、班级建设管理、数字化教育技术应用；能从事数学或语文的课程教学，兼教其他两门学科	小学教育、教育学
小学语文教育	小学语文课程设计、班级建设管理、数字化教育技术应用，能从事语文的课程教学	汉语言文学、汉语言
小学数学教育	小学数学课程设计、班级建设管理、数字化教育技术应用，能从事数学的课程教学	小学教育、数学与应用数学
小学英语教育	小学英语课程设计、班级建设管理、数字化教育技术应用，能从事英语的课程教学	英语、小学教育
小学科学教育	小学科学课程设计、班级建设管理、数字化教育技术应用，能从事科学的课程教学	科学教育、小学教育、教育学
音乐教育	小学音乐课程设计、班级建设管理、数字化教育技术应用，能从事音乐的课程教学	音乐学、小学教育、音乐表演
美术教育	小学美术课程设计、班级建设管理、数字化教育技术应用，能从事美术的课程教学	美术学、艺术教育、小学教育

续表

专业名称	学习内容（主要部分）	对应的普通本科专业(部分)
体育教育	小学体育课程设计、班级建设管理、数字化教育技术应用，能从事体育的课程教学	体育教育、社会体育指导与管理
小学道德与法治教育	小学道德与法治课程设计、班级建设管理、数字化教育技术应用，能从事道德与法治的课程教学	思想政治教育、小学教育
舞蹈教育	小学舞蹈课程设计、班级建设管理、数字化教育技术应用，能从事舞蹈的课程教学	舞蹈教育、艺术教育、舞蹈表演、舞蹈学、舞蹈编导
艺术教育	小学艺术课程设计、班级建设管理、数字化教育技术应用，能从事艺术的课程教学	艺术教育、美术学、音乐学、舞蹈学、戏剧学
特殊教育	特殊教育课程设计、班级建设管理、数字化教育技术应用，从事特殊儿童教育教学、早期康复、融合教育	特殊教育、融合教育、教育康复学、小学教育、学前教育
现代教育技术	小学信息技术课程设计、班级建设管理、数字化教育技术应用，能从事信息技术的课程教学	教育技术学、科学教育、小学教育、教育学
心理健康教育	小学心理健康课程设计、班级建设管理、数字化教育技术应用，能从事心理健康的课程教学	心理学、应用心理学、小学教育、学前教育

就业方向

1. 早教机构、幼儿园的老师

早期教育专业面向的是婴幼儿教育，一般指 0~3 岁的婴幼儿，就业面向早期教育机构的教师岗位。学前教育专业面向的是学龄前儿童教育，一般指 3~6 岁儿童，就业面向幼儿园的教师岗位。但在实际就业时，两者几乎没有差别，两个专业都可以应聘早教机构或幼儿园的相关岗位，工作内容一般是照顾孩子在校的日常生活，并带着孩子进行游戏和学习。该类岗位需要从业人员有爱心和耐心，喜欢孩子，最好还有音乐、舞蹈、美术方面的才艺，所以这类岗位也喜欢招音乐、舞蹈、美术相关专业的学生。由于工作内容主要是照顾婴幼儿，所以这类岗位对学历的要求并不高，公办学校一般要求专科及以上学历，如果是民办早教机构或幼儿园，那么对学历的要求更低，对专业的限制也不多。毕业生经过简单培训即可上岗，但一般薪资不高。

2. 公办、民办小学的文化课老师

小学教育、小学语文教育、小学数学教育、小学英语教育、小学科学教育、小学道德与法治教育专业就业面向的是各类公办、民办小学的教师岗位，在"双减"政策发布之前还可以从事课外补习机构的教师岗位，但由于"双减"政策，课外补习机构大量减少，公开的这类岗位也大量减少。

小学教师岗位一般教小学生一门或多门课程，工作内容是写教案、备课、讲课、管理课堂秩序、做课后总结、批改作业等。要求从业人员有爱心和耐心，并且有学生管理和教学的能力，薪资待遇根据城市不同，差别较大，与城市经济发展水平有关，一般是当地平均薪资偏上水平。无论是公办还是民办小学的教师岗位，在招聘时对学历的要求都是比较高的。专科学历比较难就业，一般都要求本科及以上学历，除非是一些经济不发达地区。所以读了这些专业后，最好能够专升本，升本后最好还能继续考研提升学历。另外，小学语文教育、小学道德与法治教育专业如果能升本成功，对应的汉语言文学专业和思想政治教育专业，在考公、考编时的岗位也是比较多的。

3. 艺术、体育老师

音乐教育、美术教育、体育教育、舞蹈教育、艺术教育专业就业面向公办或民办学校、课外培训机构的教师岗位。由于教授的科目不属于应试科目，所以对应的公办、民办学校的教师岗位对这类专业学生的学历要求会低于数学、语文等应试科目的教师岗位，但是对学历仍然有要求。一般来说，公立学校最低要求本科，经济发达城市会要求研究生及以上学历。一些民办学校的要求可能低一些，仅要求专科及以上学历。如果不去公办或民办学校，还可以去音乐、体育、美术、舞蹈等培训机构，应聘培训机构的老师，其工作时间主要在周末或学校放假期间，薪资一般根据课程量而定。另外，培训机构的这类岗位还带有一些销售性质。

4. 特殊教育老师

特殊教育专业就业面向的是特殊教育学校、康复机构、福利院等。公办特殊教育学校的特殊教育教师岗位对学历的要求远低于普通小学初高中老师，专科也有机会报考，但是对专业要求一般比较严格，其他专业不能报考。如果是民办特殊教育学校或民办康复机构等，对学历的要求更低，对专业甚至都没有要求。这类岗位需要从业者对特殊儿童有爱心和耐心，工作内容一般是带自闭、聋哑、智力发育迟缓的儿童进行康复训练、生活技能训练等，薪资待遇一般是当地平均偏上水平。

5. 信息技术老师

现代教育技术专业就业面向公办、民办学校的信息技术教师岗位，教授信息技术课程。这类岗位也会招聘计算机相关专业的学生，对学历的要求比较高，一般要求本科，岗位需求量比较少，建议谨慎报考。

6. 心理健康老师

心理健康教育专业就业面向公办、民办学校的心理健康教师岗位，岗位一般要求本科及以上学历，同时也会招心理学专业的学生，岗位需求量比较少。另外，这个专业如果能够升本到心理学专业，则可以报考各地监狱戒毒系统的狱警、戒毒警岗位。每年各地监狱系统都会有大量岗位招聘心理学专业人员，从事囚犯的管理教育工作。

<u>7.总结</u>

总体来说，教育类专业的就业岗位有一定的专业和学历门槛，如果想要在公办或民办学校做任课老师，那最好升本读研，提升学历。另外，还要考虑到人口出生率下滑的因素，如果所在地区人口流出严重，有可能等到升本读研毕业后，该地区学校规模缩减，导致招聘岗位数量减少，从而出现就业困难的情况。

语言类

这类专业主要学习各类语言相关的内容，对外语相关专业感兴趣的学生，可以看完这一节内容，再考虑是否要报考。

专业介绍

专业名称	学习内容（主要部分）	对应的普通本科专业（部分）
商务英语	英语的听说读写，翻译，国际商务业务操作，从事商务翻译、进出口业务、跨境电商	商务英语、英语、翻译
应用英语	英语的听说读写，翻译，行政事务处理，从事英语翻译、涉外文秘	英语、翻译、商务英语
旅游英语	英语的听说读写，翻译，涉外旅游服务，从事中英文导游、海外领队、涉外酒店服务	英语、翻译、旅游管理
应用韩语	韩语的听说读写，翻译，涉外业务处理，从事韩语相关的国际贸易、跨境电商、商务翻译、涉外旅游	朝鲜语

续表

专业名称	学习内容（主要部分）	对应的普通本科专业(部分)
商务日语	日语的听说读写，翻译，涉外商务服务，从事日语相关的国际贸易、跨境电商、商务翻译	日语
应用日语	日语的听说读写，翻译，从事日语翻译、涉日企业服务	日语
旅游日语	日语的听说读写，翻译，涉外旅游业务，从事日语导游、旅游咨询、酒店服务	日语、旅游管理
应用外语	外语（某一小语种）的听说读写，翻译，从事翻译、企业服务	马来语、意大利语、葡萄牙语等
中文	中国文学的阅读、鉴赏、写作，从事中文的教学、推广、写作、编辑	汉语言文学、汉语国际教育、网络与新媒体
应用俄语	俄语的听说读写，翻译，从事俄语翻译、涉俄企业服务	俄语
应用法语	法语的听说读写，翻译，从事法语翻译、涉法企业服务	法语
应用西班牙语	西班牙语的听说读写，翻译，从事西班牙语翻译、涉西班牙企业服务	西班牙语
应用德语	德语的听说读写，翻译，从事德语翻译、涉德企业服务	德语
应用泰语	泰语的听说读写，翻译，从事泰语翻译、涉泰企业服务	泰语
应用越南语	越南语的听说读写，翻译，从事越南语翻译、涉越南企业服务	越南语
应用阿拉伯语	阿拉伯语的听说读写，翻译，从事阿拉伯语翻译、涉阿拉伯企业服务	阿拉伯语、国际经济与贸易

就业方向

1. 外贸企业的翻译运营岗位

商务英语、应用英语、旅游英语等专业的就业方向其实是一样的，没有任何区别。只要学的语种一样，那可以做的工作就一样，升本的专业也一样。专科的语言类专业一般面向外贸企业的运营人员、翻译人员等岗位。比如，有对日外贸业务的企业，会招聘一些精通日语的人员；有对韩外贸业务的企业，会招聘一些精通韩语的人员。这类岗位唯一的就业门槛就是语言，只要能考下相关的语言证书，如日语N1证书等，就可以从事这类岗位。不过这类岗位在企业中属于辅助类岗位，所以一般薪资不会特别高。其中中文专业不学外语，所以不能从事与外语相关的工作，专升本可以报考的专业是汉语言文学，这个专业在考公、考事业单位的时候岗位是比较多的。

2. 总结

近些年，随着科大讯飞等企业的翻译产品越来越成熟，从事这类语言相关岗位的门槛正在降低，未来可能还会持续下降。另外，学一门语言，必然要学习涉及该语言对应国家的文化。如果要报考这类专业，考生最好自身对这门语言对应的文化感兴趣，如果不感兴趣甚至排斥，那就很难学好。

体育类

这类专业主要学各类体育相关的内容。大多数家长和考生也不会想着报考这类专业，如果遇到这类专业，可以了解一下。

专业介绍

专业名称	学习内容（主要部分）	对应的普通本科专业(部分)
社会体育	全民健身体育项目指导、培训、活动组织	社会体育指导与管理

续表

专业名称	学习内容（主要部分）	对应的普通本科专业(部分)
休闲体育	攀岩、滑雪、潜水等休闲体育的实操、活动策划、赛事推广	休闲体育、社会体育指导与管理
运动训练	专项运动的运动训练、体能训练、赛事组织、裁判	运动训练
民族传统体育	民族传统体育项目教学、培训、活动组织、表演创编	武术与民族传统体育、体育教育、体能训练、运动训练、社会体育指导与管理
运动防护	运动损伤、疾病的预防、现场急救、康复指导	运动康复、体能训练、运动能力开发、运动人体科学
体育保健与康复	运动损伤康复治疗、传统保健	运动康复、运动人体科学
健身指导与管理	运动功能筛查、教学，体态评估、纠正，健身咨询指导，运动营养咨询指导	体能训练、社会体育指导与管理
运动健康指导	运动健康指导、运动测试、功能评估、健康管理	运动人体科学、运动康复、社会体育指导与管理
运动数据分析	运动数据采集、分析，体育赛事数据分析	智能体育工程
体能训练	体能训练教学指导、设计、实施	体能训练、运动训练、体育教育
体育运营与管理	体育场地设施管理、服务，体育赛事组织、实施，体育经纪服务	社会体育指导与管理、体育经济与管理
电子竞技运动与管理	电子竞技活动策划、执行，软硬件设备操作	电子竞技运动与管理
高尔夫球运动与管理	高尔夫球运动指导、服务、管理	体育教育、运动训练、社会体育指导与管理、休闲体育
冰雪运动与管理	大众冰雪运动技术教学，损伤预防、急救，场馆运营管理，从事滑雪教练、滑冰教练、冰场巡冰、冰雪场馆运营	社会体育指导与管理、休闲体育、冰雪运动
冰雪设施运维与管理	冰雪设施操作、维护、安全管理，冰雪场地运营，比如造雪机、压雪车、索道、浇冰车、制冰系统等设备的操作、维护	冰雪运动、社会体育指导与管理、休闲体育
体育艺术表演	体育艺术表演项目的指导、教学、培训、活动策划	体育教育、运动训练、社会体育指导与管理、舞蹈表演

就业方向

1. 做体育老师、体育教练怎么样？

体育类专业就业面向体育培训机构、健身机构、运动场馆的培训老师、教练等岗位。公立学校的体育老师岗位对学历和专业有要求，一般要求体育学类专业或体育教育专业的本科及以上学历。体育培训机构、健身机构的培训师、教练等岗位就业门槛比较低，不要求学历和专业，只要通过学习或培训，就能够胜任工作，而且往往带有销售性质，薪资待遇和客户报名的课程数量有关。运动防护、体育保健与康复专业，对口的就业岗位是运动员康复师，但不能做运动损伤相关的治疗工作，只能做保健康复相关工作，需求量也比较少。冰雪运动与管理专业就业面向滑雪、滑冰等冰雪运动的教练岗位，由于近两年滑雪运动的兴起，滑雪教练的收入情况是比较不错的。冰雪设施运维与管理专业，就业面向的是冰雪场馆的设备维护员；与运动体育的相关程度比较低，并且岗位门槛低，岗位需求量也比较少。

2. 总结

总体来说，公办或民办中小学校体育老师岗位，对学历和专业有较高要求，就业有一定门槛，其他体育相关岗位的就业门槛不高。

公安与司法大类

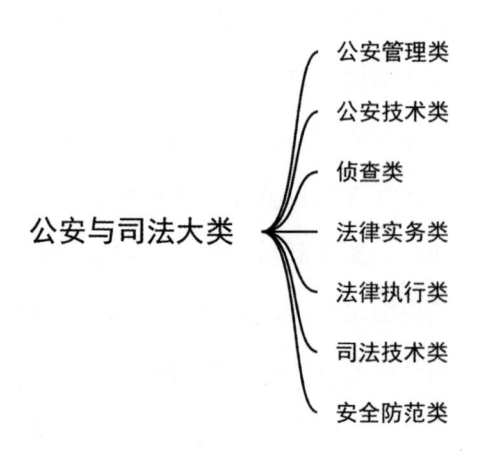

```
                        ┌─ 公安管理类
                        ├─ 公安技术类
                        ├─ 侦查类
        公安与司法大类 ─┤─ 法律实务类
                        ├─ 法律执行类
                        ├─ 司法技术类
                        └─ 安全防范类
```

公安管理类

这类专业主要学习公安管理相关的内容，共有以下四个专业。一般只有警校才会开设这类专业，想要报警校的家长和考生，可以重点关注。

专业介绍

专业名称	学习内容（主要部分）	对应的普通本科专业（部分）
治安管理	公安学基本理论与警务运作规范，熟悉治安管理基本理论、常用法律法规和基本警务技能。包括巡逻盘查、常见警情处置、行业场所治安管理、治安行政案件办理	暂无
道路交通管理	公安交通管理工作基本知识及基本警务技能，具备道路交通秩序管理、道路交通事故处理、道路交通事故现场勘查、道路交通信号控制、车辆与驾驶人管理等专业能力	暂无

续表

专业名称	学习内容（主要部分）	对应的普通本科专业（部分）
特警	从事特警工作需要用的知识和技能。核心课程有警务实战法律法规、公安警卫工作、武装巡逻、警察参谋工作等	暂无
警务指挥与战术	警务指挥需要用到的知识和技能，能够在公安机关的指挥中心、一线防爆处等岗位上从事指挥辅助决策、警务实战训练组织工作	暂无

就业方向

做警察怎么样？

这类专业就业面向公安系统的警察岗位，一般只在提前批次招生。只有公安院校的公安相关专业，才可以在毕业时参加公安联考。一般来说，公安联考的入警率是比较高的。报考时应注意，报考的学校、专业能否参加公安联考，以及报考的学校每年通过公安联考的入警率是多少，这些问题可以拨打学校招生办电话确认。警察根据警种可以分为刑警、交警、治安警、户籍警等。公安相关专业和警种有一定的对应关系。比如，治安管理偏向于治安警，道路交通管理偏向于交警。

公安技术类

这类专业主要学习公安技术相关的内容，共有以下三个专业。和公安管理类专业一样，一般只有警校才会开设这类专业，想要报考警校的家长和考生，可以重点关注。

专业介绍

专业名称	学习内容（主要部分）	对应的普通本科专业（部分）
刑事科学技术	常见犯罪现场勘查、分析、重建以及常规痕迹物证的发现、固定、提取、分析比对、检验鉴定等技术	暂无
网络安全与执法	网络安全与执法相关的知识、技能、法规，从事网络安全保卫工作的专业核心能力，能够在公安机关从事网络安全保卫岗位的工作	暂无
警犬技术	训练警犬，利用警犬来进行公安工作的知识和技能	暂无

就业方向

警察岗位

岗位情况与公安管理类一致，可参考相关内容。

侦查类

这类专业主要学习公安侦查相关的内容，共有以下四个专业。和公安管理类、公安技术类一样，一般只有警校才会开设这类专业，想要报警校的家长和考生，可以重点关注。

专业介绍

专业名称	学习内容（主要部分）	对应的普通本科专业（部分）
刑事侦查	刑事侦查相关的知识和技能，从事刑事侦查情报收集与研判、刑事案件侦办等	暂无
政治安全保卫	安全保卫、安全检查、安全防范等相关的内容	暂无

续表

专业名称	学习内容（主要部分）	对应的普通本科专业（部分）
经济犯罪侦查	贪污受贿、非法经营等经济犯罪相关的侦查知识和技能	暂无
禁毒	公安禁毒工作需要用到的知识和技能	暂无

就业方向

<u>警察岗位</u>

岗位情况与公安管理类一致，可参考相关内容。

法律实务类

这类专业主要学习法律实务相关的内容。如果有家长和考生想要报考本科的法学类专业，但是分数不够，在考虑是否报专科法律相关专业时，应该把这一节的内容好好看一下。

专业介绍

专业名称	学习内容（主要部分）	对应的普通本科专业（部分）
法律事务	基础的法律咨询代书、参与基层纠纷调处、中小企业法务办理，从事基层法律服务助理工作	法学
法律文秘	诉讼流程辅助管理、档案归档、文字录入处理等，从事法律实务部门的书记员、秘书、速录员等工作	法学、秘书学
检察事务	制作、校对检察机关法律文书，整卷归档，检察业务速记速录，从事检察辅助文员、检察服务事务办理等工作	法学

就业方向

1. 专科法学类专业能考公检法系统吗？

法学类专业就业有体制内和体制外两种。体制内是公安系统、检察院系统、法院系统的公务员岗位，但一般也要法学类专业本科及以上学历才能报考，而且有的重要岗位还要求有法律职业资格证才能报考，所以专科毕业生一般进不到这些系统内。

2. 专科法学类专业能做律师吗？

体制外，法学毕业生可以从事律师或法务等相关行业，但是律师行业对学生院校档次的要求比较高。最重要的是，2018年以后我国司法考试要求必须全日制法学类专业本科及以上学历才能考，所以专科法学类专业最好能够专升本，否则不能从事法律相关工作。法学类专业专升本、考研都不考数学，主要考英语和法学专业课，所以如果有信心未来升本，并且继续考研提升学历档次，那可以报考，否则谨慎报考。

法律执行类

这类专业主要学习司法相关的内容。如果家长和考生不了解这类司法相关专业的就业岗位有哪些，那可以重点看一下这一节。

专业介绍

专业名称	学习内容（主要部分）	对应的普通本科专业(部分)
刑事执行	执行刑罚、管理罪犯等技能	监狱学、犯罪学、社区矫正、法学
民事执行	民事执行法律原理、实务操作，从事民事执行辅助工作	法学

续表

专业名称	学习内容（主要部分）	对应的普通本科专业（部分）
行政执行	司法行政戒毒机构的执法、管理，从事强制隔离戒毒工作	禁毒学、社会工作
司法警务	审判秩序维护、执行现场秩序维护，从事司法审判警务保障、法院执行警务保障辅助工作	司法警察学、法学
社区矫正	监管执法、教育帮扶，从事社区矫正等工作	社区矫正、监狱学、法学

就业方向

<u>法警、狱警岗位</u>

法律执行类专业就业面向法院、监狱、戒毒所的法警、狱警、戒毒辅助人员岗位。法警一般在法院负责维护法庭秩序，看管、押送嫌疑人，等等。狱警一般在监狱中负责罪犯管理、改造等工作。要注意的是，这类专业和公安管理类、公安技术类、侦查类专业不同，不能参加公安联考。如果是提前批招录的专业，毕业时可以参加省组织的面向司法系统警察岗的考试，考试入警率各省不同，报考时需跟招生办电话确认。另外，每年公务员省考，专科学历能报考的岗位极少。

司法技术类

这类专业主要学习司法技术相关的内容。和法律执行类一样，如果家长和考生不了解这类和司法相关专业的就业岗位有哪些，那可以重点看一下这一节。

专业介绍

专业名称	学习内容（主要部分）	对应的普通本科专业（部分）
刑事侦查技术	狱情分析研判、狱内案件侦破、突发事件处置，从事狱内侦查、监狱特警工作	监狱学、侦查学

续表

专业名称	学习内容（主要部分）	对应的普通本科专业（部分）
司法信息技术	网络运维、信息管理系统运维、安防系统运维	计算机科学与技术、网络工程
司法鉴定技术	检验分析笔迹、文件、手印、交通事故痕迹	刑事科学技术、法学、侦查学
司法信息安全	监所网络安全、信息系统运维	信息安全、网络空间安全、计算机科学与技术
罪犯心理测量与矫正技术	罪犯心理测量、健康教育、辅导、咨询，从事罪犯心理矫正、监狱执法等工作	应用心理学、监狱学、法学
戒毒矫治技术	强制隔离戒毒矫治技术，从事生理脱毒、教育适应、康复巩固、回归指导等工作	禁毒学、监狱学

就业方向

法警、狄警岗位

和法律执行类一致，可参考相关内容。

安全防范类

这类专业主要学习安全防范相关的内容。一般是公安类或司法类院校开设的普通专业，报考时遇到了可以了解一下。

专业介绍

专业名称	学习内容（主要部分）	对应的普通本科专业（部分）
安全防范技术	智能安防系统设计、设备安装、系统调试、系统运维	安全防范工程、物联网工程
安全保卫管理	安保服务项目管理、社会治安秩序协管、警务辅助	海外安全管理、国内安全保卫、安全防范工程
智能安防运营管理	智能安防系统设备使用、运行状态检测，警情分析处置	安全防范工程、安全工程、治安学

就业方向

<u>安保相关的岗位</u>

安全防范技术专业，会学习计算机、电子电工相关的基础课程，就业面向安防系统工程师、调试员、安装员、维修员等岗位，专业门槛相对较高。对应的本科专业是安全防范工程专业，国内一般只有公安类院校才会开设该专业，如果有机会能升本到物联网工程专业，那么就业面会广很多，不用局限于安防装备相关行业。安全保卫管理、智能安防运营管理专业，就业面向安保服务企业的安保人员、值守人员岗位。这两个专业的专业门槛不高，对应岗位的就业门槛和薪资待遇也不高，建议谨慎报考。

公共管理与服务大类

公共管理与服务大类
- 公共事业类
- 公共管理类
- 公共服务类
- 文秘类

公共事业类

公共事业类专业主要学习公共事务处理相关的内容。如果遇到这类专业，可以了解一下。

专业介绍

专业名称	学习内容（主要部分）	对应的普通本科专业（部分）
社会工作	社会调查、社会工作志愿服务等技能	社会学、社会工作

续表

专业名称	学习内容（主要部分）	对应的普通本科专业（部分）
党务工作	发展、教育、管理、服务党员，对党的路线、方针、政策、决议进行宣传，监督、执纪、问责，组织、团结、服务群众	社会工作、中国共产党历史、思想政治教育、行政管理
青少年工作与管理	基层共青团、少先队的组织和管理，社区青少年事务的服务、社区治理	社会工作、思想政治教育
社区管理与服务	社区活动的策划实施，政策咨询、动员，公共事务办理与跟进	公共事业管理
公共关系	公共关系维护、公共活动策划执行、品牌形象管理、公关传播、舆情监测管理、危机公关	公共关系学
公益慈善事业管理	公益慈善项目策划、执行、评估、筹款、救助	社会工作、公共事业管理

就业方向

公益类岗位

公共事业类专业就业面向社区基层服务机构的社区服务人员、社会工作人员等岗位。这类岗位一般没有公务员和事业单位编制，属于编外人员。由于从事的是公共事务处理相关的工作，没有盈利属性，所以薪资比较低。这类专业的本科和研究生就业前景比较好的一般是公务员或事业单位的岗位。但这些岗位，专科生能报考的非常少。

公共管理类

公共管理类专业主要学习公共事务管理相关的内容。如果遇到这类专业，可以了解一下。

专业介绍

专业名称	学习内容（主要部分）	对应的普通本科专业（部分）
民政服务与管理	民政执法事务、社会福利事务、社会救助事务、彩票事务的管理	社会工作、管理科学、行政管理
人力资源管理	各类企事业单位的招聘、培训、员工关系管理、薪酬福利管理、绩效管理	人力资源管理
劳动与社会保障	社会保险经办、医疗保险待遇审核支付、劳动关系协调、劳动保障监察	劳动与社会保障、公共事业管理
网络舆情监测	网络信息监测、舆情引导、危机公关、新媒体运营	公共关系学
公共事务管理	基层社会服务、办公事务处理、行政执法	公共事业管理、人力资源管理
行政管理	日常行政事务管理、行政文书拟写、会议筹备组织、档案管理	行政管理、秘书学
质量管理与认证	工业产品的质量检验、生产过程控制、计量器具维护	标准化工程、质量管理工程
知识产权管理	企业知识产权事务管理、知识产权保护、专利信息分析，知识产权标准化认证、咨询	知识产权、法学、工商管理
职业指导与服务	职业信息收集、分析，职业素质测评，职业指导咨询	人力资源管理、劳动与社会保障
标准化技术	标准编审、标准化工作策划、标准实施应用，从事标准制定、实施、监督	标准化工程

就业方向

1. 与质量管理相关的岗位

质量管理与认证和标准化技术专业对应的本科专业是标准化工程，主要面向各种产品标准的制定，产品检测等岗位。

2. 本科阶段属于法学类的专业

知识产权管理对应的本科专业是知识产权，知识产权专业在本科专业分类中属于法学类，可以考取法律职业资格证，也可以报考公检法单位公务员，可以做知识产权、专利领域的律师工作。知识产权管理这个专业如果能升本到知识产权，那就业的出路会多很多。

3. 企业的人力资源岗位

人力资源管理专业面向的是企业的人力资源岗位，一般来说，大中型企业一般要求本科及以上学历，小型企业可能放宽到专科及以上学历。这个岗位属于不能直接给企业创造营收的岗位，所以薪资待遇不高。其他专业的就业情况和前文讲的公共事业类相似。

公共服务类

这类专业主要学各类服务业相关的内容。对家政、养老、婚庆、殡葬行业感兴趣的考生，可以重点关注。

专业介绍

专业名称	学习内容（主要部分）	对应的普通本科专业（部分）
现代家政服务与管理	整理收纳、家宴策划制作、家庭成员照护、家政人员培训	家政学
智慧健康养老服务与管理	老年人能力评估，康养活动策划、组织，老年健康照护	养老服务管理、老年学
社区康复	失智老年人、孤残儿童的能力评估、康复训练、生活照护、保健调理等	健康服务与管理、养老服务管理
婚庆服务与管理	婚礼策划、设计、主持，婚庆营销	会展经济与管理、文化产业管理、播音与主持艺术
现代殡葬技术与管理	殡葬仪式策划主持、场景布设、遗体防腐、遗体整容	社会工作、人力资源管理

续表

专业名称	学习内容（主要部分）	对应的普通本科专业（部分）
殡葬设备维护技术	殡葬设备安装、调试、保养、维护、维修、销售，使用殡葬设备进行遗体保存、火化、殡仪、安葬、祭祀	社会工作、机械电子工程
陵园服务与管理	业务接待、方案策划、葬祭仪式实施、墓碑设计、墓区设计、陵园植物养护等，从事公墓接洽、安葬服务、祭祀服务、骨灰寄存、墓园维护管理工作	社会工作、公共事业管理

就业方向

1. 家政、养老、婚庆、殡葬等行业的相关岗位

这类专业就业面向家政服务企业、养老服务企业、婚庆服务企业、殡葬服务企业的家政服务人员、养老服务人员、婚庆服务人员、殡葬服务人员等岗位。这类岗位会学习一定的专业技能，但这些技能的专业门槛不高，经过企业培训或自学一样可以从事相关的岗位。

2. 家政服务师

家政相关工作一般是为雇主做家务活，从业人员大多是40～50岁的女性，如果自身素质较高，能为高净值客户提供高端家政工作，收入是不错的，但大多数雇主都是普通家庭，所以能提供的薪资有限。

3. 老年人护理师

智慧健康养老服务与管理和社区康复专业，就业面向老年人护理的相关岗位。比如，养老院等护工岗位。这类岗位的需求量很大，未来随着老龄化程度越来越高，岗位需求量预计也会持续增加。但除了高端养老院外，一般的养老院盈利能力有限，员工的薪资一般不高，且老年人行动不便，日常生活都需要照顾，工作比较辛苦，需要有比较强的耐心和体力。

4. 婚庆服务师

婚庆服务与管理专业就业面向婚庆服务企业，这类岗位不太限制专业和学历，只要自身能力满足要求即可。

5. 殡葬师

现代殡葬技术与管理、殡葬设备维护技术、陵园服务与管理专业就业面向殡葬的殡仪员等岗位，所以对从业者的心理承受能力有要求。

6. 总结

公共服务类专业整体来看就业门槛不高，企业招聘更多看重的是工作经验以及愿意长久从事的意愿。工作比较辛苦，薪资跟当地的经济发展水平有较大关系。

文秘类

文秘类仅有现代文秘一个专业，主要学习文秘工作相关的内容。如果遇到这类专业，可以了解一下。

专业介绍

专业名称	学习内容（主要部分）	对应的普通本科专业（部分）
现代文秘	数字时代的文书写作、事务处理、会务组织	秘书学、汉语言文学、公共事业管理、行政管理

就业方向

1. 秘书岗位

现代文秘专业就业面向企事业单位的文秘相关岗位。但现实情况是，公务员事业单位等系统，专科段能报考的岗位很少。企业招聘时，能够设置文秘类岗位的一般都是大中型企业，这类企业招聘文秘时，往往要求本科及以上学历。

<u>2.考公、考编的岗位多吗?</u>

对比公共事业类专业,现代文秘专业有机会升本到秘书学、汉语言文学专业,这两个专业在考公、考编时还是有一些岗位的,尤其是汉语言文学专业,招聘岗位很多。如果升不到本科,那和公共事业类专业就业情况基本一样。

专科选专业的四大原则

看了前面的内容,各位家长和考生应该已经对各个专科专业有了一定的了解,但可能还是不知道应该如何在740多个专业中选出最适合的专业。那么下面的内容就是帮助家长和考生对专业进行筛选,选出最适合各位考生的专业。

第一原则:根据就业来选专业

对普通家庭来说,专科段的学生要尽量选一个未来好就业且就业好的工作,需要注意以下五点:

第一,慎重选择就业门槛太低的专业。

什么是就业门槛低的专业?就是这个专业对应的岗位,没学过相关专业的人也能从事。

那么如何判断一个岗位的就业门槛高不高呢?

第一种，专业和学历门槛。比如，某些行业和岗位会要求必须是××专业，且要求专科及以上学历，或者要求本科及以上学历。那这类岗位就是带有学历或专业门槛的岗位。

第二种，政策门槛。比如，必须拿到××资格证才能做，律师岗位必须拿到律师执业证才能做，兽医岗位必须拿到执业兽医资格证才能做。这就是政策带来的不能逾越的门槛。

第三种，技术门槛。比如，必须掌握某些特定技能才能做，计算机程序员岗位必须掌握某种编程语言才能做，会计岗位必须掌握做财务报表的技能才能做。

各位家长和考生在选择专业的时候，多从就业门槛的角度想一想，你准备报考的专业就业门槛怎么样？如果特别低，尽量排除，别去报考。

第二，慎重选择就业门槛太高的专业。

如果一个专业对应的岗位就业门槛太高，导致一个专科毕业生无法对口就业，只能转行，那相当于只有学历，没有专业，只能去做竞争很大、工资不高、没有门槛的工作。比如，如果你家在经济比较发达的一二线城市，以后想在自己家所在城市的公立医院就业，那专科的临床医学专业就要慎重报考。因为一、二线城市公立医院招聘要求非常高。从专科临床医学专业毕业，需要参加专升本考试，而临床医学专业专升本的竞争在大多数省份都比较激烈；升到本科以后还要努力考研，考研时很多学校不招专升本的学生；哪怕考上研，你在一二线城市公立医院应聘的时候，对比全日制本科的同学还是处于劣势。所以，这种就业门槛太高的专业，也要慎重选择。

第三，慎重选择在就业时存在"区别对待"的专业。

比如，有些岗位的工作环境、工作内容比较艰苦，招聘的时候可能就不招女生，像机械相关的工厂、矿业企业、煤炭企业等。在报考相关专业的时候，如果遇到就业出路不适合的就要慎重。

第四，慎重选择行业盈利能力不足的专业。

选专业基本就是选定了某一个行业和岗位。如果整个行业的盈利能力都不足，那身处行业中的企业的盈利能力有很大概率也是不足的，企业内员工的薪资待遇有很大概率也是不乐观的。比如说，目前房地产行业不太景气，大量的建筑设计院裁员降薪，说明建筑设计行业目前的盈利能力是不足的。

第五，慎重选择岗位需求正在减少的专业。

不论什么行业或岗位，能够存在的根本原因在于满足了某种需求。比如，餐饮行业满足了人对美食的需求，只要对美食的需求存在，餐饮行业就会一直存在。医院满足了人对治病的需求，只要对治病的需求存在，医院就会一直存在。如果一个行业对应的需求已经有减少的趋势，那行业中的企业和员工很大概率上也不会有好的发展。

从就业角度看，应该选什么样的专业呢？最理想的专业是：专业对应的行业的盈利能力强，看不到衰退迹象，面向的岗位就业门槛适中，且对自己没有"就业歧视"。

第二原则：根据专业相关程度，确定专业范围

在选专业的时候，不要只盯着某一个专业来报，这样能报考的学校非常有限，很可能被调剂到不想读的专业。一般来说，同一小类下代码靠后的专业，开设这类专业的学校很少。比如，农业类专业有 20 个，其中靠前的专业像 410101 种子生产与经营、410102 作物生产与经营管理、410103

现代农业技术专业等，开设这类专业的学校非常多；靠后的专业如410118休闲农业经营与管理，开设这类专业的学校非常少；410120农村新型经济组织管理专业，开设这类专业的学校非常少。

其实，只要是专业的相关性比较大，报考哪个都可以，未来就业的方向都差不多。如何确定哪些专业是相关专业呢？有三个方法。

第一，看专业的类别。

一般来说，只要在同一个专业小类下的专业，相关度的概率是比较大的。比如说，自动化类下的机电一体化技术、智能机电技术等专业，都是自动化的相关专业，以后升本就业几乎没有差别；但是也有例外，比如，农业类里的现代农业装备应用技术专业，与农业种植不相关，而是与机械相关的专业，和农业类的其他专业差别比较大，需要家长和考生多做了解。

第二，看专业的学习内容和基础课程。

如果两个专业的学习内容、基础课程比较一致，那就可以视为相关专业。比如说，机械设计制造类中的机械设计与制造专业、机电设备类中的智能制造装备技术专业，两个专业的学习内容和基础课程有很多重叠，那么这两个专业就可以看作相关专业。如果不能被智能制造装备技术专业录取，被机械设计与制造专业录取也是可以的。

第三，看对应的本科专业。

如果两个专业对应的本科专业一致或者相关，那么也可以作为相关专业。比如，自动化类中的电气自动化技术，虽然在专科专业划分上属于自动化类，但是它对应的本科专业是电气工程及其自动化，那这个专业其实就是电气的相关专业。自动化类中的计量测试与应用技术专业对应的本科专业是测控技术与仪器，那这个专业就是仪器的相关专业。

根据专业所属的类别、学习的内容、对应的本科专业这三个标准，考生可以选出准备报考的某一类专业，在这些专业中，报考哪个其实都可以。举个例子，如果我要报考电气相关专业，我会把电力技术类中的电力客户服务与管理以外的专业，加上机电设备类中的电机与电器技术专业、自动化类中的电气自动化技术专业，都纳入我的报考范围内，这些专业录取上哪个我都可以接受。

第三原则：根据学科优势选专业

虽然对专科段的学生来说，可能各科成绩都不是特别好，但也要尽量顺着优势学科来报，尤其是学生有某一科特别占优势的情况。如果学生的数学有优势，那可以考虑报考计算机类专业。因为计算机类专业对逻辑性要求比较高。如果学生的数学、物理都很好，那可以考虑报考电子信息类、自动化类等电气相关专业，这类专业课程难度比较大，对数学、物理的要求都比较高，有好的数学、物理学科基础，才能继续提升学历。如果学生的化学或生物成绩比较好，可以考虑报考医学或其他化学、生物相关的专业。如果各科成绩都比较一般，只是正常水平，那就忽略根据学科优势选专业的原则，直接根据就业导向和专业相关程度来选择专业。

第四原则：根据学生兴趣偏好选专业

大多数学生可能没有思考过对什么专业感兴趣，甚至可能对各个专业根本都没有任何兴趣。这时候不需要让学生选出他想学哪些专业，只需要让他把各个专业了解后，把不想学甚至很排斥的专业排除出去即可。如果仅从好就业、就业好的角度，给学生选了一个他排斥的专业，有可能导致他在大学期间混过去，然后毕业转行，甚至有的学生还会在大学期间退学。

　　以上就是专科选专业的四个原则。在报考的时候，家长通过本书后面的专科专业目录，和学生一起根据四个原则把排除的专业去掉，在保留的专业中圈出准备报考的专业，这样在报考时思路会比较清晰。

第二章

学校篇

解决不会选学校的问题

导言

　　学校是考生未来要生活和学习三年的地方，选学校的重要性不用多说，各位家长和考生也都了解。这一篇，我们来讲怎样多维度比较学校，并介绍全国专科学校的分类，供家长和考生对比学校的时候使用。

如何选对学校

这一节先来介绍比较学校优劣的十个维度和选学校的大原则,相信看完这一节,家长和考生就会了解如何选对学校。

比较学校优劣的十个维度
- 从办学性质看学校
- 从"双高计划"看学校
- 从"国家示范性高等职业院校建设计划"看学校
- 从学校就业质量报告看学校
- 从学校教育质量报告看学校
- 从学校的隶属关系看学校
- 从学校特色、历史看学校
- 从企业校招情况看学校
- 从转专业政策看学校
- 从"非官方"排名看学校

第一个维度,从办学性质看学校。

专科学校分为公办和民办,对专科学校来说,这是最基本的差别。民办学校比公办学校的学费贵一万元左右,三年就要多花三万元左右。公办专科不仅学费便宜,而且校长、老师等学校的行政人员和教学人员大都属于事业编制人员，学校的管理会更加规范。在能保证选择心仪专业的前提下，上公办学校当然比上民办学校要好一些。另外，有很多本科学校每年不仅招收本科生，还会招收一定比例的专科生。这些专科生一般会单独编班上课，和本科生在同一个学校里生活学习，本科生老师一般也会给专科生上课。这类本科学校中的专科教学质量一般要比专科学校好，并且学校的学习氛围也会比专科学校好一些。所以这种本科学校里的专科是非常不错的，当然，分数线一般也比较高。

第二个维度，从"双高计划"看学校。

首先来说一下双高计划是什么。2019年3月，教育部、财政部联合发布了《关于实施中国特色高水平高职学校和专业建设计划的意见》（简称"双高计划"），文件指出要给一批高职院校资金，实施中国特色高水平高职学校和专业建设。文件发布后，2019年10月发布了"双高计划"学校的名单[1]，名单中的学校代表了全国比较顶尖的高职院校，类似本科学校的"双一流"计划高校。"双高计划"中，高水平高职学校建设高校56所（分A、B、C三档），高水平专业群建设高校141所（分A、B、C三档）。一所学校入选"双高计划"，说明学校的各个方面在全国来说是比较不错的，所以对"双高计划"名单上的学校，家长可以重点关注。

第三个维度，从"国家示范性高等职业院校建设计划"看学校。

2006年，教育部、财政部启动实施了"国家示范性高等职业院校建设计划"，用四年时间在全国选出了100所高职院校[2]，给予资金支持，重点发展。在那个时候就已经能评上"国家示范性高等职业院校"的学校，说明当时的综合实力是比较强的。绝大多数国家示范性高等职业院校发展到

---

[1] 197所"双高计划"学校名单详见附录2。
[2] 100所国家示范性建设高职院校名单详见附录3。

今天，仍然是不错的学校，有很多甚至已经升为本科院校。所以，如果一个学校是国家示范性高等职业院校，那么也可以重点关注。

第四个维度，从学校就业质量报告看学校。

各所专科、本科学校每年都要发布就业质量报告，公布学生的就业情况，大部分能够在学校官网上查到，小部分学校没有发布或者比较难找。就业质量报告上会非常清楚地写出学校每年毕业生的数量、就业去向、就业地域等情况。在种种指标中，家长和考生要重点关注的是升本率或者叫作升学率指标。升本是指在专科毕业那一年，通过考试进入本科学校学习，升为本科。在后面"根据专升本政策选择省份"里，会重点讲专升本相关内容。对绝大部分专科专业来说，升本还是非常必要的。所以，如果一个学校的升本率很高，那说明学校的教学质量、管理能力、学生的学习风气相对来说也是不错的。不同学校升本率的差别还是比较大的，有的学校升本率在35%以上，有的学校只有不到10%。为了毕业出路考虑，还是尽量选择一个升本率高的学校。

第五个维度，从学校教育质量报告看学校。

各所专科、本科学校每年还要发布教育质量报告，公布学校的教育质量，在现代高等职业技术教育网可以找到全国大部分专科学校的教育质量报告。学校会从学校规模、招生情况、专业设置情况、办学资源情况等各个方面介绍学校。其中学校的办学经费和生均经费这两项数据可以重点关注。一般来说，经费比较高的学校在各个方面都会比经费低的学校要好一些。一般经济发达地区的学校经费比欠发达地区的学校经费要充足一些。

第六个维度，从学校的隶属关系看学校。

有一些专科学校是隶属于特定的部门或单位的。比如，山东电力高等专科学校隶属于国家电网，所以这所学校的电力专业是学校的王牌专业，毕业后进入山东电网的机会比其他学校要高一些。长沙航空职业技术学院隶属于空军装备部，每年的航空类专业毕业生通过校招进入航空装备相关单位工作的概率很高。这类隶属于特定部门或单位的专科院校也可以重点关注。当然这类学校是比较少的，大多数专科学校都隶属于省教育厅。

第七个维度，从学校特色、历史看学校。

在考察学校时，还可以看学校的特色和历史。对专科学校来说，学校的特色往往能从名字上看出来。比如，农林类特色的学校，校名一般带有"农林"二字；医学类特色的学校，校名一般带有"医学"二字。但是有一些以地名命名的学校，很可能无法直接看出学校的特色及优势学科，这时候就要看学校的历史沿革，根据学校发展脉络看合并了哪些学校。比如，无锡职业技术学院的前身是1959年3月原国家农机部创办的无锡农业机械制造学校，1979年3月更名为江苏省无锡机械制造学校，所以这个学校的机械相关专业历史比较悠久，是学校的优势学科。

第八个维度，从企业校招情况看学校。

如果想要了解学校的就业情况，可以进入学校的就业指导网站，看看有哪些企业来学校进行校招，从侧面判断学校的就业质量。比如，长沙航空职业技术学院就业指导网站中，通知公告一栏有大量的航空航天制造企业、军工企业的校招通知，那么可以说明，在这个学校读航空航天类专业，到相关企业就业的机会是比较大的。但是很多学校的就业指导网站信息量都不多。

第九个维度，从转专业政策看学校。

对在专科批次以老高考和专业组模式报考省份的考生来说，报考时会涉及专业调剂的问题。如果担心自己不能被稳稳地录取到报考的专业，害怕被调剂，那么最好看一下学校公告或者打电话问一下学校招生办，学校的转专业政策是什么。如果转专业政策比较宽松，那么哪怕被调剂到没有填报的专业，还可以通过转专业转到自己想学的专业。

第十个维度，从"非官方"排名看学校。

对专科学校来说，有一些非官方的排名。这些排名的发布方根据自己制定的指标排出学校榜单，比如软科高职院校排名。这种排名榜也可以作为一个参考，但不要作为主要的报考依据，简单看看就行了。

选学校的大原则

在专业选定情况下选学校

选学校的原则最根本的就一条：在确定了专业，能保住专业的前提下，选学校。这一条可以说是最重要的原则。家长经常会问，我们家孩子能考多少分，上哪所学校好。这个问题没有最佳答案，因为在同一个院校档次下，不谈专业直接选学校，没意义。在选学校的时候，一定要在选定专业的前提下看学校，尤其是理科专业。

比如，如果我们根据职业规划，准备报电气类专业，那这时候可以看自己的分数能够上哪些学校的电气类专业，这样来选出一类学校，根据学校所在的省份和城市、升本率、是不是"双高计划"院校、是不是国家示范性建设高职院校等指标，综合考虑后从上到下排序。对以老高考和专业组模式报考的省份来说，在选出一类学校排序后，还要注意在能保住专业的前提下报考。比如，准备报电气类专业时，A学校经过多个维度对比，可能比B学校好一些，但A学校比B学校分数线高，报考A学校很有可能会被调剂到其他不能接受的专业，那么此时建议不要报考A，直接报考B。

总结

以上就是比较专科学校优劣的十个维度以及选学校最重要的原则。在实际报考的时候，同一个分数段上，学校的差别没有大家想象中那么大，看看学校的升本率、所在省份和城市、学校特色，基本上就能做出判断。再次提醒一点，比较学校的前提是能保住报考的专业，别本末倒置，为了报看上去更好的学校，导致被调剂。

专科学校分类介绍

这一节讲的是专科院校的分类，通过这一节内容，家长和考生对全国学校的类型就会有大致的了解。

目前全国各个省份的院校可以大致分为以下六类：工科专业特色学校、公安司法类学校、文科专业特色学校、医药卫生特色学校、以地名直接命名的综合类学校和其他学校。

专科学校分类
- 工科专业特色学校
  - 电力特色学校
  - 铁道、交通特色学校
  - 航空特色学校
  - 邮电、电子信息特色学校
  - 装备制造特色学校
  - 其他工科专业特色学校
- 公安司法类学校
  - 公安警校
  - 司法警校
- 文科专业特色学校
  - 财经商贸特色学校
  - 师范特色学校
  - 其他文科专业特色学校
- 医药卫生特色学校
- 以地名直接命名的综合类学校
- 其他学校

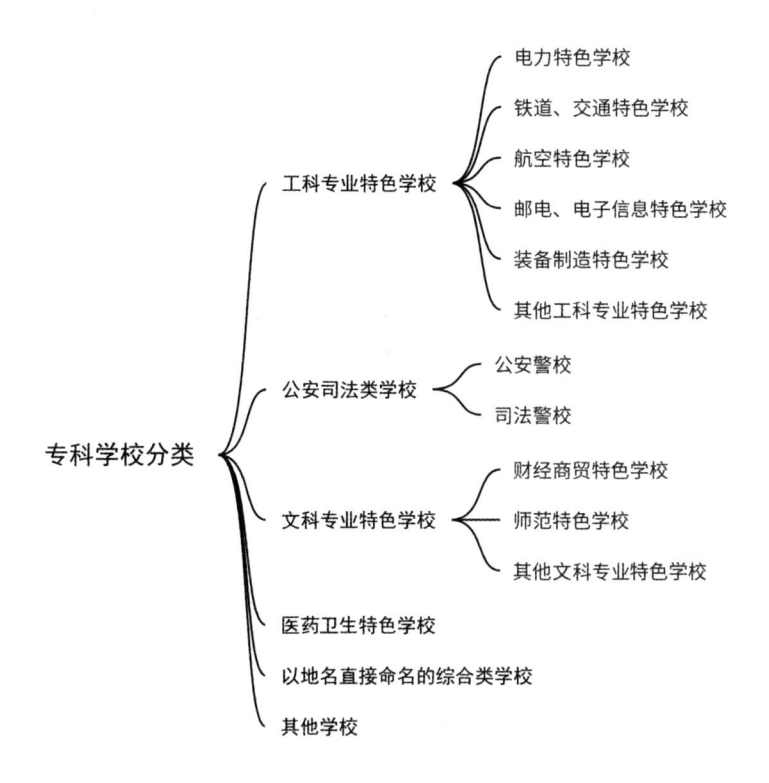

工科专业特色学校

这类学校是以某一类工科专业作为优势学科的学校。

第一种，电力特色学校[1]。

绝大部分省份都有一些电力特色学校，像山东的山东电力高等专科学校、湖北的武汉电力职业技术学院、四川的四川电力职业技术学院、湖南的长沙电力职业技术学院、陕西的西安电力高等专科学校等。这些电力特色学校的电气相关专业是学校的王牌专业，每年也有一定比例的学生进到国家电网，虽然只能参加国家电网二批次的招考，并且岗位一般是乡镇供

---

[1] 各省／自治区／直辖市电力特色学校名单详见附录4。

电所或县城供电局,但薪资待遇也是比较不错的。即使不能进入国家电网,这些学校的电气相关专业毕业生,从事电力设备制造、电气运营维护相关工作,薪资待遇也是很好的。

第二种,铁道、交通特色学校[1]。

绝大部分省份都有一些铁道、交通特色学校,像四川的四川铁道职业学院、江苏的南京铁道职业技术学院、河南的郑州铁路职业技术学院、辽宁的辽宁铁道职业技术学院、浙江的浙江交通职业技术学院。这些铁道、交通特色学校的铁道相关专业是学校的优势专业,每年都会有各铁路局、轨道交通相关企业进行校招,只是一些基础岗位可能会比较辛苦,但是胜在稳定,薪资也是中等偏上的。

第三种,航空特色学校。

航空特色学校相对来说要少一些,像四川的成都航空职业技术学院、湖南的长沙航空职业技术学院、江苏的江苏航空职业技术学院、贵州的贵州航空职业技术学院等。这些学校的航空装备类、航空运输类专业是学校的优势专业,而且以航空为特色的学校在专科中是非常少的,这些学校每年也会有很多航空航天企业、军工企业来学校进行校招,就业是有保障的,只是一般在车间做一线工人或是飞机等航空器的维修维护岗位,比较辛苦。

第四种,邮电、电子信息特色学校。

绝大部分省份都有邮电、电子信息特色学校,像安徽电子信息职业技术学院、湖南邮电职业技术学院、广东邮电职业技术学院、深圳信息职业技术学院等。这些邮电、电子信息特色学校的通信、电子信息、计算机等相关专业,是学校的优势专业,如果想要学这些专业,可以优先考虑这类学校。

---

[1] 各省/自治区/直辖市铁道、交通特色学校名单详见附录5。

第五种，装备制造特色学校。

绝大部分省份都有装备制造特色学校，像湖南机电职业技术学院、南京机电职业技术学院、辽宁装备制造职业技术学院、广东机电职业技术学院等。这些学校的机械、机电、自动化等制造业相关的专业是学校的优势专业，各类制造企业也会来做校招，对应岗位对人的需求量很大，就业是比较不错的。

第六种，其他工科专业特色学校。

还有一些其他工科特色学校。像湖南汽车工程职业技术学院是以汽车相关专业为特色的学校，汽车维修相关专业是该学校的优势专业。江苏建筑职业技术学院是以建筑相关专业为特色的学校，建筑相关专业是学校的优势专业。常州纺织服装职业技术学院是以服装纺织为特色的学校，服装纺织相关专业是学校的优势专业。湖南化工职业技术学院是以化工为特色的学校，化工相关专业是学校的优势专业。这类以某一不太普遍的工科专业为特色的学校在全国比较少。

公安司法类学校[1]

公安警校和司法警校要分清。

绝大部分省份都有一个省属的公安警校，大部分省份的省属警校是本科层次，像江苏警官学院、湖北警官学院等，但陕西、天津、黑龙江、内蒙古等几个省市是专科层次，如陕西警官职业学院、黑龙江公安警官职业学院等。这里要提醒一下，公安院校和司法院校是不同的，家长和考生在报考的时候，一定要看准报考的是公安院校还是司法院校。比如，安徽公

---

[1] 各省/自治区/直辖市公安院校名单详见附录6。

安职业学院和安徽警官职业学院，名字非常像，但安徽公安职业学院是公安院校，安徽警官职业学院是司法院校。

公安院校的公安类专业可以参加公安联考，入警做普通民警、交警、刑警等。司法类院校的司法相关专业就业面向的是法警、狱警等。这两类的差别是比较大的。虽然一些省属警校是专科层次的学校，但也能参加公安联考，入警率也非常高，所以历年分数线也非常高。2023年，安徽公安职业学院的公安专业，理科男生最低分数线512分，文科男生最低分数线479分，都超过了一本线。如果未来安徽公安职业学院升为本科，那分数线有很大概率还会再往上涨。

文科专业特色学校

这类学校是以某一类文科专业作为特色的学校。

第一种，财经商贸特色学校。

绝大部分省份都有一些财经商贸特色学校，像湖南商务职业技术学院、安徽商贸职业技术学院等，是以财经商贸类专业作为特色，所以财经商贸类专业是学校的优势专业。

第二种，师范特色学校。

绝大部分省份都有一些师范特色学校，像合肥幼儿师范高等专科学校、连云港师范高等专科学校等，是以师范类专业作为特色，所以师范类专业是学校的优势专业。

第三种，其他文科专业特色学校。

还有一些其他文科专业特色学校，像江苏旅游职业学院是以旅游相关专业为优势学科，安徽新闻出版职业技术学院是以新闻出版相关专业为优势学科。

这种文科特色学校，虽然说是以某一专业作为优势学科，但优势并不明显，对文科专业来说，很难说某一学校的某个专业一定比另一个学校的学科实力更强。所以报考文科专业，不用特别根据学科优势来报考，这一点跟理工科专业是不一样的。

医药卫生特色学校

像安徽中医药高等专科学校、江苏医药职业学院等，这类学校的医药卫生相关专业是学校的优势专业。报考医学相关专业时，可以优先考虑这类学校，这类学校升本率往往较高，且会有很多地方的医疗单位或企业进行校招。

以地名直接命名的综合类学校

像辽宁职业学院、无锡职业技术学院、金华职业技术学院等，这些学校以省或地级市直接命名，往往是一些综合实力比较强的综合类院校。这类学校的优势专业无法从学校名称上判断，需要根据学校历史、介绍等进行了解。比如，辽宁职业学院是由铁岭农业职业技术学院和辽宁省农业机械化学校合并而来的，所以学校的农学类、机械类专业是学校的优势学科。无锡职业技术学院前身是江苏省无锡农业机械制造学校，所以学校的机械相关专业是很不错的。

其他学校

最后这类学校看不出什么特色，像江苏城市职业学院、湖南科技职业学院等。这类学校和直接以地名命名的学校类似，不能直接看出学校的优势专业，也是需要根据学校的历史沿革去仔细了解的。

了解学校历史沿革的方法是，进入学校的官网，在学校概况一览中，一般会有学校简介和历史沿革等内容，还可以在各个学院的网站中了解学校的情况。

第三章

地域篇

解决不会选地域的问题

导言

这一篇讲的是选择省份和城市,和选学校一样,省份和城市也是报志愿时需要考虑的重要因素。因为这涉及学生未来的生活体验和升学就业的发展,尤其是专科生专升本时,不同省份差别比较大。所以这一部分内容也是非常重要的。

根据就业和生活体验选择城市

选地域分为选省份和选城市。首先讲一下如何选城市。

一般在报考时,一线城市的学校分数线都比较高,且一线城市的本科生、硕士生、博士生比较多,企业对人才的要求也会更高,专科生就业很有可能在学历上不占优势。另外,在一线城市中,毕业后租房、买房的花费也会比较大。专科毕业生可以优先选一些区域中心城市、二三线城市,这些城市企业多、就业机会多、生活成本相对低。另外,尽量选择靠近老家的或本省附近的城市,因为专科学校给外省的招生计划一般不多,一个地方的专科学校里,大多是本省的学生。如果报考的学校太远,有可能因为风俗、习惯、方言、饮食等不同而难以适应和融入。在专科学校校招的企业,一般都是本省或学校所在城市附近的,报考的学校离家近,以后校招就业也会离家近一些。

根据专升本政策选择省份

对专科段来说,选择报考的省份在某种程度上比选择城市更重要,原因是涉及"专升本"考试。

什么是专升本？

专升本考试是专科生升入本科学习的一种选拔性考试。在专科第三年，通过报名、考试、录取后，从专科毕业进入本科学校学习，学习两年后（部分专业，像建筑学、医学相关专业是三年），毕业拿的是全日制本科学历，只是会标注"专科起点"字样。专升本的本科学历含金量非常高，几乎和普通本科没有区别，是国家认可的全日制本科学历。这是专科生除了重新参加高考以外，可以进入本科学校学习，拿到全日制本科学历的唯一方式，对专科生来说非常重要。

为什么要专升本？

了解了专升本以后，再来讲一下为什么要专升本，以及有哪些好处。

第一，可以考公。

专科可以考公吗？专科可以考，但是不论是国考，还是省考，专科学历能报考的岗位都非常少，而且少得可怜。经济越发达的地区，公务员招考对学历的要求越高。根据辽宁省《2023年度铁岭市考试录用公务员职位信息表》，本科生可以考的岗位有236个，而且很多都是县级岗位。专科生能考的岗位只有34个，而且大部分都是乡镇岗位。如果是江苏省这种经济相对发达的城市，那么专科生能报考的岗位，几乎就没有。当然，考公还有专业限制，不是说本科就可以考所有岗位。但是无论怎么说，升本以后，考公的机会都是大大增加了。

第二，可以考事业单位。

和考公一样，专科毕业生能够报考的事业单位岗位也非常少。根据《2023

年铁岭县事业单位公开招聘工作人员岗位计划信息表》（综合岗位），55个岗位全部要求本科及以上学历。所以，升本以后，考事业单位编制的机会也大大增加了。

第三，可以考研。

本科生可以在大四最后一年直接考研，而专科生必须在毕业满两年以后，才能通过同等学力报考。并且，有的学校还不接受专科生报考，有的学校还会要求专科生的四六级成绩，在研究生复试阶段还有加试。也就是说，对比本科生，专科生以同等学力考研，多了很多限制，专升本以后，这些限制全部没有了。

第四，可以找"要求本科学历"的工作。

虽然很多工作，本科生可以做，专科生也可以做，但是企业在招聘的时候，尤其是大中型企业一般都要求本科及以上学历。通常要求本科学历的工作，比要求专科学历的工作在薪资待遇、工作内容、工作环境、工作稳定性等方面都要好。随着以后毕业生越来越多，同样一份工作，对学历的要求也会越来越高。

综合以上四点，可以看出专升本的好处是很多的。除了警校提前批和部分定向专业，还有一些铁道、电气专业不需要专升本以外，其他大部分专业都最好能够升本。

报考省份和专升本有什么关系？

为什么专升本和报考学校所在省份关系非常大？原因是专升本考试是以省（直辖市以市）为单位组织的，同一个省内的所有专科学校的学生之间竞争，并且大多数省份只能升"专科学校所在省份"的学校。比如，考生是湖南人，考到了辽宁的某一所专科学校，那么只能参加辽宁省组织的专升本考试，并报考辽宁省内招收专升本的学校和专业（如果该考生上大学期间在湖南省应征入伍，那也可以参加湖南省的专升本考试，否则则不能）。也就是说，高考报志愿基本就决定了学生三年后的专升本考试能在哪个省参加，升到哪个省的学校。这一点很多家长和考生在报志愿时并不了解。当然，也有部分省份允许有本省户籍的考生回到本省参加专升本考试，后面会详细介绍政策。

由于不同省份的专升本政策和难度有较大的差别，所以高考报志愿时选择省份这件事非常重要，重要性甚至大过选城市。不同省份的专升本政策具体差别有哪些，可以举几个例子说明。

不同省份报考次数不同

根据2023年专升本报考政策，除了广东、天津、辽宁、河北、云南、上海、内蒙古外，大部分地区专升本考试，都要求专科应届毕业生才能报考。也就是说只在专科毕业那年考一次，错过了或者没考上就再也没机会了。和高考、考研不一样，第一年没考上可以复读，二战、三战，只要想考，考几次都可以，专升本考试，绝大部分省份只能考一次。广东省、天津市的政策是只要有本地户籍就可以参加多次。辽宁省的政策是最宽松的，连户籍都不限制，只要是辽宁省内的专科学校毕业，那么每年都可以报考。河北、云南、上海、内蒙古这些省市，专科毕业后参加一些如"西部计划""三支一扶"等基层服务项目后，也可以再获得一次报考机会。

不同省份能报考的专业不同

在绝大部分省份，专升本一般只能考和专科专业相同的或者是相近的本科专业。例如，专科计算机类专业一般只能考本科的计算机类、电子信息类等专业，想要跨考到农学类专业，这在绝大多数省份是不允许的。跨考的限制程度，每个省的政策都不同，像江苏省跨考专业政策就比较宽松，除了英语类、日语类、教育类、医护类专业，其他都对专科专业没要求。北京市就非常严格，连选择专业的机会都没有，直接根据专科的学校和专业，对口升学到某个本科学校和专业。

不同省份升本难度不同

各省份专升本的难易程度不一样。有的省份升本率高，有的省份升本率低。各省份学生的学习能力情况、竞争的激烈程度都不同。比如，河南、山东等高考大省和高考竞争比较激烈的省份，学生的学习能力比较强，那外省学生考到这些地方和本省的同学竞争，难度会比较大。另外，有的省份只有专科期间成绩在前60%的学生，才有资格报名。所以在专科期间就要努力拿到报考资格。

不同省份升本学校档次不同

不同省份的高等教育资源也有差别，接收专升本的学校层次也不同。虽然绝大多数省份都是一些普通公办和民办学校招收专升本学生，但也有一些省份的好学校比较多，招收专升本的学校也比较多。比如，江苏省就有南京邮电大学、南京信息工程大学、南京林业大学这样的"双一流"学校，接收专升本学生。一些高校资源少的省份，招收专升本的学校的层次就会低一些。

这些不同省份的专升本政策情况，家长和考生在报考的时候都应该考虑到。

全国各省/自治区/直辖市专升本政策介绍

这部分介绍的是各地 2023 年专升本的政策和招考情况，供大家参考，实际情况以报考年份最新政策为准。如果想看各地专升本招生方案官方文件，可以到各地教育考试院的官网查询。

黑龙江省专升本情况

黑龙江专升本考试，省内专科应届毕业生即可报考。报考的专业，必须按省教育考试院发布的《黑龙江省专升本招生考试专业对接表》文件来报考，一般都是和专科专业相近的专业。比如，软件技术只能报考计算机科学与技术、软件工程两个专业，会计只能报财务管理、会计学两个专业。

考试科目有外语公共课和专业基础课两门。外语公共课在英语、日语、俄语中任选一种，专业基础课根据考的专业来定，偏重化学的工科专业考的是有机化学和无机化学，这类专业如生物、食品、制药等。偏重电学、力学的工科专业，只考一门高等数学，这类专业如计算机、电子信息、通信、自动化等。先考试，后报志愿，最多可以填 5 个平行志愿。

总体来说，黑龙江接收专升本的学校还算多，一共有 30 多所，且有几所省重点学校，如哈尔滨理工大学、哈尔滨医科大学、黑龙江中医药大学等。报考条件比较平常，不要求专科期间的学习成绩。考虑到黑龙江省高考属于竞争相对不激烈的省份，所以专升本难度在全国属于偏容易的。另外，2023 年口腔医学专业只有齐齐哈尔医学院、佳木斯大学两所学校招生，招生计划分别是 50 人、30 人。2023 年，临床医学专业只有牡丹江医学院招生，招生计划只有90人。

吉林省专升本情况

吉林专升本考试，省内专科应届毕业生即可报考。需要先报名填志愿，后考试。报名时填同一个专业的多所学校作为志愿，且报考的专业必须是与专科专业相近的专业。考试科目是外语和两门专业课，其中外语可以选英语、日语、俄语中的一种，专业课考的是各个学科的两门基础专业课。经过考试后，外语和专业课分别划线，成绩都达到线上才能被录取。录取时，按照顺序志愿投档方式进行。

总体来说，吉林专升本招收学校比较多，且有一部分省重点学校，如东北电力大学、长春工业大学等。报考条件比较平常，不要求专科期间的学习成绩。跨专业可以小跨，一般要求是相近的专业。在考试科目上，无论哪个专业，哪怕是工科专业，都没有高等数学，这是比较少见的。吉林专升本难度在全国属于偏容易的省份。另外，口腔医学专业在2024年只有北华大学招生。临床医学专业在2024年有北华大学和吉林医药学院招生，北华大学临床医学招生计划为80人，吉林医药学院临床医学招生计划未知。

辽宁省专升本情况

辽宁省专升本考试，省内专科院校的应届和往届专科生皆可报考。也就是说可以像高考一样，今年没考上明年再考，考几次都可以。流程是先报名，再填志愿，最后考试。填志愿时，只能填"一个学校+一个专业"，除了医学类专业外，可以跨专业报考。考试科目分为文化基础课、专业综合课、技能考试三部分。

文化基础课是全省统考，考数学和思政其中之一（不开数学课的专业考思政，其他专业考数学），加上外语（英语、日语、俄语选一个考）和计算机应用基础。专业综合课考试和技能考试由沈阳化工大学、大连工业大学、沈阳农业大学、大连海洋大学、锦州医科大学、沈阳大学、辽宁科技学院、沈阳工程学院牵头组织。考试后划线，过线考生才有机会被录取。辽宁专升本的特点在于，考查比较全面，既有数学、外语等基础课，又有专业的理论课，还多了一门技能考试，要求学生有一定的实操能力。

总体来说，辽宁省招收专升本的学校比较多，有沈阳工业大学、沈阳航空航天大学等几所省重点学校，报考条件在全国来说是比较宽松的，给学生多次机会，不要求专科期间的学习成绩，专升本难度在全国属于偏容易的省份。另外，2023年辽宁专升本招生计划中，没有口腔医学和临床医学专业，也就是说在辽宁读了口腔医学和临床医学，是没办法升口腔和临床专业本科的，这一点需要注意。

以上是2023年的专升本政策。2022年辽宁省教育厅发布了《关于调整高等职业教育对口升学本科专业范围的通知》，要实施安排三件事：第一，2025年开始要增加专升本专业，从15个增加到62个，具体的专业名单已经公布，但仍然没有口腔医学和临床医学专业；第二，全省统一制定升学专业考试纲要，也就是说有可能专业课考试也要全省统考；第三，会采用"文化素质+职业技能"的形式，也就是说考试科目可能会变。具体的招生实施方案还没发布，所以暂时无法了解具体情况。

北京市专升本情况

北京专升本报名条件比较严苛，要求考生为北京市内专科应届毕业生，但不是所有应届毕业生都有资格报名，报名前需要拿到学校的推荐资格，而每个学校的推荐人数不能超过同一个专业人数的15%。那学校是根据什么来推荐的呢？各个学校会自己制定评定的方案，不同学校会有一些差异，一般考查思想品德、学习成绩、体育锻炼、社会工作活动等。在报考学校和专业上，不采用一般的报志愿模式，而是每个专科学校可以升入的本科学校是固定的，学生不能更换，也就是说在高考报考北京的专科学校时，专升本能考的学校和专业都已经定了。

考试科目分公共课考试和专业课考试。公共课可以在英语、日语、法语三个科目中任选一个来考，是全市统考。专业课考试，是由接收的本科学校来组织考试，根据专业来设定考试科目和命题，一般是两门专业课，工科专业会考高等数学。成绩发布后，根据成绩录取。

总体来说，北京招收专升本学生的学校不多，层次不高。报名条件比较严苛，且没有统一标准。可查询到的公开招生计划、招生专业比较少。

天津市专升本情况

天津专升本考试，天津市内专科应届毕业生或者有天津市户籍的在市内及市外毕业的应届和往届毕业生皆可报考。也就是说，如果拥有天津户籍，即便就读的是外省专科学校，也是可以回到天津来参加专升本考试的，而且每年都可以考，这一点相当于给有天津户籍的学生的福利。先报名并填志愿，后考试。报名时分为文史类、理工类，需要按照科类填报学校和专业。

可以填5所学校，每个学校一个专业，投档时平行投档。

考试分为专业课考试和文化课考试。专业课考试由招生学校自己组织，考试内容由学校根据招生专业自己定。文化课考试是全市统考，文史类考语文基础、大学英语、计算机应用基础三门，理工类考高等数学、大学英语、计算机应用基础三门。最终根据学校招生章程中发布的综合成绩计算规则来录取。

总体来说，天津招收专升本的学校层次不高，民办学校居多，院校档次最高的是天津师范大学。报考的专业要根据学校的要求来看，部分学校的部分专业对专科专业有限制，部分专业没有。天津专升本在全国来说属于偏难的省市。另外，天津没有口腔医学和临床医学专业的专升本招生计划，所以在天津读了口腔医学和临床医学，是没有机会升口腔、临床专业本科的。

河北省专升本情况

河北专升本考试，河北省内专科应届毕业生可报考。如果在河北省内专科毕业后参加了大学生村官、农村特岗教师、"三支一扶"计划等基层服务项目的，还可以多一次报名机会。各个招生的本科学校制订招生计划后发布。学生根据招生计划报名，填志愿，然后再考试。

报考的专业必须和专科专业相近。考试科目分为公共文化课和专业综合课，都是省统考。公共文化课考高等数学、英语、政治三门中的两门或一门。本科专业分为文史、医学、理工、经管、农学、艺术、体育、外语八类。其中报考文史、医学类专业要考政治和英语，报考理工类专业要考高等数学Ⅰ和英语，报考经管、农学类专业要考高等数学Ⅱ和英语，报考艺术、体育类专业只考英语，报考外语类专业只考政治。专业综合考专业基础课和专业综合课，根据报考的专业来定。成绩出来后划线，过线学生填报志愿，每人可以报10个平行志愿。

河北专升本在报考上，给参加基层服务项目的人多一次考试机会。招收专升本的学校层次不高，在全国属于专升本偏困难的省份。而且河北属于高考竞争比较激烈的省份，学生的学习能力比较强，其他地区的学生报考河北专科学校时，要考虑到这一点。另外，河北没有口腔医学专业的专升本计划，临床医学专业有承德医学院和河北医科大学招收，在2023年招生计划分别为120人和80人。

河南省专升本情况

河南专升本考试，省内专科应届毕业生即可报考。报考专业必须按照省教育考试院发布的专科专业和本科专业对应表来报考，对应表是根据专业相近的原则来制作的，也就是说可以跨专业，但只能跨相近的专业。考试由全省统考，考英语和专业综合两门科目，工科类专业的专业综合科目一般考高等数学。成绩出来后划线，过线考生填志愿，可以填9个学校志愿，进行平行投档。

总体来说，河南专升本报名要求比较平常。招收专升本的本科学校层次比较不错，有华北水利水电大学、河南科技大学、河南工业大学等省重点大学，但在全国属于专升本偏困难的省份。尤其考虑到河南高考竞争比较激烈，学生的学习能力比较强，其他地区的学生报考河南专科学校，很可能在专升本时，竞争不过河南省的考生。另外，临床医学专业有新乡医学院三全学院、河南开封科技传媒学院招生，2023年分别招260人、250人。口腔医学专业只有新乡医学院招生，2023年招42人。根据新乡医学院官网发布的公告，自2026年起，新乡医学院停止普通专升本（口腔医学）招生。

山东省专升本情况

山东专升本考试，要求考生为省内应届专科毕业生，并且还需要拿到校荐或自荐的资格才能报名。校荐就是学生要获得专科学校的推荐资格，方法有两种：第一种，在专科学习期间，综合素质测评成绩排名在同年级同专业中，排前60%；第二种，获得省级及以上职业院校技能大赛或山东省师范类高校学生从业技能大赛三等奖及以上。如果拿不到校荐资格，可以报考接收专升本的高校组织的专业测试，测试合格，就可以拿到自荐生资格，参加专升本考试。

报考专业必须按照省教育招生考试院发布的专科专业和本科专业对应表来报考，对应表是根据专业相近的原则来制作的，也就是说可以跨专业，但只能跨相近的专业。考试全省统考，考试科目有四门，分别是英语、计算机、大学语文、高等数学，其中专科上学期间公共外语课程不是英语的考生，把英语换成政治考试。高等数学分成高等数学Ⅰ、高等数学Ⅱ、高等数学Ⅲ，不同专业考不同的数学科目。填报志愿的时候，最多可以填70个志愿，"一个专业＋一个学校"作为一个志愿，自荐生只能报考获得自荐资格的高校和专业。最终根据成绩录取。

总体来说，山东省专升本报名要求比较复杂，在报名环节门槛稍高，需要有专科期间的成绩或者参加学校校测。山东招收专升本的学校层次中等，并且山东也是高考竞争激烈的省份，外省考生考山东专科时也要考虑自身的学习能力能不能竞争过山东考生。另外，2023年，口腔医学专业有济宁医学院、齐鲁医药学院、山东协和学院三个学校招生，三个学校校荐生计划分别是 50 人、100 人、100 人。临床医学专业有济宁医学院、齐鲁医药学院两个学校招生，校荐生招生计划分别是 250 人、500 人。齐鲁医药学院和山东协和学院都是民办，口腔和临床专业招生计划比较多，但学校学费高，尤其是口腔和临床专业。

山西省专升本情况

山西专升本考试，省内专科应届毕业生即可报名，报考专业必须按照省教育考试管理中心发布的专科专业和本科专业对应表来报考，对应表是根据专业相近的原则来制作的，也就是说可以跨专业，但只能跨相近的专业。考试科目分为专业基础课和公共基础课，全省统考。公共基础课考英语、大学语文/高等数学（不同专业考的科目不同）。成绩出来后，根据专业大类划线，过线考生才可以报志愿。每个学生可以填 8 个平行志愿，"一个院校＋一个专业"作为一个志愿，最终根据投档结果录取。

总体来说，山西省专升本比较平常，流程上不复杂。招收专升本的学校层次不高，但招生计划比较多，从全国来看属于专升本偏容易的省份。另外，口腔医学和临床医学专业，仅有山西医科大学汾阳学院招生，两个专业 2023 年各招收 30 人、100 人。

江苏省专升本情况

江苏教育厅在 2019 年发布了改革文件，2022 年的专升本考试是改革后第一届。江苏专升本考试，2023 年要求考生为省内专科三年级在籍学生，且还要取得计算机等级考试一级及以上证书才能报考。也就是说，如果在江苏上了专科，那最好尽早把计算机等级证书考下来。在报名考试时，同时填报学校、选考科类、专业志愿，最多可以填报8个平行志愿。

省教育考试院把本科专业分成了19类，除了英语类、日语类、教育类（含师范类专业）、医护类专业考生要满足学校对专科专业要求，其他专业对专科专业没限制。也就是说江苏专升本考试，是少有的不要求专科专业和本科专业相近或一致的省份，可以跨专业考试，这给了学生一次换专业的机会。

考试全省统考，考试科目是大学语文或高等数学，英语或日语，专业综合。具体考大学语文还是高等数学，要根据报名专业所属科类来定。外语可以选英语或日语。专业综合考理论，是纯笔试，但电子信息类和音乐类两个专业大类，作为试点，会多加一门操作技能考试。最终根据考试成绩和志愿投档情况录取。

总体来看，江苏省专升本考试的报名要求比较平常，虽然有计算机一级证书限制，但并不难考，只要认真准备，有很大概率能考下来。江苏学校层次总体比较高，甚至有南京邮电大学、南京信息工程大学、南京林业大学这样的"双一流"学校招生，且江苏省内的双非学校像江苏大学、扬州大学、南通大学等，整体学校实力是不错的。但江苏也属于高考竞争比较激烈的省份，整体专升本难度在全国属于偏难的。另外，口腔医学和临床医学专业，在江苏没有学校招收专升本学生，也就是说在江苏学了专科口腔医学和临床医学，没法升口腔、临床专业本科。

浙江省专升本情况

浙江专升本考试，省内专科应届毕业生即可报考。专科专业和本科专业分为文史、理工、经管、法学、教育、农学、医学、艺术 8 个类别。报考专业必须按照省教育考试院发布的专科专业和本科专业类别对照表来报考，对照表是根据专业相近的原则来制作的，也就是说可以跨专业，但只能跨同一类别下的专业。根据 2023 年的浙江省专升本各类别所含专业对照表来看，可跨考范围还是很大的。

在报名同时，考生需要填志愿，最多可以填 8 个志愿，"一个学校 + 一个专业"作为一个志愿。在考试科目上，文史、法学、教育、艺术类考的是大学语文和英语两科，理工、经管、农学、医学考的是高等数学和英语。成绩出来后，根据类别划线，过线考生才会被投档，最终录取。

总体来看，浙江专升本流程非常简单，报名条件也比较平常，省内应届毕业生即可报考。考试科目在全国来说比较特别，不考任何一门专业课，仅仅考大学语文、高等数学、英语。这对英语、数学、语文比较好的同学来说是优势。省内招生的学校比较多，而且层次比较高，有很多省重点大学，像杭州电子科技大学、温州医科大学、浙江工商大学等。在全国来看，属于专升本难度中等的省份。另外，对口腔医学专业来说，仅有杭州医学院招生，2023 年招生计划有 60 人，且要求大学英语四级或三级成绩。临床医学专业，没有学校招生。

上海市专升本情况

上海专升本考试，要求市内专科应届毕业生或者有上海户籍被外省录取的应届毕业生才能报考，相当于给上海户籍的学生多了一次考回上海本科的机会。报名条件要求，大学英语四级达到 425 分，并且要有上海市高等学校信息技术水平考试证书，这个考试类似于计算机等级考试，只不过是上海市单独举办的。报名时，只能报考一所学校。专升本报名后，考试由各个招生的学校自行组织，考试科目根据报考专业而定，部分学校的部分专业有对口要求限制，部分学校没有。最终根据考试成绩录取。

总体来说，上海专升本报名要求相对严格，既要求大学英语四级，又要求上海市组织的计算机等级考试。英语不好的同学，在大学期间需要把英语补上。考试不是统考，而是各个学校自己组织，需要学生自己提前了解学校每年考哪些专业课，提前做准备。市内招生的学校有几所比较知名，像华东政法大学、上海电力大学、上海工程技术大学、上海师范大学等，华东政法大学甚至有法学的招生计划。从全国来看，上海专升本难度属于偏容易的省市。另外，口腔医学和临床医学专业，没有学校招生。

安徽省专升本情况

安徽专升本考试，专科应届毕业生即可报考。各个招生的学校，自己发布招生章程，学生根据学校的报考要求，选择一所学校的一个专业进行报名。对专业对口的限制，不同学校限制程度不一样，有的学校限制单一专业，有的学校限制专业大类，有的学校限制专业小类，有的完全不限制。

考试科目分为公共课两门、专业课两门，根据文科、理科分科考试。公共课由教育招生考试院组织进行统考，文科考大学语文和英语，理科考高等数学和英语。两门专业课考对应专科专业学的课程，招生院校可以自主命题考试或者和几个院校一起进行联合命题考试。成绩出来后，根据考试科类进行划线，过线才有机会被录取。经过录取流程后，没有被录取的学生，还有一次调剂志愿填报的机会。

总体来说，安徽专升本报名条件比较平常。对报考专业有一定的限制，考试科目比较多。各个学校自行组织专业课考试，需要学生自行了解准备报考的学校和专业往年的考试科目，提前做准备。只能报考一所学校，风险比较大。招生学校比较多，有安徽医科大学、安徽理工大学等部分省重点学校。从全国来看，安徽属于专升本偏容易的省份。另外，虽然有安徽医科大学、蚌埠医学院、皖南医学院、安徽医科大学临床医学院招生，但都没有口腔医学和临床医学专业的招生计划。

福建省专升本情况

福建专升本考试，省内专科应届毕业生即可报名。教育考试院把本科专业分为文史哲法类、教育类、理工类1、理工类2、农林生物医药类、医学类、经管类、艺术类8个类别，每个人只能选择一个类别报考，医学类专业、艺术类专业要求专科专业必须对口，其他的可以随意报考。福建也是少有的基本不限制专科专业和报考的本科专业相近的省份。

考试全省统考，考试科目分成公共课和专业课。公共课考三门，文史哲法类、教育类、经管类、艺术类，考思政理论、大学英语、大学语文三门课。理工类1考思政理论、大学英语、高等数学三门课。理工类2、农林生物医药类、医学类，在2026年前，考思政理论、大学英语、大学语文三门课，自2026年起大学语文调整为高等数学。专业课根据专业类别而定。成绩出来后，划定各个类别的控制线，过线可以填报志愿。"一个学校+一个专业"作为一个志愿，最多可以填30个志愿，最终根据投档结果录取。

总体来说，福建专升本报名条件比较平常，只要求专科应届毕业生，没有其他附加要求。除了医学类和艺术类，其他可以跨考。考试科目比较多，仅仅公共课就需要考三门。志愿填报最多可以填30个，最大程度减少了滑档的可能性，风险比较小。福建省内高校资源比较少，对比其他省份，招生专升本的学校层次整体偏低。从全国来看，福建属于专升本偏容易的省份。另外，只有莆田学院招收临床医学专业，计划招收普通考生36个，退役大学生13个，脱贫户家庭考生1个。口腔医学专业，没有学校招生。

广东省专升本情况

广东专升本考试的报名条件对户籍做了区分和要求，比较复杂。除省内专科应届毕业生外，如果有广东省户籍，那么即便在外省上学，也有机会回广东参加专升本考试。考试科目有2门公共课、1门专业基础课、1门专业综合课。公共课省统考，考政治和英语。专业基础课根据报考的本科专业门类确定。专业综合课，部分学校统考，部分学校自主命题。志愿填报根据专业组模式填报，最多可以填10个专业组，每个专业组4个专业志愿，可服从调剂。成绩出来后划线，过线考生才有机会被录取。

总体来说，广东专升本考试，对外省考生来说报名条件比较平常，对有广东省户籍的学生来说比较宽松，考试机会更多，往届生也可以报考。广东专升本可以跨专业报考，但部分学校和专业对学生的专科专业有要求，具体要看学校的招生章程。志愿填报采用的是和高考类似的专业组模式，最多可以填10个专业组，减少了滑档风险。招收专升本的学校层次不高，几乎没有省重点大学。从全国来看，广东属于专升本偏容易的省份。另外，口腔医学和临床医学专业，没有学校招生。

广西壮族自治区专升本情况

广西专升本考试最近几年经过了一次改革，2025 届及以后采用新的招生方案。改革前专升本需要拿到学校的推荐资格，并且直接升学到对口的本科，不需要经过考试。对目前各位高中生家长及考生来说，了解 2024 届及以前的专升本政策没用，所以这里只介绍 2025 届及以后的专升本政策。

改革后采用全区统考、填报志愿的方式，更加公开透明，给了学生择校择专业的机会。并且在报名条件上，以前要求专科期间的学习成绩，改革后，只要是广西内专科应届毕业生，即可报考。招生计划由教育厅下达，各个学校分别发布招生简章。考试科目分为公共基础课和专业基础课，全部由自治区招生考试院统考。公共基础课考英语（必考），还有数学或语文其中一门（根据报考专业确定），专业基础课根据专业而定。

报考专业必须按照自治区招生考试院发布的专科专业和本科专业对应表来报考，对应表是根据专业相近的原则来制作的，也就是说可以跨专业，但只能跨相近的专业。考试成绩发布后，根据专科专业大类划线，过线考生可以填报志愿。"一个学校＋一个专业"作为一个志愿，最多可以填 10 个志愿，填报的所有专业志愿，必须是同一个专业大类。最终根据投档情况录取。

总体来说，广西专升本经过改革后，和大部分其他省份类似，要求区内的专科应届毕业生才能报考。考试科目比较多，全部是统考，可以跨专业报考，但是只能"小跨"，不能"大跨"。招生的学校层次适中，有桂林电子科技大学、广西医科大学等几所省重点大学。由于新的专升本政策在 2025 年第一年开始实行，所以没法确定专升本的难度。

海南省专升本情况

海南专升本考试，省内专科应届毕业生即可报考，如果是海南省户籍，在外省上专科的应届毕业生也可以报考。根据发布的招生计划，学生选定符合条件的学校和专业报考，部分专业要求专科专业符合才能报考，部分专业不限制。考试科目分为公共课和专业课，公共课考英语、大学语文或高等数学，具体考大学语文还是高等数学根据专业来定。专业课考各个专业的基础课，全省统一阅卷。最终根据成绩录取。

总体来说，海南专升本报考条件比较平常，对海南户籍、在外地专科毕业的学生来说，多一次考试机会。考试科目不算特别多，只要复习三科就好。学生不能跨考专业门槛比较高的专业，像计算机、会计、法学等，这类专业对专科专业有要求。而旅游管理、酒店管理、人力资源管理这类专业是没有要求的，可以随意跨考。

海南本省学校比较少，但招生的学校层次相对不错，像海南师范大学、海南医学院等。学生只能报考一个学校一个专业，风险稍大。从全国来看，海南本身不算高考竞争激烈的省份，专升本也是偏容易的省份。另外，仅海南医学院有口腔医学和临床医学专业的招生计划，2023年分别招收15人和70人。专升本考试中，临床医学专业招生人数在全国还算比较多的，尤其是考虑到海南的学生数量本身并不多的情况。

湖北省专升本情况

湖北专升本考试，湖北省内专科应届毕业生即可报考。各个学校自己公布招生计划，每个考生选定一个学校的一个专业进行报考，部分学校报考限制专科专业，部分学校不限制，但医学类专业必须和专科专业一致。考试科目分为公共课和专业课。公共课只考英语一门，全省统考。专业课是各个招生学校自己确定考试科目，自己命题，自己阅卷。最终根据成绩录取。

总体来说，湖北专升本考试的报考要求比较平常。但只能选定一所学校的一个专业，学生需要自己了解准备报考的学校的考试科目，早做准备。考试科目比较少，全省只统考一门英语，专业课考试一般学校会考两门。湖北大多数学校的理工类和财经商贸类专业限制专科专业，其他专业一般没有限制，属于比较容易跨专业报考的省份。招生的学校层次适中，也有长江大学、湖北中医药大学等几所省重点学校。学生只能报考一所学校的一个专业，风险稍高。

从全国来看，湖北属于专升本偏容易的省份。另外，口腔医学专业有湖北科技学院、荆楚理工学院招生，2023年普通招生计划分别招收106人和183人。临床医学专业有湖北医药学院、湖北科技学院、湖北理工学院、荆楚理工学院、湖北恩施学院、三峡大学科技学院、湖北医药学院药护学院7所学校招生，2023年普通招生计划一共为715人。口腔医学和临床医学两个专业，湖北省的招生计划在全国算是非常多的。在专科段，想学口腔医学和临床医学的家长，可以重点关注湖北的学校。

湖南省专升本情况

湖南专升本考试，省内专科应届毕业生即可报考。报名需要根据省教育考试院发布的专科专业和本科专业的对应表来报考。先填志愿，后考试。每人只能报考一所学校的一个专业。2023年及以前，考试是由各个招生学校自己组织，自己命题。但在2024年及以后，是由全省统考和学校自主命题考试结合。大学语文、高等数学、大学英语三门公共课，是全省统考，根据专业不同选考其中的两门，专业课还是由各学校自己组织。

总体来说，湖南专升本考试的报考要求比较平常。报考的专业可以"小跨"，但不能"大跨"。比如，电力技术类只能考能源动力类、电气类、自动化类、水利类专业，其他专业不能报考。2024年公共课实行全省组织统考后，会更加公开透明，但考试科目有所增加。接收专升本学生的学校数量比较多，省内除湖南师范大学、湘潭大学以外的所有省属本科学校都进行招生，包括长沙理工大学、南华大学、湖南科技大学等比较不错的省重点学校。从全国来看，湖南属于专升本偏难的省份。另外，口腔医学专业有长沙医学院、湖南医药学院招生，2023年分别招生60人、33人。临床医学专业有湘南学院、长沙医学院招生，2023年普通招生计划分别招收96人、60人。

江西省专升本情况

江西专升本考试，省内专科应届毕业生即可报考。报考时要根据省教育考试院发布的专科和本科专业对应表来报名。考试科目分为公共基础课和专业基础及技能课，对公共基础课来说，所有专业都考政治、英语、信息技术三门科目的综合卷。专业基础及技能课考一门，根据报考的专业类别来定。成绩出来后，按类别划线，过线考生可以填报志愿。"一个学校＋一个专业"作为一个志愿，共可以填40个平行志愿。最后根据成绩录取。

总体来说，江西专升本考试的报考要求比较平常。报考的专业可以"小跨"，不能"大跨"，基本只能报考与专科专业相近的本科专业。所有科目全省统考，比较透明，报考专业属于同一类的都考同一门课。比如，报考工学门类和理学门类的专业，全部考的是高等数学及其应用。招收专升本的学校数量比较多，学校层次也不错，有江西财经大学、南昌航空大学、华东交通大学等省重点大学。从全国来看，江西属于专升本偏容易的省份。另外，临床医学专业有宜春学院、九江学院招生，招生计划分别是25人、30人。口腔医学专业没有学校招生。

重庆市专升本情况

重庆专升本考试，市内专科应届毕业生即可报名。招生计划由各个招生学校自己发布，招生的专业对专科专业的要求，不同学校不一样。报考时按类别进行报考，一共分普通文科类、普通理工科类、计算机类、英语类、艺体类、小语种类六个类别。考试科目分成文科类和理科类，文科类考计算机基础、大学英语、大学语文，理科类考计算机基础、大学英语、高等数学。由教育考试院发布考试大纲，全市统考。除统考外，招生学校可以根据需要，单独组织加试，加试成绩不能超过总成绩的30%。成绩出来后，根据类别分别划线，过线考生可以填报志愿。投档方式是平行投档，由教育考试院在填报前发布，最终根据投档情况录取。

总体来说，重庆专升本考试报名要求比较平常。各个学校的各个专业，把接收的专科专业要求列得比较详细，报考专业可以"小跨"，不能"大跨"。考试科目比较简单，只考计算机基础、大学英语、大学语文或高等数学三门课，全市统考，比较透明。填报志愿是平行投档，报考失误导致滑档的风险比较小。招生的学校层次不是特别高，但也有重庆邮电大学、重庆师范大学等几所比较不错的学校。从全国来看，重庆属于专升本偏容易的省市。另外，口腔医学、临床医学专业，没有学校招生。

贵州省专升本情况

贵州专升本考试，省内专科应届毕业生即可报考。考试科类分成文史类和理工类。文史类考大学语文、英语、专业课。理工类考高等数学、英语、专业课，艺术体育专业可以任选一个科类参加考试。其中大学语文、高等数学、英语三个科目统考。统考后划线，过线考生可以填报志愿。填报志愿只能填报一个学校和一个专业，填报专业时，要根据省招生考试院发布的本科专业和专科专业对应表来填。填报专业后，招生院校审核学生报考的专业是否符合要求，并命题，组织专业课考试。专业课考试后，再次划线，根据统考科目成绩和专业课考试成绩，综合排序，最终录取。

总体来说，贵州专升本的报考要求比较平常。报考专业时，跨专业可以"小跨"，不可"大跨"。比如，电力技术类只能报考电气类、自动化类、水利类、公共管理类专业。填报志愿，只能报考一所学校和一个专业，风险稍大。招生学校数量相对较少，但招生学校层次不算太低，有贵州师范大学、贵州医科大学、贵州财经大学等省重点大学。从全国来看，贵州属于专升本偏难的省份。另外，口腔医学专业有贵州医科大学招生，2023年招生计划为50人。临床医学专业有贵州医科大学和遵义医科大学招生，2023年分别招生310人和100人。临床医学专业的招生计划，和其他省市相比是比较多的。

四川省专升本情况

四川专升本考试，在2024年开始实行新政策。新政策要求报考人不仅是省内专科应届毕业生，还需要专科阶段的专业成绩在同年级同专业的前

40%。考试分为理工农医类和非理工农医类两个类别进行。理工农医类考高等数学、大学英语、计算机基础，非理工农医类考大学语文、大学英语、计算机基础，所有科目全省统考。成绩公布后按类划线，过线考生可以填报志愿。每个考生可以填报 30 个志愿，"一个学校＋一个专业"作为一个志愿。最终根据投档情况录取。

总体来看，四川专升本在 2024 年开始实行的新政策，让报考条件更加严格，学生需要在专科期间努力把成绩保持在同专业前 40%。考试科目比较少，只有三科公共课，没有各个专业的专业课。报考专业可以"小跨"，不能"大跨"。填报志愿可以填 30 个志愿，降低了填报失误滑档的风险。招生学校数量比较多，但招生学校层次不高。从全国来看，四川往年的专升本难度属于偏容易的一档。另外，临床医学只有攀枝花学院、成都大学招生，2023 年分别招收 100 人、60 人。口腔医学没有学校招生。

云南省专升本情况

云南专升本考试，省内专科应届毕业生即可报考。报名时根据省招生考试院发布的专科专业和本科专业对应关系的类别报名，不能跨类别报名。考试科目有三门，两门公共课和一门专业课。理工农医专业一般考高等数学、公共英语、专业课，人文社科专业一般考大学语文、公共英语、专业课。所有科目全省统考。成绩发布后，根据类别划线，过线考生可以填报志愿。"一个学校＋一个专业"作为一个志愿。每个考生最多填报 20 个志愿。平行投档，最终根据投档结果录取。

总体来看，云南专升本报考要求比较平常，考试科目比较少，仅考三科。全省统考，比较公开透明。可以跨考，但是只能"小跨"，不能"大跨"。

比如，机械、电气、计算机，这是三个类别，不能跨类别报考。普通志愿可以填 20 个专业，报考失误导致的滑档风险比较小。云南本省高校资源比较少，所以招生学校数量比较少，但也有昆明理工大学、云南农业大学等省重点学校。从全国来看，云南专升本难度适中。另外，口腔医学和临床医学专业没有公办学校招生，只有昆明医科大学海源学院招生，2023 年口腔医学、临床医学专业招生计划分别是 30 人和 700 人。临床医学专业的招生人数在全国属于特别多的。但昆明医科大学海源学院作为民办学校，学费也是比较贵的，口腔医学和临床医学专业每年学费 25000 元，三年本科就需要 75000 元，也是不小的花费。

甘肃省专升本情况

甘肃专升本考试，省内专科应届毕业生即可报考。和其他省份不同的是，如果在校期间学业综合成绩排在本专业的 3%，可以免试升本科。统考报考时要根据省教育考试院发布的专科专业类和本科专业类对照表报考，不能跨类报考。考试全部科目都是省统考，考试科目分为文化素质、专业基础。文化素质考计算机、英语，专业基础根据报考的科目类别而定。成绩出来后划线，过线考生可以填报志愿。每个考生最多可以填报 6 所学校，每个学校 6 个专业志愿，平行投档。填报时需要根据发布的本科专业大类填报，不能跨报。最终，根据投档结果录取。

总体来看，甘肃专升本报考条件比较平常，仅要求省内应届。在此之上，对比其他省份，多了一个依靠专业成绩拔尖，保送升本科的机会。但是保送升本科要求在校期间学业综合成绩排在本专业的 3%，比较难，大部分学生还是要参加统考的。考试科目比较少，仅有三门。报考专业可以跨专业，只能"小跨",不能"大跨"。但在全国来说,也是跨专业比较宽松的。比如,专科电子信息大类下的所有专业都可以报考电子信息相关、计算机相关专业。填报志愿采用的是以学校为单位投档的平行志愿,降低了因为填报失误导致滑档的风险。

甘肃高校资源较少,招收专升本的学校数量也比较少,但也有兰州理工大学这种省重点大学。从全国来看,甘肃属于专升本难度偏容易的省份。另外,临床医学专业2023年只有河西学院和甘肃医学院招生,河西学院招生35人,甘肃医学院招生人数未知。口腔医学专业没有学校招生。

内蒙古自治区专升本情况

内蒙古专升本考试,区内专科应届毕业生即可报名。报考专业需要根据该地教育考试院发布的专科专业和本科专业对应表来报考。各个学校自行发布招生章程。考试科目分为公共课和专业基础课。公共课考语文基础、思想政治理论、外语(英语、日语、俄语)、计算机基础。专业基础课根据专业类别而定,共有8大类,分别是文史哲法类、经管类、理工类1、理工类2、农林生物医药类、艺术类、医学类、教育类。成绩出来后,各科类分别划线,过线考生可以填报志愿。"一个院校+一个专业"作为一个志愿,每个考生最多可以填报8个平行志愿,最终根据投档结果录取。

总体来说,内蒙古专升本报名要求比较平常。报考专业可以在类别范围内跨专业报考。比如,机电一体化技术可以报考电气工程及其自动化、机械电子工程、机械设计制造及其自动化3个专业。考试科目比较多,一共有五门课。最多可以填8个平行志愿,降低了因报考失误滑档的风险。内蒙古高校资源较少,招收专升本的学校数量也不多,但仍然有内蒙古工业大学、内蒙古医科大学等不错的高校招生。从全国来看，内蒙古属于专升本偏容易的省份。另外，临床医学专业有内蒙古民族大学、内蒙古医科大学、包头医学院招生，2023年普通招生计划分别为7人、36人、10人、36人。口腔医学专业仅有包头医学院招生，2023年招收12人。

宁夏回族自治区专升本情况

宁夏专升本考试，区内专科应届毕业生即可报名。报考的专业需要和自己的专科专业相同或相近。考试科目分为文史类、理工类。文史类考大学语文、大学英语，理工类考大学英语、高等数学。成绩发布后划线，过线考生可填报志愿。填报志愿采用的是顺序投档，同一个专业可以填3个学校志愿。最终根据投档结果录取。

总体来说，宁夏专升本政策经过修改后，取消了生源学校推荐参加升本考试的要求，变得更加宽松，对考生来说是好消息。考试科目比较少，只需要考两科，学生的备考压力较小。填报志愿时，使用的是顺序志愿投档，这种投档方式下，学生的第一志愿非常重要。宁夏高校资源较少，招收专升本的学校层次不高。口腔医学、临床医学专业，只有宁夏医科大学招生，2023年招生计划分别为13人、24人。

青海省专升本情况

青海专升本考试，仅有青海大学、青海师范大学、青海民族大学3个学校招收，每个学校各自发布招生计划,学生根据学校发布的招生计划报名，参加考试，根据成绩录取。省内专科应届毕业生，或有青海户籍的省外专科应届毕业生即可报考。报考时只能报考一个专业，且需要和自己的专科专业相近或相同。

陕西省专升本情况

陕西专升本考试，要求考生为省内专科应届毕业生，且学校组织的专业课考核成绩都合格。招生计划实行"先报名，后编制"的管理办法。报名时考生要根据发布的专科专业和本科专业对应表，选择一个本科专业进行报考。考试科目分为两类：文史、医学、艺术类，考大学英语、大学语文；理工类考大学英语、高等数学。成绩出来后划线，过线考生，可以填报志愿。每个考生最多可以填报 10 个学校，平行投档。最终根据投档结果录取。

总体来说，陕西专升本报考要求比较正常，能报考的本科专业和专科专业要相近，属于可以跨专业报考，但不能"大跨"。考试科目比较少，只考两门，备考压力相对小一些。在报名时就要确定报考的专业，可以报考多个学校，不能报考多个专业。陕西接收专升本的学校数量中等，学校层次整体不高，2023年西安邮电大学已经不招收专升本学生了。从全国来看，陕西属于专升本偏容易的省份。另外，口腔医学和临床医学专业，只有西安医学院一所学校招生，2023 年口腔医学、临床医学专业分别招收 35 人、37 人。

西藏自治区专升本情况

西藏专升本考试，招生学校仅有西藏大学、西藏民族大学、西藏农牧学院三所，招生对象是区内专科应届毕业生，学生根据发布的专科专业和本科专业对应表，选择一个学校的一个专业报考。考试科目为大学语文、大学英语、专业基础3门。考试由学生生源学校组织，命题由该地教育考试院统一进行命题。成绩出来后划线，过线考生根据分数排序录取。

新疆维吾尔自治区专升本情况

新疆专升本考试，区内专科应届毕业生即可报名。报名时要根据专科专业和本科专业对应表报考，最多填报6个志愿。考试科目是政治、语文两门公共基础课。成绩出来后划线，过线考生可以投档，投档是平行投档，最终根据投档情况录取。

总结

以上是各省、自治区、直辖市的专升本政策，虽然很多地方可以跨考，但是医学类专业是绝对不能跨考的，专科专业和本科专业必须完全相同。比如，专科护理想考临床，这是报不了的，只能考护理或助产。除了这些政策，各省对退役大学生士兵和参加技能大赛获奖学生，一般都有免试专升本的机会，如果上大学以后准备要当兵，自己身体条件也符合军队体检的，可以考虑在大学期间入伍，以后专升本会有很大优势。另外，很多省份允许本省户籍、在外省学校上学的学生，回本省参军入伍退役后，报考本省的专升本考试。对原建档立卡贫困家庭高职（专科）毕业生，很多省份也有专项的招生计划，升本时会有一定优势。

第四章 报考技巧篇

解决不会填报技巧的问题

导言

这一章介绍的内容是填报志愿的具体规则，以及在不同规则下填报志愿的技巧。目前全国志愿填报模式分成三种，分别是院校+专业组模式、专业+院校模式、老高考模式，不同省份、不同批次采用的模式不同，在报考时要看清当年自己省份招生录取工作实施方案文件，里面会详细说明各位考生所在省份都有哪些批次，采用的是哪一种报考模式。本章介绍的"专科段报考的原则""专科能报考的批次""平行志愿、顺序志愿是什么？""分数、位次哪个重要？"是全国所有报考模式下都要用到的，所以所有省份的考生都应该看。而后面的"专业组模式填报志愿的技巧""专业+院校模式填报志愿的技巧""老高考模式填报志愿的技巧"，各位考生可以根据自己省份和自己准备报考的批次采用的报考模式，来看对应的内容即可。比如，自己省份是采用专业组模式报考，那就不用看专业+院校模式、老高考模式的填报规则及技巧。

专科段报考的原则

不管是报本科还是专科志愿，大家可能都有这样的疑问：到底是优先专业、学校，还是地域？这一节内容，我们就来说一下这个问题。

就专科段来说，优先选专业，其次看省份，最后看学校和城市。

为什么要优先选专业？

专业决定了学生未来从事的行业和岗位，而行业和岗位决定了学生未来的发展。专科和本科培养模式不一样，本科一般是往学术方向培养，宽口径，有的学校还会有交叉培养，还会开双学位项目，学校会把某一个专业领域各个方向的内容都教给学生，给学生打下一个基础，至于学生学了这些以后，未来具体从事哪个方向的研究，做什么职业，看个人的兴趣和志向。比如说，本科学的是自动化专业，考研的时候有"控制科学与工程"一个一级学科，加上"控制理论与控制工程""检测技术与自动化装置""系统工程""模式识别与智能系统""导航、制导与控制"五个二级学科可以报考，每个学科下的导师研究方向还不同。并且本科生考研的时候，除了医学类专业外，跨考基本不受限制，完全可以跨到相近或完全不相近的其他专业。

但是，专科生的培养模式就不一样了。专科的全称是高等职业教育，培养方向非常明确,每个专业都针对某一个特定的职业,所以专业基本就对应了未来的行业和岗位,并且在专升本的时候,绝大多数省份要求报考的本科专业和专科专业相同或相近,不能随意换专业。

行业和岗位决定了人的生活方式。比如,在工作时间上,有的岗位需要倒班工作,有的需要经常加班,有的需要值夜班。工作环境上,有的岗位需要在工厂车间工作,有的岗位在办公室办公,有的岗位在户外工作。更不用说行业发展前景、薪资待遇等各种因素。

总之,专科的专业决定了未来的行业和岗位,而行业和岗位决定了人的生活方式,所以专科段报考,选专业是最重要的。

为什么还要选省份?

当我们选好了专业后,第二重要的应该是选省份,因为涉及专升本升学。这一点和本科报考又不一样,本科报志愿,选城市就行,不用在意省份。因为本科生考研的时候,可以考全国所有省份的学校,与考同一个学校同一个专业的全国学生一起竞争。比如,同样是考南京大学某个专业,在新疆乌鲁木齐报名考,和在江苏南京报名考,没有区别,就看谁考得好。

但是专科升学的专升本考试可不是这样的,我们在前面介绍过,专升本是以省(直辖市以市)为单位组织的。全省考同一个专业的学生一起竞争,而且只能考专科学校所在省份的学校。所以,对绝大多数省份的学生来说,专科报志愿报到哪个省份,三年后专升本就只能在那个省份升本(除了一些允许考到外地的本省户籍学生报考的省份)。由于每个省份专升本的政策、专升本难度、跨专业的范围、招生计划多少、招生学校层次高低等都不一样,所以专科考到的省份对专科生未来升学的影响是很大的。因此,专科报志愿第二应该看省份。

在专业和省份都选好以后,再来选学校和城市,这两个因素综合来权衡即可。具体的筛选维度可以参考学校篇和地域篇讲的大原则,这里就不再重复了。

专科能报考的批次

这一节的内容不仅包含了高考报志愿批次,也有高职单招(春季高考)的介绍。了解这些上专科的升学路径,是报好志愿的基础。

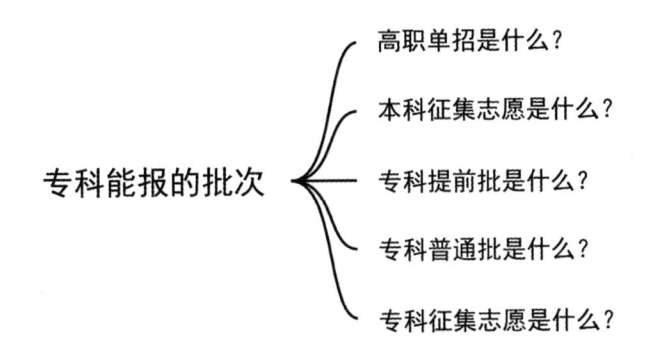

专科能报的批次
- 高职单招是什么?
- 本科征集志愿是什么?
- 专科提前批是什么?
- 专科普通批是什么?
- 专科征集志愿是什么?

高职单招是什么?

高职单招是在高考之前(大约高考前两个月),各高职院校单独组织考试、录取的一种升学途径,在有的省份也叫作春季高考,目的是让各个高职院校提前锁定优质生源。高职单招的考试内容比较简单，有的学校是笔试，主要考查语文、数学、英语等文化课，有的学校是职业适应性测试或面试等。

如果被录取，那么就不需要参加后面的高考了；如果没被录取，那么还可以参加高考统招。通过单招录取的学生，在学校内除了转专业可能会受限外，和通过高考统招录取的学生几乎没有任何区别。如果分数已经确定达不到高考本科线，且可能在专科段都选不到好专业，那么可以准备参加单招考试，在单招时选一个好专业，也是不错的选择。

比如，辽宁铁道职业技术学院的铁道供电技术专业，2023年在辽宁省物理组高考最低录取分数是429分，而单独招生录取分数最低是421分。参考这个数据，如果在辽宁省参加高考的考生预判自己高考时有很大概率考不上辽宁铁道职业技术学院的铁道供电技术专业，又很想上这个专业，就可以报考单招。辽宁铁道职业技术学院单招考试只考语文（满分150分）、数学（满分150分）、英语（满分100分）、职业适应性测试（满分150分）四门科目，考试题目难度比高考低得多。另外，部分省份高职单招录取后，不允许参加高考，具体各个省份的政策，需要查看当年发布的官方公告。

本科征集志愿是什么？

本科征集志愿是在本科普通批次录取结束后，一些由于没有招满学生或者是因为学生退档，导致专业名额空缺出来的学校和专业针对没被录取的学生进行的补录。一般来说，只有本科线上没被录取的学生才能报考，但是有的省份征集志愿时，本科录取线以下一定分数的学生也能报考。也就是说，没过本科线，也有一定的机会上本科，但是这种概率比较小。

比如，山东省常规批第一次志愿填报，只能一段线（本科线）上的考生才能填报。第二次志愿填报，一段线、二段线（专科线）上的考生都可以报考。每年都会有一些学校，由于第一次志愿填报退档而产生空缺的招生计划，这些计划没过本科线的考生也可以填报。当然这些专业一般都不是热门专业。比如，下表中的北京化工大学的生物工程专业、中国农业大学的水产养殖学专业、内蒙古工业大学的安全工程专业等。如果能接受这些学校和专业，就可以报考，但是一般来说，录取的概率不大，因为有很多分数在本科线上，已经滑档的考生会选择报考。

山东省2023年普通类常规批（本科）第二次志愿院校专业计划表（部分）

院校代号	院校、专业（类）名称及备注	考试科目要求	学制（年）	计划数	年收费（元）
A010	北京化工大学			1	
	14生物工程（中外合作办学）（中美双学位、生物过程工程）（较高收费专业，合作方：美国纽约州立大学环境科学与林业学院，高考文化成绩须不低于特殊类型招生控制线）(退档后缺额计划)（不招色盲、色弱考生）	物理和化学	4	1	50000
A019	中国农业大学			1	
	33水产养殖学（新生到北京报到，集体安排在双清路1号住宿。在北京完成第一年学习后，从第二年起到我校烟台研究院进行教学和实习至毕业。不得转入此类型以外专业)(退档后缺额计划)（不招色盲、色弱考生）	物理或化学或生物	4	1	3000
A081	华北理工大学			1	
	11过程装备与控制工程（退档后缺额计划）（不招色盲、色弱考生）	物理	4	1	4900
A110	中北大学			1	

续表

院校代号	院校、专业（类）名称及备注	考试科目要求	学制（年）	计划数	年收费（元）
	09 过程装备与控制工程（退档后缺额计划）（不招色盲、色弱考生）	物理	4	1	5500
A128	内蒙古工业大学			1	
	19 安全工程（退档后缺额计划）（不招色盲、色弱考生）	物理和化学	4	1	4600
A129	内蒙古农业大学			1	
	C2 制药工程（退档后缺额计划）（不招色盲、色弱考生）	物理或化学或生物	4	1	4600

专科提前批是什么？

专科提前批是专科录取批次的一部分，投档录取在普通批之前。如果在专科提前批被录取，就不会被后面的专科普通批录取。专科提前批一般有定向培养军士、公安、司法、航海、需面试的乘务类以及一些省份特有的农技特岗生、水利特岗生、林业特岗生、订单定向医学生和其他有签约要求的专业。不同省份包含的专业也不同，其中有一些属于毕业就分配工作的。比如，定向培养军士、订单定向医学生、各类特岗生等，其中提前批公安类专业可以参加公安联考，所以也可以算毕业就有工作的专业。

专科提前批招生的定向培养军士，原来叫作定向培养士官，是 2012 年开始的一项为部队培养军士的招生政策。由部队提出用人需求，委托专科院校进行培养，单独编班，一共三年学制，前两年半在专科学校学习，最后半年入伍实习，毕业后进入定向的部队，以军士身份服役。比如，武汉交通职业学院有专门的军士学院，来专门培养定向军士生，见下表。

武汉交通职业学院军士学院部分专业招生计划（部分）

学院	招生专业	招生类别	科类	批次	招生人数
军士学院	轮机工程技术（面向陆军，限男）	普高	文科、理科	高职高专提前批	15
	船舶电子电气技术（面向陆军，限男）	普高	文科、理科	高职高专提前批	15
	航海技术（面向陆军，限男）	普高	文科、理科	高职高专提前批	15
	机电一体化技术（面向战略支援部队，限男）	普高	文科、理科	高职高专提前批	15
	无人机应用技术（面向战略支援部队，限男）	普高	文科、理科	高职高专提前批	35
	现代通信技术（面向战略支援部队，限男）	普高	文科、理科	高职高专提前批	47
	现代通信技术（面向战略支援部队，限女）	普高	理科	高职高专提前批	3
	计算机网络技术（面向战略支援部队，限男）	普高	文科、理科	高职高专提前批	32

专科公安院校的公安类专业，在各个省份都是提前批次招生的。报考时要注意，只有放在提前批次招生的公安类专业才能在毕业时参加公安联考，其他都不可以，这一点很重要。

其他毕业就有工作的专业，定向的岗位一般都是在县、乡镇的基层单位，而且还有五至六年的服务期限制，服务期内不能辞职。比如，辽宁省的订单定向医学生是在提前批次填报，在辽东学院培养，毕业后分配到省内各市欠发达地区的乡镇卫生院，学费全免，还享受一定的生活补助，毕业后确定有编制，但是有六年服务期。

这类定向的专业，主要看家长和考生能否接受定向的地点和工作，能接受就可以报考，不能接受就不建议报考。

专科普通批是什么？

专科普通批，就是大多数专科生要报考的批次，本省和外省给的招生计划，大部分都在这个批次进行招生，只有在专科提前批没有被录取，才能在普通批被投档。其中除了普通的专科专业外，还有3+2贯通培养专业、中外合办专业。

专本贯通培养专业是什么？

3+2贯通培养专业，这类专业在招生时会写明"与某大学联合/贯通培养"。这类联合或贯通培养的模式是：在专科学习三年后，毕业通过简单考核后升入对应的本科，不需要参加统招的专升本考试，所以分数一般也比较高。比如，武汉职业技术学院与武汉轻工大学专本联合培养的软件技术专业，2022年在湖北省物理组最低录取分数是427分，而武汉职业技术学院普通的三年制的软件技术专业是409分，前者比后者多了18分。

武汉职业技术学院3+2专本联合培养专业

院校专业组号	专业组名称	专业代号	专业（类）名称	省内计划数	学费标准（元）
C51310	中外合作办学	85	建筑装饰工程技术（中外合作办学）	5	16800
		86	建筑工程技术（中外合作办学）	15	16800
		87	大数据技术（中外合作办学）	30	16800
		88	连锁经营与管理（中外合作办学）	10	16800
		89	旅游管理（中外合作办学）	5	16800
		90	数字媒体艺术设计（中外合作办学）	10	16800
C51311	3+2专本联合培养	91	软件技术（专本联合培养计划，与武汉轻工大学联合培养）	70	5000

中外合办专业是什么？

专科批的中外合办专业，是国内的专科学校和一些外国学校合办的专业，有3+0模式、2+1模式等。3+0是三年全部在国内的专科上学。2+1是前两年在国内专科上学，最后一年需要出国，到外方的学校学习。这类专业的特点是：第一，学费高；第二，会学更多外语课程；第三，部分学校有机会出国学习，拿到外方合作学校的学位证。这类专业由于学费高，所以分数比普通的专业会低一些。每个学校的中外合办专业培养方案不同，报考时要看好学校的说明或拨打招生办电话进行确认。

专科征集志愿是什么？

当专科普通批录取结束后，部分学校由于没招满或者有退档导致的部分专业有名额空缺，这些有专业名额空缺的学校，对没被录取的考生进行的补录就是征集志愿。只有专科普通批没有录取的学生，才可以填报。所以往往在普通批次滑档或退档的学生才会报征集志愿。一般来说，热门专业都会在普通批次被招满，征集志愿剩下的专业往往是大家不愿意报考的专业，也就是所谓冷门专业。所以，尽量不要让自己落到需要报征集志愿的地步。如果征集志愿再没被录取，那几乎就连专科学校都没机会上了。

平行志愿、顺序志愿是什么？

平行志愿、顺序志愿是两种投档规则，是报志愿非常重要的基础知识，各个省份都会用到，如果只报考平行志愿投档的批次，不报考顺序志愿投档的批次，那么可以不看顺序志愿投档规则部分的内容。

电子档案是什么？

高考结束后，省教育考试院会把学生的基本信息、高考成绩、志愿信息、体检信息、高中学业水平考试成绩信息等汇总，作为学生的电子档案。学校录取时会看学生的电子档案，判断学生是否符合学校录取的标准。比如，可以通过体检信息看出学生有没有色盲、色弱，是否符合专业的录取条件。

投档是什么？

"投档"指教育考试院根据考生填报的志愿表，把电子档案投递给高校的过程，只有电子档案成功投递进高校，才算投档成功。在这个过程中，有两种投档规则：平行志愿投档和顺序志愿投档。

各个省份的专科普通批投档采用的是平行志愿，专科提前批部分省份采用平行志愿，部分省份采用顺序志愿。

平行志愿是什么？

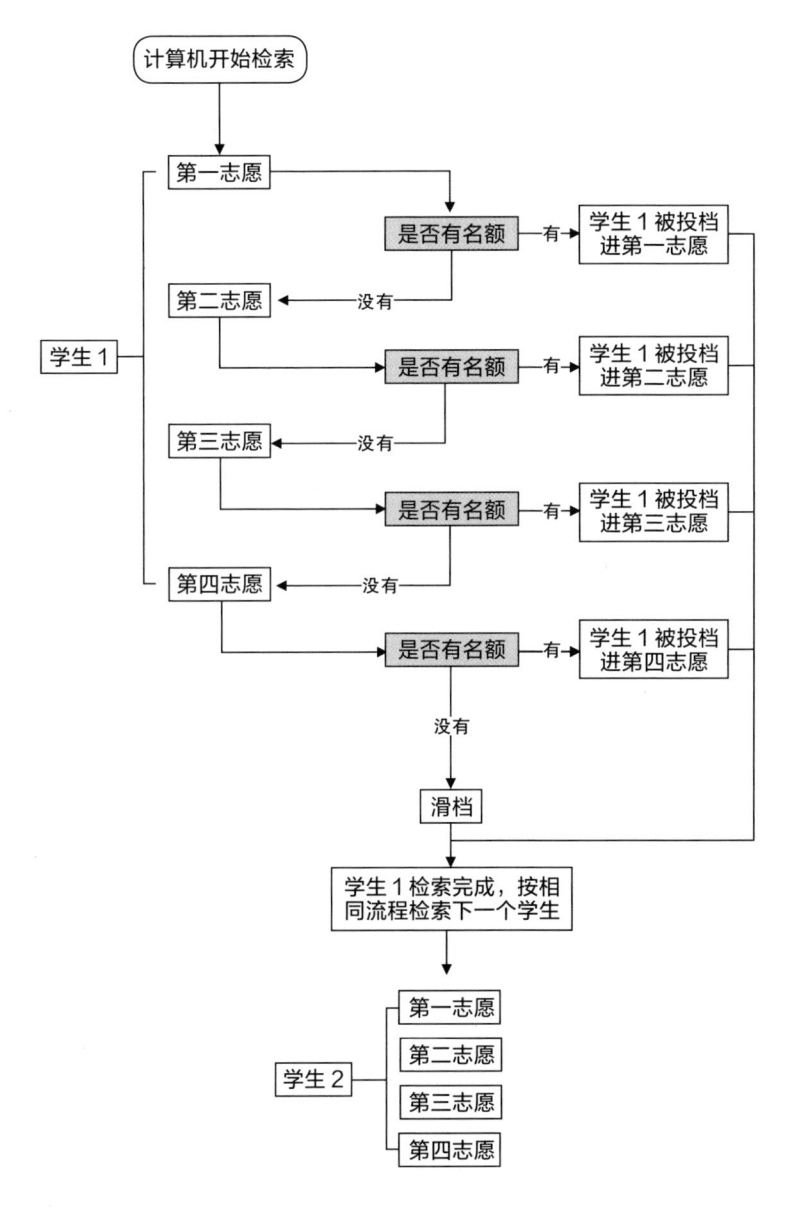

平行志愿投档规则下，计算机检索流程图

平行志愿也可以叫作分数优先规则，具体的投档规则是：所有考生位次排名从上到下排，计算机优先检索位次高的考生，按照考生的志愿表，从第一志愿开始，从上到下依次检索，投档进某一个志愿或所有志愿检索完成，则投档结束。前一个人投档结束以后，才能检索下一个人的志愿表。

举个例子，一个考生考了全省第 30000 位，志愿表填了 ABCDEFG 等多个志愿。那计算机会先把比他位次高的第 29999 个人都投档完成以后，再来检索该考生的志愿表，给他投档。等到计算机给他投档的时候，会首先检索他的第一志愿 A，如果第一志愿 A 已经被前面的人占满了，那么会检索他的第二志愿 B，如果第二志愿 B 也已经被前面的人占满了，那会检索第三志愿 C，依次往下检索，直到把该考生的档案投到某一个没有被占满的志愿，或者该考生志愿表上的志愿全部检索完成，就会停止检索。如果志愿表的全部志愿检索完成后，仍然没有被投档成功，那就是滑档。这就是平行志愿（分数优先）。

简单来说，在平行志愿的模式下，同一个学校或专业组，会优先录取分数更高的人。所以，在这种模式下，分数更低的甲同学把 A 放在第一志愿，分数更高的乙同学把 A 放在第二志愿，是会先录取分数更高的乙同学的。乙同学录取以后，A 志愿还有名额，再录取甲同学。乙同学录取以后，A 志愿没有名额了，甲同学就没机会被 A 志愿录取了。所以在平行志愿（分数优先）的投档模式下，大大减少了低分捡漏的机会，保护了高分考生的权益。

顺序志愿是什么？

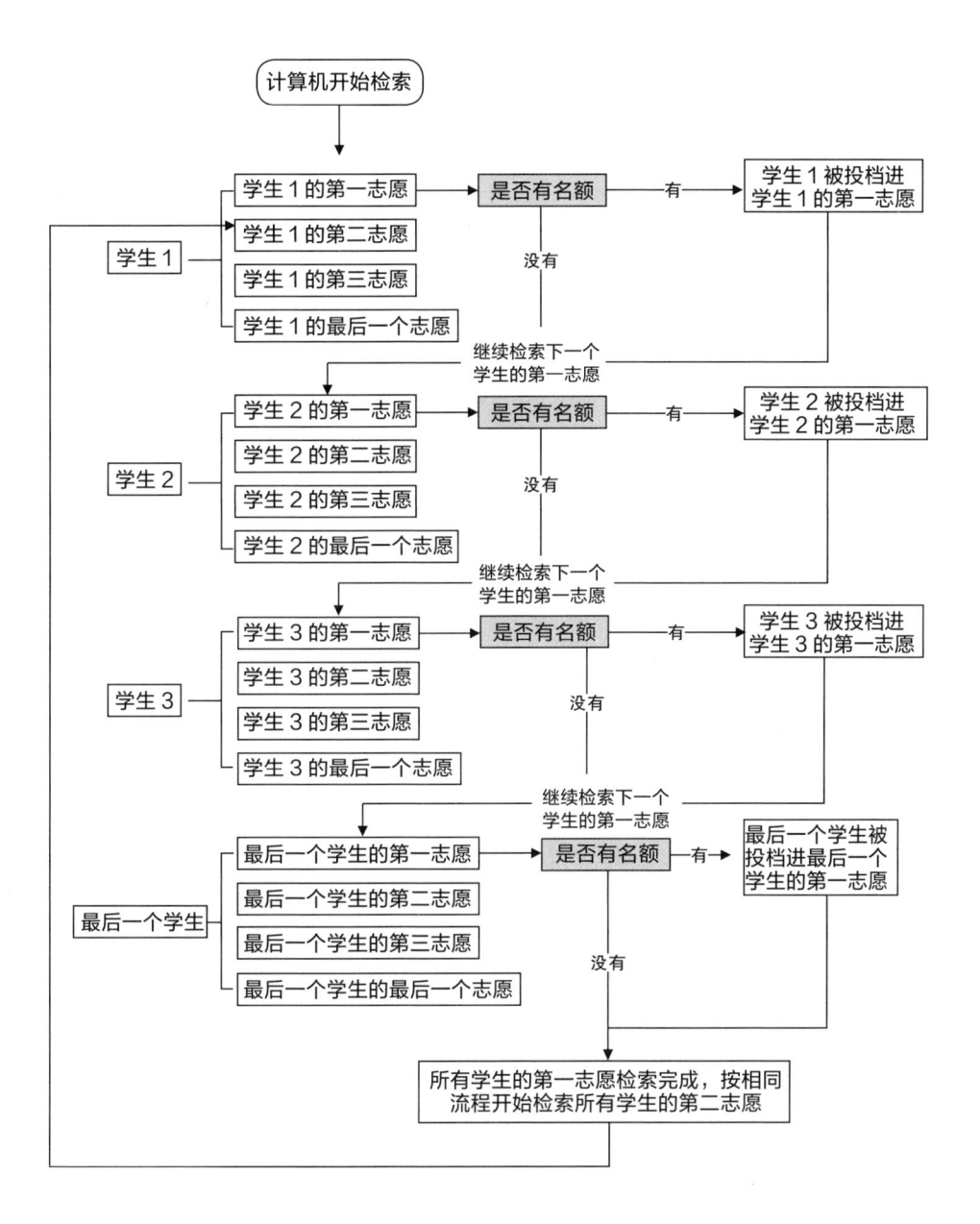

```
                    ┌─────────────┐
                    │ 计算机开始检索 │
                    └──────┬──────┘
                           ↓
         ┌─ 学生1的第一志愿 ──→ 是否有名额 ──有──→ 学生1被投档进
         │  学生1的第二志愿         │                学生1的第一志愿
   学生1 ─┤  学生1的第三志愿        没有
         └─ 学生1的最后一个志愿     ↓
                           继续检索下一个
                           学生的第一志愿
                                ↓
         ┌─ 学生2的第一志愿 ──→ 是否有名额 ──有──→ 学生2被投档进
         │  学生2的第二志愿         │                学生2的第一志愿
   学生2 ─┤  学生2的第三志愿        没有
         └─ 学生2的最后一个志愿     ↓
                           继续检索下一个
                           学生的第一志愿
                                ↓
         ┌─ 学生3的第一志愿 ──→ 是否有名额 ──有──→ 学生3被投档进
         │  学生3的第二志愿         │                学生3的第一志愿
   学生3 ─┤  学生3的第三志愿        没有
         └─ 学生3的最后一个志愿     ↓
                           继续检索下一个
                           学生的第一志愿
                                ↓
              ┌─ 最后一个学生的第一志愿 ──→ 是否有名额 ──有──→ 最后一个学生被
              │  最后一个学生的第二志愿         │              投档进最后一个
  最后一个学生 ─┤  最后一个学生的第三志愿        没有              学生的第一志愿
              └─ 最后一个学生的最后一个志愿    ↓
                                  ┌─────────────────────────┐
                                  │ 所有学生的第一志愿检索完成，按相同 │
                                  │ 流程开始检索所有学生的第二志愿    │
                                  └─────────────────────────┘
```

顺序志愿投档规则下，计算机检索流程图

245

顺序志愿也可以叫作志愿优先规则，具体的投档规则是：所有考生的位次从上到下排，计算机会按位次高低的顺序，把所有人在志愿表上填报的第一志愿检索投档一遍，所有人第一志愿检索投档结束后，会产生两种结果，一部分人被顺利投档进第一志愿，一部分人会由于投档的志愿已经被分数更高的人占满了，所以没有被投档进第一志愿。

此时，计算机会把所有没有投档进第一志愿的人按位次高低再次排序，并把这些人的第二志愿检索投档一遍。检索投档后又会出现两种结果：第一种，投档的第二志愿仍然有名额，那档案会被投档进第二志愿；第二种，投档的第二志愿已经没有名额，那只能等所有人第二志愿投档结束以后，再把剩下来没有投档进的人位次从上到下排，进行第三志愿的投档。按这个流程，检索所有人的志愿表，直到检索结束。如果一个人志愿表上的所有志愿检索完成后，还没有被投档成功，那么投档结束，这个人滑档。

还是用之前的考生举例子，他的位次是第30000位，志愿表填了ABCDEFG等多个志愿。计算机会先把他前面的29999个人志愿表上的第一志愿都检索投档一遍，然后再来检索他的第一志愿A。如果此时A还有名额，那么该考生被投档进A；如果此时A已经没有名额，被前面投档的人占满了的话，该考生只能等待所有人的第一志愿都被检索过一遍后，再进行第二志愿投档。当第一志愿投档结束，没有投档进第一志愿的人，再次按照位次高低来排序，投档第二志愿。等轮到该考生投档时，看他的第二志愿B，如果此时B还有名额，就会被投档进去；如果此时B的名额已经被占满了，那么他只能等待第三志愿投档。按照这个流程，直到所有人的志愿表，都检索完成，投档结束。结束后，如果仍然没有被投档进某一个志愿，那么最后就滑档了。

简单来说，在顺序志愿的模式下，同一个学校或专业组，会优先录取把这个学校或专业组作为第一志愿报考的人，其次才会录取把该学校或专业组作为第二志愿、第三志愿报考的人。所以，在这种模式下，分数更低的甲同学把 A 放在第一志愿，分数更高的乙同学把 A 放在第二志愿，是会先录取分数低的甲同学的。甲同学录取以后，A 志愿还有名额，再录取乙同学。甲同学录取以后，A 志愿没有名额了，乙同学就没机会被 A 志愿录取了。所以在顺序志愿（志愿优先）的投档模式下，学生的第一志愿非常重要。

投档进到哪儿？

对采用院校 + 专业组模式的省份和批次，投档时，档案进入的是学校的某个专业组。对采用专业 + 院校模式的省份和批次，投档时，档案进入的是学校的某个专业。对采用老高考模式的省份和批次，投档时，档案进入的是学校。想报好志愿必须理解投档规则，所以如果这一节看一遍看不懂，就多看几遍，或者用草表模拟梳理几遍，见下表。

江苏省2023年普通高校招生考生志愿草表

江苏省2023年普通高校招生考生志愿草表（一）

【填报普通类本科提前批次军事、公安政法、航海、地方专项计划、乡村教师计划、定向医学生计划、其他院校志愿】

姓名_____ 考生号_____ _____市_____县（市、区）

院校专业组代号	院校专业名称	专业代号	专业名称	是否服从其他专业
1	A	1		
		2		
		3		
		4		
		5		
		6		
2	B	1		
		2		
		3		
		4		
		5		
		6		

分数、位次哪个重要？

这一节讲的也是报志愿的基础知识，每年很多考生就是因为这一节的内容没掌握，导致自己被滑档或调剂的，所以这一节的内容非常重要。

什么是位次？

位次是考生在全省的排名。高考完，每个人都能查到自己的高考分数，教育考试院会根据全省考生的分数,从上到下排。学生考第几名,他的位次就是几。在物理、历史选科分组的省份,物理组、历史组分开排名。比如,2023年湖南省某一个选了物理组的考生考了400分,那么在全省物理组的排名就是184207,位次就是184207,见下表。

湖南省2023年普通高考档分1分段统计表(物理科目组合)(部分)

分数	同分段人数	位次
403	942	181225
402	980	182205
401	1014	183219
400	988	184207
399	974	185181
398	911	186092
397	974	187066

每年的高考,由于题的难易程度不同,出题简单的年份,全省考生分数总体偏高;出题难的年份,全省考生分数总体偏低。所以同样的分数在不同的年份的位次不同,能上的学校和专业是不同的。比如,2023年湖南省物理组,某个学生考了390分,他的位次是193773位;而在2022年湖南省物理组,某个考生考了390分,他的位次是183557位,见下表。

湖南省2023年普通高考档分1分段统计表(物理科目组合)(部分)

分数	同分段人数	位次
392	940	191923
391	939	192862
390	911	193773
389	894	194667
388	952	195619

湖南省2022年普通高考档分1分段统计表（物理科目组合）（部分）

分数	同分段人数	位次
392	846	181880
391	841	182721
390	836	183557
389	845	184402
388	855	185257

对比分数还是位次？

如果对比考生的分数和往年的各学校、各专业的最低投档录取分数来报考，容易产生偏差，很可能会以为自己的分数达到了某个学校某个专业的录取分数线，但其实是不够的。每年出现的报考滑档、调剂的，很多都是这个原因导致的。真正应该对比的是考生的位次和往年各学校、各专业的最低投档录取的位次，这样就不会受到分数偏差的影响。

比如，湖北三峡职业技术学院的口腔医学专业，2022年在湖北省物理组的最低录取分数是390分，2023年在湖北省物理组的最低录取分数是412分。但是两年的最低录取位次都是13万8千位左右。也就是说，如果2023年湖北省物理组的某个考生考了400分，他只对比了2022年湖北三峡职业技术学院的口腔医学专业的分数，一看去年是390分，自己今年考了400分，已经超过了10分，会误认为肯定能够被这个学校的口腔医学专业录取，结果一报考才发现录取不上。

湖北三峡职业技术学院2022年分专业录取情况（部分）

年份	省市	科类	类型	专业	最低分	最低分排名	平均分	最高分	控制线
2022	湖北	物理类	普通高考（17组-普通组）	临床医学	384	--	391	419	--
				药学	384	--	386.4	397	--
				医学检验技术	385	--	388.4	400	--
				医学美容技术	385	--	388.2	391	--
				口腔医学	390	--	398.1	416	--

湖北三峡职业技术学院2023年分专业录取情况（部分）

年份	省市	科类	类型	专业	最低分	最低分排名	平均分	最高分	控制线
2023	湖北	物理类	普通高考（21组-普通组）	临床医学	400	--	408.3	435	--
				药学	400	--	404.8	411	--
				医学检验技术	401	--	406.4	414	--
				医学美容技术	406	--	408.1	411	--
				口腔医学	412	--	419.5	490	--

2023年湖北省物理组一分一段表（部分）

分数	同分段人数	位次
414	675	136411
413	604	137015
412	695	137710

2022年湖北省物理组一分一段表（部分）

分数	同分段人数	位次
391	661	139163
390	664	139827
389	633	140460

上涨下跌要看比例

另外还要注意，即使通过看位次排除了高考题目难易程度的影响，各个专业的位次每年也会有一定比例的上涨或下跌。比如，在湖北省2023年物理组，湖北三峡职业技术学院的动物医学专业最低录取位次比2022年上涨了约4%[1]，计算机网络技术专业最低录取位次比2022年下降了约6%。所以对比自己位次和专业往年位次的时候，还要考虑专业位次上涨下跌幅度的影响，给自己留出一定的安全边际，不能只看位次的绝对数值。比如，自己考了第100000位次，报考第100919位次的学校，乍一看位次好像够了，比往年录取位次多了919位，但是其实换算成比例来看，只比往年的位次多出0.9%，那么这个情况其实是不稳的，尤其是报考的专业是热门专业的情况下，很容易不被录取而被调剂。具体留出多少的安全边际是足够的，要参考招生计划变化、专业的冷热程度等多个因素，没法一概而论。可以参考最近三年的最低录取位次变化来进行判断。以下表为例。

---

[1] 计算方法：（2023年位次 -2022年位次）/2022年位次，下同。

湖北三峡职业技术学院部分专业在湖北省物理组招生录取数据表

2023（招生计划）		2023 物理		2022 物理		2022年和2023年位次变化幅度
院校	专业	最低分	最低位次	最低分	最低位次	
湖北三峡职业技术学院（第16组）	动物医学	390	151559	361	157351	+4%
湖北三峡职业技术学院（第19组）	计算机网络技术	364	166477	362	156781	-6%

专业组模式填报志愿的技巧

2024年前，专科普通批次已经采用"院校+专业组"模式报考的省份有江苏、上海、湖北、湖南、广东、海南；北京市在2023年虽然也采用了专业组模式，但是在专科普通批次采用的是"20个平行志愿，每个志愿设置1所院校1个志愿专业"的模式，所以，等于是"专业+院校"模式报考。2024年第一年新高考报考采用专业组模式的省份可能有黑龙江、吉林、甘肃、安徽、江西、广西；2025年第一年新高考报考的省份，可能采用专业组模式的省/自治区有山西、河南、内蒙古、宁夏、陕西、云南、四川。各位考生可以根据自己的省份，以及自己准备报考的批次来选择是否需要学习这一节的内容。

这一节内容分为两大部分，"专业组模式报考规则""专业组模式报考技巧"，在学习这一节内容之前，请确保自己已经理解了前面讲解的投档规则、位次概念的内容。

专业组模式专科普通批适用的省/自治区 ⎰ 已经适用的：江苏、上海、湖北、湖南、广东、海南
　　　　　　　　　　　　　　　　　　⎨ 2024年开始适用的：黑龙江、吉林、甘肃、安徽、江西、广西
　　　　　　　　　　　　　　　　　　⎩ 2025年可能开始适用的：山西、河南、内蒙古、宁夏、陕西、云南、四川

专业组模式报考规则

专业组是什么

想要了解专业组模式报考的规则，首先我们要理解专业组的概念。什么是"专业组"？专业组是学校根据选科要求及学校自己的考虑，把若干个专业分成的组。一个专业组内最少可能只有1个专业，最多可以有10个、20个甚至更多专业。同一个专业组内的专业，选科要求一定是一样的。各个学校每年专业组内包含的专业会有变化，但是绝大部分变化不大，除非选科要求有大变化，见下表。

无锡职业技术学院2023年江苏省普通高招招生计划表（部分）

院校专业组	代号	所在学院	专业名称	计划数	学费（元/学年）
121104 无锡职业技术学院 04 专业组（不限）	40	汽车与交通学院	汽车检测与维修技术（3+2）	25	5300
	41	外语与旅游学院	商务英语（3+2）	5	4700

续表

院校专业组	代号	所在学院	专业名称	计划数	学费（元/学年）
121105 无锡职业技术学院 05 专业组（不限）	42	机械技术学院	机械制造及自动化	43	5300
	43		数控技术	45	5300
	44		机电一体化技术	73	5300
	45		数字化设计与制造技术	45	5300
	46	控制技术学院	电气自动化技术	40	5300
	47		工业过程自动化技术	40	5300
	48		智能控制技术	40	5300
	49		工业机器人技术	27	5300
	50		电子信息工程技术	31	5300
	51		集成电路技术	19	5300
	52	物联网技术学院	物联网应用技术	36	5300
	53		计算机网络技术	20	5300
	54		软件技术	20	5300
	55		云计算技术应用	36	5300
	56		大数据技术	36	5300
	57		人工智能技术应用	24	5300
	58		工业互联网技术	29	5300
	59	管理学院	工商企业管理	5	4700
	60		市场营销	5	4700
	61		电子商务	5	4700
	62	电子商务	现代物流管理	10	4700
	63		跨境电子商务	5	4700
	64	财经学院	金融服务与管理	10	4700
	65		大数据与财务管理	5	4700
	66		大数据与会计	10	4700
	67	汽车与交通学院	汽车电子技术	20	5300
	68		新能源汽车技术	18	5300
	69		汽车制造与试验技术	17	5300
	70		智能网联汽车技术	17	5300
	71	外语与旅游学院	旅游管理	5	4700
	72		酒店管理与数字化运营	8	4700
	73		商务英语	8	4700
	74		商务日语	5	4700

续表

院校专业组	代号	所在学院	专业名称	计划数	学费（元／学年）
121106 无锡职业技术学院 06 专业组（不限）	75	爱尔兰学院	数字化设计与制造技术（中外合作办学）	6	16000
	76		机电一体化技术（中外合作办学）	7	16000
	77		应用电子技术（中外合作办学）	8	16000
	78		大数据与财务管理（中外合作办学）	2	16000

举个例子，如上表所示，2023年无锡职业技术学院在物理组分了三个组。第一个组名称是04专业组，有汽车检测与维修技术、商务英语两个3+2专转本专业，这两个专业毕业可以直接升入本科，所以放在同一个专业组。第二个是05专业组，有很多专业。第三个是06专业组，只有四个专业，且都是中外合办的专业。

这就是专业组的概念。在"院校+专业组"模式下，每个省不同批次可以报考的专业组数量是不同的。上海专科普通批最多可以填8个专业组，江苏专科普通批最多可以填40个专业组。

专业的录取规则是什么？

讲完了专业组的概念，我们讲一下专业的录取规则，注意，这里说的是专业组内专业的录取规则，和之前讲的投档规则类似，但不是一回事。如果对投档规则不了解，要先去看投档规则那一节。

当我们的档案根据投档规则，投档进入某一个专业组后，还要根据学校的录取规则来确定考生被录取的专业。录取规则有"分数清""专业清"两种。分数清类似于投档时的分数优先，专业清类似于投档时的志愿优先。

绝大部分学校采用的都是分数清，具体采用的是哪种规则，需要在学校当年发布的招生章程中查看。

志愿表单个专业组填报样例

院校专业组名称	专业代号	专业名称	是否服从其他专业
无锡职业技术学院01专业组	1	A	服从
	2	B	
	3	C	
	4	D	
	5	E	
	6	F	

分数清规则是什么？

对采用分数清规则的学校来说，档案进入学校的专业组后，计算机会把进档学生的成绩从上到下排，分数高的学生优先被检索，依次检索学生填报的6个专业，如果填报的第一个专业名额已经被占满了，那么检索填报的第二个专业，如果填报的第二个专业名额也被占满了，那么检索填报的第三个专业，依次检索，直到6个中的某一个专业有名额，就会被那个专业提档，审核档案。如果档案符合专业的报考要求，比如，无色盲色弱、单科分数符合要求等，就会被录取。如果不符合，就会被退档或调剂到其他专业。如果6个专业全部检索结束，还没被任何一个专业提档，就会有以下两种情况出现：第一种，服从了调剂，就会被随机调剂到专业组内的没有被填报的其他专业，一般是大家不愿意报考的专业；第二种，没有服从调剂，就会被退档，退档以后，档案不会被重新投档，不会进入其他专业组。如果是提前批退档，还有后面普通批投档的机会，如果是普通批退档，则只能等着去填报专科征集志愿。这就是分数清（分数优先）的录取规则。

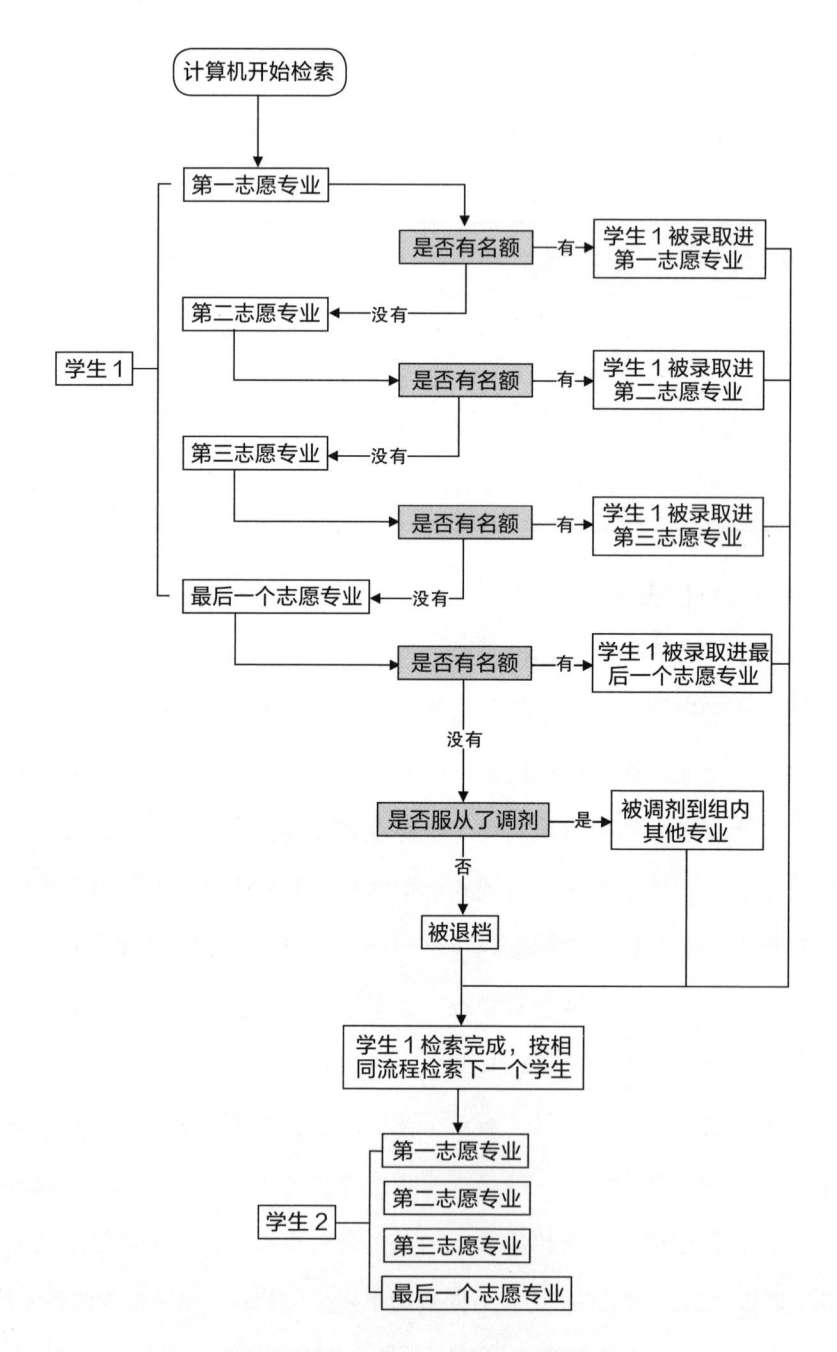

分数清录取规则下，计算机检索流程图

专业清规则是什么？

对采用专业清规则的学校来说，档案进入学校的专业组后，计算机会把进档学生的成绩从高到低排列，依次检索进档的所有考生填报的第一个专业，注意，只是第一个专业！检索时第一个专业有名额，则被该专业提档，并审核档案。如果档案符合专业的报考要求，比如，无色盲色弱、单科分数符合要求等，那就会被录取。如果不符合会被退档或调剂到其他专业。如果填报的第一个专业名额已经被占满了，就要等待后面其他人的第一个专业检索完成后，计算机再把没被第一个专业提档的考生的位次从高到低排列，依次检索这些人填报的第二个专业，填报的第二个专业有名额，则被提档，没有名额，则需要等待后面人的第二个专业检索完成后，再对第二个专业没有被提档的学生的位次从上到下排列，进行第三个专业的检索。按这种流程检索到最后，还没被专业提档录取的学生，会有以下两种情况出现。

第一种，服从了调剂，那就会被随机调剂到专业组内的我们没有填报的其他专业，一般是大家不愿意报考的专业。第二种，没有服从调剂，那么就会被退档，退档以后，档案不会重新投档，不会进入其他专业组。如果是提前批退档，还有后面普通批投档的机会；如果是普通批退档，那只能等着去填报专科征集志愿。这就是专业清（志愿优先）的录取规则。

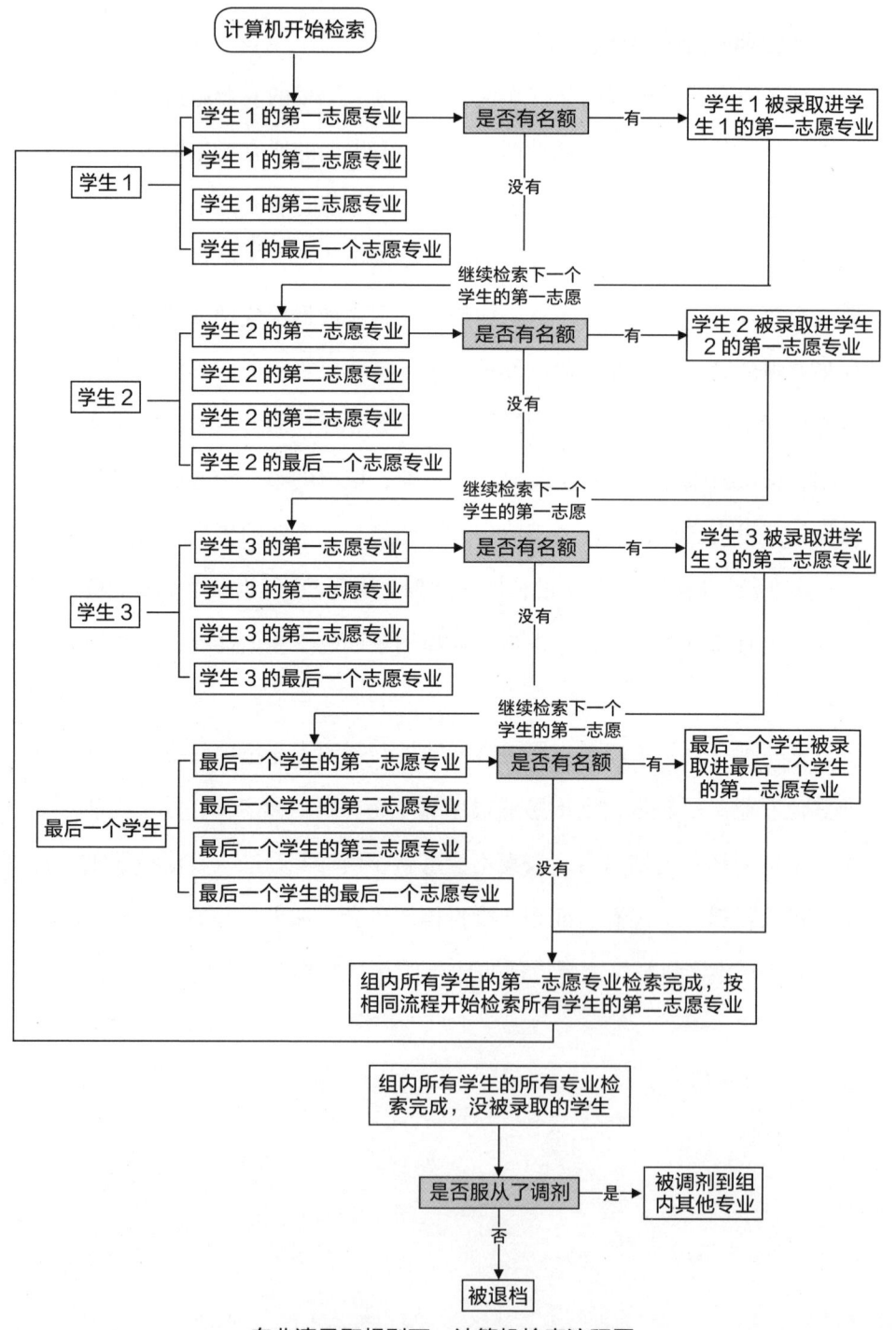

```
                    ┌─────────────┐
                    │ 计算机开始检索 │
                    └──────┬──────┘
                           ↓
         ┌──学生1的第一志愿专业──→ 是否有名额 ──有──→ 学生1被录取进学生1的第一志愿专业
         │  学生1的第二志愿专业       │没有
  学生1 ─┤  学生1的第三志愿专业       ↓
         │  学生1的最后一个志愿专业   继续检索下一个学生的第一志愿
         │                           ↓
         ├──学生2的第一志愿专业──→ 是否有名额 ──有──→ 学生2被录取进学生2的第一志愿专业
         │  学生2的第二志愿专业       │没有
  学生2 ─┤  学生2的第三志愿专业       ↓
         │  学生2的最后一个志愿专业   继续检索下一个学生的第一志愿
         │                           ↓
         ├──学生3的第一志愿专业──→ 是否有名额 ──有──→ 学生3被录取进学生3的第一志愿专业
         │  学生3的第二志愿专业       │没有
  学生3 ─┤  学生3的第三志愿专业       ↓
         │  学生3的最后一个志愿专业   继续检索下一个学生的第一志愿
         │                           ↓
         ├──最后一个学生的第一志愿专业──→ 是否有名额 ──有──→ 最后一个学生被录取进最后一个学生的第一志愿专业
最后一个 │  最后一个学生的第二志愿专业    │没有
  学生  ─┤  最后一个学生的第三志愿专业    ↓
         │  最后一个学生的最后一个志愿专业
                                       ↓
                    组内所有学生的第一志愿专业检索完成,按
                    相同流程开始检索所有学生的第二志愿专业
                                       ↓
                    组内所有学生的所有专业检索完成,没被录取的学生
                                       ↓
                              是否服从了调剂 ──是──→ 被调剂到组内其他专业
                                   │否
                                   ↓
                                 被退档
```

专业清录取规则下,计算机检索流程图

专业组最低投档位次是什么？

根据各省份各批次的投档规则（平行志愿或顺序志愿），各个专业组每年会产生专业组的最低投档位次，也就是投档进入专业组的所有人中，分数最低的考生的位次。比如，2023 年在江苏省专科普通批历史组，根据平行志愿的投档规则，江苏建筑职业技术学院 01 专业组投档进去的分数最低的考生的分数是 329 分，329 分对应的位次就是这个专业组 2023 年在江苏省历史组的最低投档位次，见下表。

江苏建筑职业技术学院 2023 年在江苏省历史类各专业录取分数（部分）

专业组	科类名称	专业代号	专业名称	录取人数	最高分	最低分	专科线
01专业组（不限）	普通类（历史等科目类）	09	大数据与会计	20	471	438	220
		08	大数据与财务管理	5	459	436	
		05	工程造价	18	496	421	
		06	建设工程监理	10	447	373	
		02	古建筑工程技术	10	429	364	
		04	建筑设备工程技术	5	449	357	
		11	酒店管理与数字化运营	5	428	352	
		03	园林工程技术	7	411	338	
		01	建筑装饰工程技术	20	459	331	
		07	建筑动画技术	10	435	330	
		10	市场营销	20	435	329	

专业最低录取位次是什么？

根据各学校的录取规则（分数清还是专业清），同一个学校各个专业会产生专业的最低录取位次，也就是录取进这个专业的所有人中，分数最低的考生的位次。举个例子，2023 年江苏建筑职业技术学院 01 专业组的大数据与会计专业，在江苏省历史组一共录取了 20 个人，这 20 个人的分数不是完全相同的，有的人分数高，有的人分数低，其中分数最高的那个人的分数是 471 分，分数最低的那个人的分数是 438 分。那么 438 分对应的位次，就是江苏建筑职业技术学院的大数据与会计专业 2023 年在江苏省历史组的最低录取位次，见上表。

专业组模式报考技巧

通过报考技巧的学习，可以让考生尽可能不滑档、不被调剂、不被退档，如果考生能同时做到这三点，就更有可能顺利被填报的学校和专业录取。

如何能不滑档？

目前，所有省份的普通批都是用平行志愿方式投档的。只有部分省份的提前批是按照顺序志愿的方式投档的。不同批次，投档规则也不一样，这一点要提前确认好，因为不同的投档方式填报的技巧是不一样的。各省教育考试院当年发布的招生工作方案文件中，会明确写出来哪些批次采用哪一种投档规则，考生应该在报考前，到教育考试院的官网查看文件，确认准备报考的批次的投档规则是平行志愿投档还是顺序志愿投档。

平行志愿防止滑档的方法

对平行志愿投档的批次来说，防止滑档的技巧是，对比自己的位次和专业组往年的最低投档位次，把专业组之间按最低投档位次由高到低拉开梯度，确保自己填报的最后 2~3 个专业组，是无论发生什么意外都能够让自己稳稳被投档进去的。

举个例子，假设考生的位次是第 30000 位，那前面几个可以放往年最低投档位次是第 25000 ~ 30000 位的专业组，作为冲的专业组。中间可以放几个往年最低投档位次是第 30000 ~ 40000 位的专业组，作为稳的专业组。最后要放 2 ~ 3 个往年最低投档位次是第 40000 ~ 45000 位的专业组，作为保的专业组。

按照这种拉开专业组位次梯度的方法，前几个往年投档位次是第 25000 ~ 30000 位的专业组，有很大概率不会被投档进去，如果今年报考的人少，被投档进去了，一般也是被录取到该专业组中分数最低的专业，一般专业比较冷门，所以各位考生要想好要不要冲。除非专业组内任何一个专业都能接受，否则不建议冲。中间几个往年投档位次是第 30000 ~ 40000 位的专业组，有很大概率是会正常被投档进去的。最后 2 ~ 3 个往年投档位次是第 40000 ~ 45000 位次的专业组，是为了防止意外发生托底用的，哪怕极端情况出现，前面冲的、稳的专业组都没有投档进去，也会被最后这 2 ~ 3 个托底的专业组投档进去。每年报考滑档的考生，都是因为没有放托底的专业组，或者以为能托底但没有托住。

顺序志愿不滑档的方法

对顺序志愿投档的批次来说，想要不滑档，那就要对比自己的位次和专业组往年的最低投档位次，把投档确定性比较强的放在第一志愿，确保自己的第一志愿能够稳稳地被投档进去。其次再把后面填报的专业组，拉开位次梯度。说白了就是第一志愿不能冲，只能稳且保。

举个例子，假设考生的位次是第 30000 位次，那在顺序投档的批次，可以直接把往年最低投档位次是第 33000 ~ 40000 位次的专业组放在第一志愿，确保能进入专业组。什么情况下可以冲？因为顺序志愿的批次一般都是提前批，所以如果考生想的是"在提前批冲某个学校某个专业，不服从调剂，如果被录取，那就上，没被录取，就正常报普通批"的话，那么可以冲，可以把最低投档位次，超过自身位次的专业组放在第一志愿。

这就是平行志愿投档和顺序志愿投档规则下，防止滑档的技巧。

如何能不被调剂？

对分数清（分数优先）和专业清（志愿优先）两种录取规则来说，让自己不被调剂的方法是不同的。所以，在填报志愿之前考生要进招生学校的官网，看学校发布的招生章程，章程中会写明录取规则是分数清（分数优先），还是专业清（志愿优先），确定了专业录取规则后，再采用对应的填报技巧。目前全国绝大部分学校用的规则都是分数优先，极少数学校用的是志愿优先。用志愿优先的学校虽然少，但是也有。比如，广西卫生职业技术学院2023年招生章程中，明确写明专业录取是按照志愿优先规则，原文节选如下："进档考生按照专业志愿先后方式，从高分到低分先录取第一专业志愿，若第一专业志愿已录满，按第二专业志愿从高分到低分录取，依次类推。"

分数清规则下，不被调剂的方法

填报这种录取规则的学校时，要对比自己的位次和专业组内目标专业的往年最低录取位次，在填报的6个专业中，从上到下拉开梯度，以保证即使前面4个专业没被录取，最后填的1~2个专业也是能够稳稳被录取的。

举个例子，考生的位次是第30000位，填的1~2个专业可以报第28000~30000位次的专业，冲一下，但是有很大概率冲不上。中间2~4个专业报第30000~38000位次的专业，有很大概率会被录取。最后1~2个专业，要放第38000~40000位次的专业，这样哪怕报考的冲和稳的几个专业都没被录取，最后托底的 1~2 个专业也有很大概率会被录取的，不会被调剂到没有填报的其他专业。当然，最后保底的 1~2 个专业，要是自己能够接受的。如果最后保底的 1~2 个专业自己不能接受，或者说专业组内，能接受的专业保不住底，那就不要报这个专业组，否则就有调剂到组内其他专业的风险。

再举个例子，有一个考生的位次是第 150000 位，想学口腔医学、临床医学、计算机相关专业，可以接受机电相关专业。那么填报黄冈职业技术学院第 11 专业组，并且把专业按下表中的顺序排序是比较合理的。第一个专业是口腔医学专业，由于其位次不够往年的录取位次，所以有很大概率录取不上，但可以放着作为冲的专业。中间三个专业是临床医学、计算机应用技术、软件技术，其位次都够往年的录取位次，有很大概率会被这三个中的一个专业录取。最后两个专业是机电一体化技术和工业机器人技术专业，哪怕前面的四个专业都没被录取，最后的这两个专业也有很大概率会被录取。这就是分数清（分数优先）规则下，让自己不被调剂的技巧。

在这个例子的基础上再展开一下，如果最后保底的机电一体化技术专业和工业机器人技术专业，该考生不能接受，那就要看看组内有没有其他能接受且能保底的专业，如果没有其他能保底的专业，要慎重考虑是否要填报这个专业组。如果该考生只想上口腔医学专业，不想上临床医学、计算机相关等其他专业，那么不建议报考这个专业组，因为有很大概率不能被录取到口腔医学专业。

2023年黄冈职业技术学院第11专业组招生计划（部分）

2023（招生计划）		2022首选物理	
院校	专业	2022年最低分	最低位次
黄冈职业技术学院（第11组）	口腔医学	385	143009
	临床医学	370	152141
	计算机应用技术	358	159051
	软件技术	360	157916
	机电一体化技术	346	165373
	工业机器人技术	343	166891

专业清规则下，不被调剂的方法

在专业清（志愿优先）的录取规则下，不被调剂的方法是，对比自己的位次和组内目标专业的位次，确保能够被自己填报的第一志愿专业稳稳地录取，否则就会有被调剂的风险。比如，还是沿用上面的例子，同样是第150000位次，在专业清（志愿优先）的录取规则下，第一志愿不应该放口腔医学专业，而是应该直接放机电一体化技术或工业机器人技术专业，再把专业组中能接受的其他专业拉开梯度。除非做好了"在提前批中，勾选了不服从调剂，冲不到就报普通批"的打算，否则第一志愿就不能冲。

如何不被退档？

第一，看好报考专业的限制条件。

有很多学校和专业招生会有各种特殊条件限制。比如，口腔医学专业会明确限制左利手（左撇子）考生报考，医学类专业会要求考生不能有色盲、色弱等。另外，有一些学校的专业还有特殊要求。比如，有部分学校电子信息类专业不允许色弱类考生报考，部分中外合办学校还会要求英语单科成绩在某个分数以上。如果有这种特殊报考要求，学校会在当年发布的招生章程或招生计划备注中明确写出来，报考的时候要特别关注，不符合就不要报考。

第二，服从调剂。

在服从调剂的情况下，如果自己的条件不符合报考的专业的要求，那么很多学校会把考生调剂到组内其他专业。如果没有服从调剂，那么会直接被退档；如果在提前批中被退档，还可以继续报普通批；如果在普通批中被退档，只能等着去报征集志愿。

其他需要注意的事项

第一，注意专业组的专业变化。

如果一个专业组，和往年相比，组内的热门专业增加，或者冷门专业减少，那么有很大概率位次会有所上涨。相反，如果组内的冷门专业增加，或者热门专业减少，那么位次有很大概率会有所下降。当然，这种情况不绝对，还和增加或减少的专业冷热程度，以及增加或减少数量有关。

第二，注意专业的招生人数。

招生人数少的专业比招生人数多的专业每年的位次上下波动会更大一些，所以如果报考的是招生人数很少的专业，比如只招1个人或2个人的专业，那么留出的安全边际应该更大一些。

第三，注意招生人数变化。

报考的时候还要注意一下招生人数变化，尤其是招生人数比较少的专业。招生人数缩减，一般来说专业位次会上涨；招生人数增加，一般来说专业位次会下降。但这种现象并不绝对，也有招生人数增加，位次反而上涨的意外情况。

第四，注意不要只看一年的位次。

看专业往年位次的时候，不要只看去年一年的位次情况，需关注最近三年的位次变化，如果每年的位次变化波动不大，那一般比较稳定。如果只有去年一年的位次数据，也就是去年新开设招生的专业，那今年位次上涨下降的波动概率比较大。

第五，注意学校名字变化。

如果学校改名成听起来更好听的名字或者学校升为本科，今年是改名或升本后第一年招生的话，那么有很大概率报考的人数会比往年更多，学校的各个专业位次会上涨。这时候报考也要留出更多的安全边际。

第六，注意专业级差。

专业级差是目前极少学校还使用的一种专业录取的规则。比如，某个学校把专业级差设置为5、3、2、1、0。某个学生考了400分，档案进入这个学校某个专业组。学校检索考生的第一志愿专业，如果400分对第一志愿专业来说分数不够，没被录取，那么就需要把考生的分数减去第一级差分，也就是400分减去5分，变为395分后，再检索考生的第二志愿专业。如果395分的分数，又不够第二志愿专业分数，那么在395分的基础上，再减去第二志愿级差分，也就是395分减去3分，变成392分，再进行第三志愿专业的检索。按照这种规则进行检索录取。报考有专业级差录取规则的学校，第一志愿更加重要，且专业之间的位次梯度要拉得更开一些。目前还有专业级差的学校非常少，遇到的时候，注意一下即可。

常见问题

1. 会不会调剂到其他专业组的专业？

不会，只会在同一个专业组内调剂。

2. 专业组内只有一个专业还会被调剂吗？

不会。

3. 档案进入专业组后，报考的专业都没够到，档案会不会重新进入其他专业组？

不会，目前所有省份的规则都是一次投档，档案进入某一个专业组后，只有三种结果：要么被自己填报的其中一个专业录取，要么被调剂到组内某一个专业，要么被退档。不会投档到其他专业组。

4. 专业组有 10 多个专业，我只填我想学的 3 个行不行？

规则上可以，但是建议不要这么做，建议把 6 个志愿填满（部分省份是 5 个）。因为如果只填了 3 个专业，且这 3 个专业没被录取，那么会直接给调剂到组内其他专业，任何选择的机会都没有。如果在志愿表上把空余的 3 个志愿填上去了，当想学的 3 个专业没被录取时，还会被剩余 3 个填报的专业检索，相当于还可以在组内不想学的专业中，选出 3 个相对还能接受的，总比随机调剂好一些。

专业+院校模式填报志愿的技巧

在专科普通批，2024 年以前，已经采用专业+院校模式的省份有：辽宁、河北、山东、浙江、重庆、福建。北京虽然采用的是专业组模式，但是在专科普通批采用的是"20 个平行志愿，每个志愿设置 1 所院校 1 个志愿专业"。

所以，也等于是专业+院校模式报考。2024年第一年开始新高考适用的省份可能只有贵州。2025年第一年开始新高考适用的省份可能只有青海。当然，也不排除其他第一年新高考改革的省份，在专科普通批采用专业+院校模式报考。

这一节内容分为两大部分："专业+院校模式报考规则""专业+院校模式报考技巧"。在学习这一节内容之前，请确保自己已经理解了前面讲解的投档规则、位次概念部分的内容。

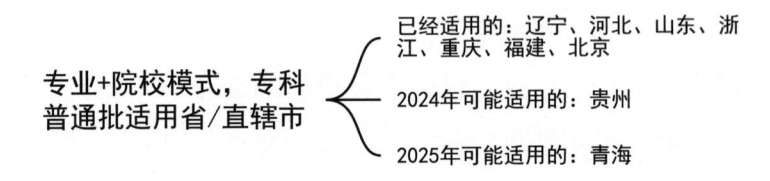

专业+院校模式，专科普通批适用省/直辖市
- 已经适用的：辽宁、河北、山东、浙江、重庆、福建、北京
- 2024年可能适用的：贵州
- 2025年可能适用的：青海

2023年河北省普通高校招生考生志愿填报草表样例

草表二——平行志愿（96个"院校+专业（类）"）1/3

当前批次		
	请选择计划性质：☐ 请选择科类：☐	
序号	院校代号及名称	专业代号及名称
1	☐ 无锡职业技术学院	☐ 数控技术
2	☐ 无锡职业技术学院	☐ 商务英语
3	☐ 武汉电力职业技术学院	☐ 机电一体化技术
4	☐ 辽宁职业学院	☐ 机械制造及自动化
5	☐	☐
6	☐	☐
7	☐	☐
8	☐	☐

专业+院校模式报考规则

专业+院校模式是什么？

专业+院校模式的意思是，一个志愿是由一个院校+院校内的专业组成，投档时直接投档到专业内，不存在调剂的情况。举例来说，无锡职业技术学院+无锡职业技术学院的数控技术专业，这是一个志愿。无锡职业技术学院+无锡职业技术学院的商务英语专业，这又是一个志愿。武汉电力职业技术学院+武汉电力职业技术学院的机电一体化技术专业，这又是一个志愿。

按这种方式，一个学校+一个专业组成的志愿，就是专业+院校模式。这种模式的特点是，考生被录取的专业一定是其填报的专业，不会被调剂到其他没有填报的专业，同时，采用这种模式的省份和批次，可以填报的志愿数量比较多。辽宁专科普通批可以填报60个志愿，河北专科普通批可以填报96个志愿。

专业最低录取位次是什么？

根据平行志愿或顺序志愿的投档规则，投档完成后，会直接被某一个专业录取。同一个专业录取学生的分数可能不同，其中录取分数最低的学生位次，就是该专业的最低录取位次。比如，2022年大连职业技术学院，船舶工程技术专业在辽宁省物理组录取了10个人，这10个人中，成绩最高的学生的分数是403分，成绩最低的学生的分数是346分，那么大连职业技术学院的船舶工程技术专业，2022年在辽宁省物理组最低录取分数就是346分，最低录取位次就是346分对应的位次，见下表。

大连职业技术学院2022年在辽宁省各专业录取分数线（部分）

专业	物理类		历史类	
	最高分	最低分	最高分	最低分
船舶工程技术	403	346		
大数据与会计	429	373	471	391
电气自动化技术	428	361		
电子商务	412	369	414	355
房地产经营与管理	398	313	384	250
工程造价	427	374		
工商企业管理	383	343	407	220
工业机器人技术	436	338		
关务与外贸服务	405	349	421	321

专业+院校模式报考技巧

通过学习报考技巧，考生可以尽可能地不滑档、不被退档，因为专业+院校报考模式不涉及专业调剂，所以考生如果能做到不滑档、不被退档，就会顺利被填报的学校和专业录取。

如何能不滑档？

目前，所有省份的普通批都是用平行志愿方式投档。只有部分省份的提前批是按照顺序志愿的方式投档的。不同批次，投档规则可能也不一样，这一点要提前确认好，因为不同的投档方式，填报的技巧是不一样的。各省教育考试院发布的当年招生工作方案文件中，会明确写出来哪些批次采用哪一种投档规则，家长和考生在报考前，应该到教育考试院的官网查看文件，确认准备报考的批次的投档规则是平行志愿投档还是顺序志愿投档。

平行志愿防止滑档的方法

在专业+院校模式，平行志愿投档规则下，防止滑档的技巧是：根据"冲—稳—保"的原则，对比考生的位次和报考专业往年的录取位次，把志愿表从上到下拉开梯度。

举例来说，辽宁省的一个考生，他的位次是第30000位，他在辽宁省的普通批次可以填报60个志愿。那么他可以前1~20个志愿填报往年录取在第24000~27000位次的学校和专业，虽有很大概率录取不到，但因为不涉及调剂，所以这些专业冲也可以，没有风险。中间20~40个志愿，可以填报往年第27000~36000位次的学校和专业，正常会被这个区间的学校录取。最后20个志愿，要填第36000~40000位次的学校来保底，保证前面冲的、稳的专业都没录取的情况下，也不会滑档。这就是专业+院校模式下，防止自己滑档的技巧。

顺序志愿防止滑档的方法

在专业+院校模式，顺序志愿投档规则下，防止滑档的方法是：首先对比自己的位次和专业往年的最低录取位次，把录取确定性比较强的放在第一志愿，确保自己的第一志愿能够稳稳地被投档进去。其次再把后面填报的专业，拉开位次梯度。说白了就是，第一志愿不能冲，只能稳且保。

举个例子，假设我的位次是第30000位次，那在顺序志愿投档的批次，我可能会直接把往年最低投档位次是第33000~40000的专业放在第一志愿，确保我能被录取。什么情况下可以冲？因为顺序志愿的批次一般都是提前批，所以如果考生想的是，"在提前批冲某个学校某个专业，不服从调剂，如果被录取，那就上，没被录取，就正常报普通批"的话，那么可以冲，可以把最低投档位次，超过自身位次的专业组放在第一志愿。

如何能不被退档？

在专业+院校模式下，不想被退档只有一种方法，就是要去了解专业的报考要求，不符合就不要报考。比如，口腔医学专业会明确限制左利手（左撇子）考生报考、医学类专业会要求考生不能有色盲、色弱等。这些都是常见的报考要求。另外，有一些学校还有特殊的报考要求。比如，有部分学校电子信息类专业不允许色弱类的考生报考。如果有些学校的某些专业有特殊要求，学校会在当年发布的招生章程或招生计划备注中明确写出来，报考的时候考生要特别关注，不符合就不要报考。如果不符合报考要求，仍然报考了，那经过学校查阅档案后，就会被退档。

其他需要注意的要点有哪些？

第一，注意专业的招生人数

招生人数少的专业比招生人数多的专业每年的位次上下波动会更大一些，尤其是只招1个人或2个人的专业。

第二，注意招生人数变化

报考的时候还要注意一下招生人数变化，尤其是招生人数比较少的专业。招生人数缩减，一般来说专业位次会上涨；招生人数增加，一般来说专业位次会下降，但这种现象并不绝对，也有招生人数增加，位次反而上涨的意外情况。

第三，注意不要只看一年的位次

看专业的往年位次的时候，不要只看去年一年的位次情况，需关注近三年的位次变化，如果每年的位次变化波动不大，那一般比较稳定。如果只有去年一年的位次数据，那今年位次上涨或下降的波动概率会比较大。

第四，注意学校名字变化

如果学校改名成听起来更好听的名字或者学校升为本科，今年是改名或升本后第一年招生的话，那么有很大概率报考的人会比往年更多，学校的各个专业位次会往上涨。

常见问题

1. 志愿表可以不填满吗？

可以，只要最后的志愿能够保住底，让自己不滑档就可以。

2. 被退档后，会不会被填报的其他专业录取？

不会，同一批次只会投档一次，退档后只能等待下一个批次的录取。如果是提前批被退档，还可以填报普通批。如果是普通批被退档，只能等着填报征集志愿。

3. 会被调剂吗？

正常来说是不存在调剂的，但是如果被录取后，学校发现不符合专业学习的要求，可能会给调剂到其他专业。

4. 志愿表一定要按照前1~20个志愿冲，中间20~40个志愿稳，最后20个志愿保，这个数量来报考吗？

不是，只要你的志愿表从上到下拉开梯度，能确保自己不滑档，那也可以根据自己的偏好做一些调整。

老高考模式填报志愿的技巧

老高考模式，专科普通批 2024 年适用的省/自治区/直辖市有：河南、山西、宁夏、陕西、青海、四川、云南、天津、新疆、西藏。2025 年及以后可能适用的省/自治区/直辖市有：新疆、西藏、天津。也就是说，也不排除有其他第一年新高考改革的地区在专科普通批仍然采用老高考模式报考。

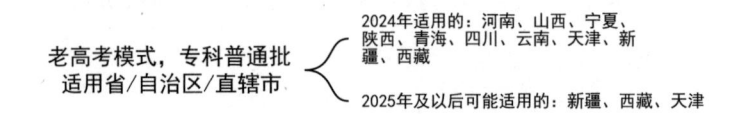

这一节内容分为两大部分："老高考模式报考规则""老高考模式报考技巧"。在学习这一节内容之前，请确保自己已经理解了前面讲解的投档规则、位次概念的内容。

老高考模式，专科普通批适用省/自治区/直辖市
- 2024年适用的：河南、山西、宁夏、陕西、青海、四川、云南、天津、新疆、西藏
- 2025年及以后可能适用的：新疆、西藏、天津

老高考模式报考规则

根据之前讲过的平行志愿或顺序志愿的投档规则，在老高考模式下学生的档案会投进学校。投档进入某一个学校后，还要根据学校的录取规则，来确定考生被录取的专业。录取规则有分数清、专业清两种。分数清类似于投档时的分数优先，专业清类似于投档时的志愿优先。绝大部分学校采用的都是分数清，具体采用的是哪种规则，需要在学校当年发布的招生章程中查看。

分数清规则是什么？

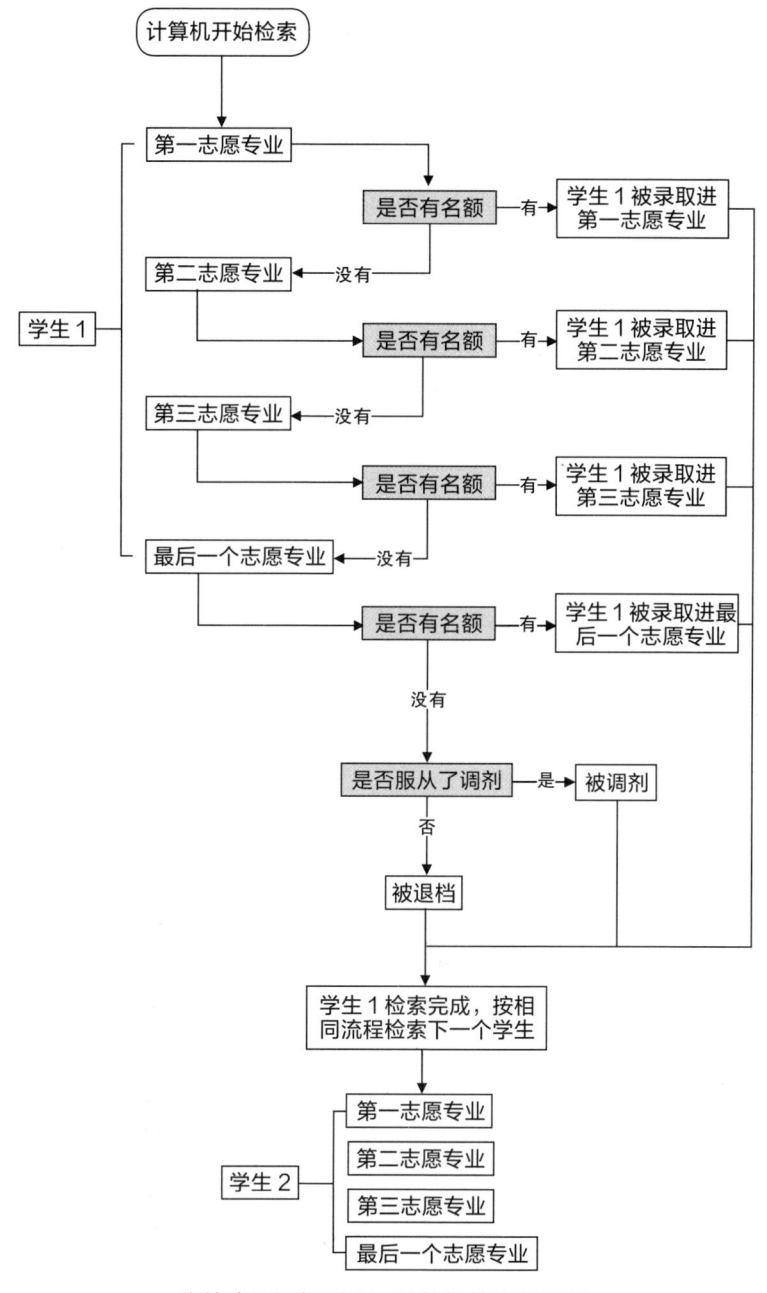

分数清录取规则下，计算机检索流程图

对采用分数清规则的学校来说，档案进入学校后，计算机把进档学生的成绩从高到低排，分数高的优先检索，依次检索学生填报的6个专业，如果填报的第一个专业名额已经被占满了，则检索填报的第二个专业，第二个也被占满了，检索第三个，依次检索，直到6个中的某一个专业有名额，那么就会被那个专业提档，审核档案。如果档案符合专业报考要求，比如，色盲、色弱限制，单科分数要求，等等，就会被录取。如果不符合，有可能会被退档或调剂到其他专业。如果6个专业全部检索结束，还没被任何一个专业提档，会有以下两种情况出现。

第一种，服从了调剂，会被随机调剂到"这个学校给我们所在省的专业中，我们没有填报的其他专业"，一般是大家不爱报考的专业。第二种，没有服从调剂，就会被退档，退档以后，档案不会进入其他学校。如果是提前批退档，还有后面普通批投档的机会；如果是普通批退档，只能去等着填报专科征集志愿。这就是分数清（分数优先）的录取规则。

专业清规则是什么？

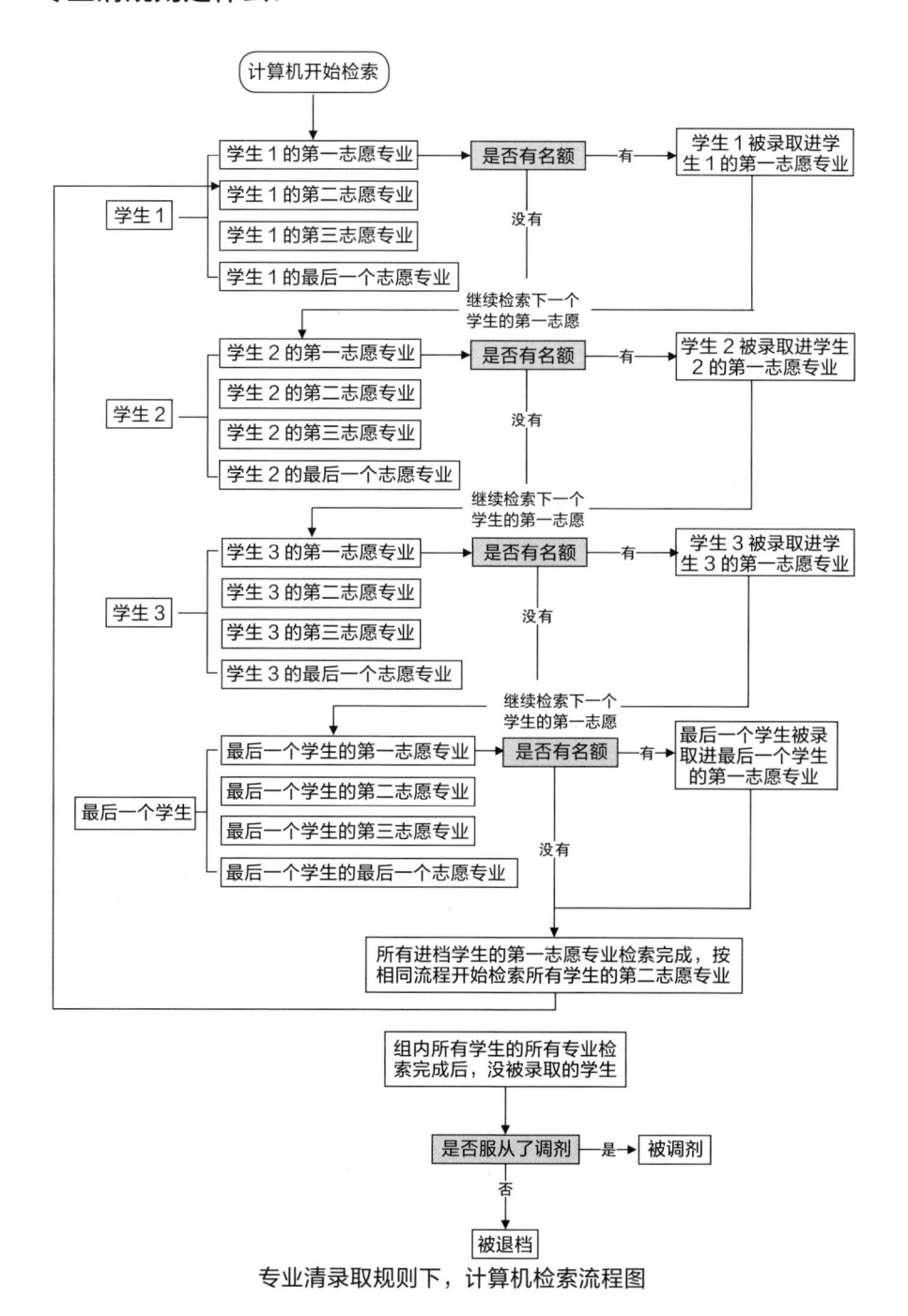

```
计算机开始检索
    ↓
学生1 ─┬─ 学生1的第一志愿专业 → 是否有名额 ─有→ 学生1被录取进学生1的第一志愿专业
       ├─ 学生1的第二志愿专业        ↓没有
       ├─ 学生1的第三志愿专业    继续检索下一个学生的第一志愿
       └─ 学生1的最后一个志愿专业

学生2 ─┬─ 学生2的第一志愿专业 → 是否有名额 ─有→ 学生2被录取进学生2的第一志愿专业
       ├─ 学生2的第二志愿专业        ↓没有
       ├─ 学生2的第三志愿专业    继续检索下一个学生的第一志愿
       └─ 学生2的最后一个志愿专业

学生3 ─┬─ 学生3的第一志愿专业 → 是否有名额 ─有→ 学生3被录取进学生3的第一志愿专业
       ├─ 学生3的第二志愿专业        ↓没有
       ├─ 学生3的第三志愿专业    继续检索下一个学生的第一志愿
       └─ 学生3的最后一个志愿专业

最后一个学生 ─┬─ 最后一个学生的第一志愿专业 → 是否有名额 ─有→ 最后一个学生被录取进最后一个学生的第一志愿专业
              ├─ 最后一个学生的第二志愿专业        ↓没有
              ├─ 最后一个学生的第三志愿专业
              └─ 最后一个学生的最后一个志愿专业

所有进档学生的第一志愿专业检索完成，按相同流程开始检索所有学生的第二志愿专业
    ↓
组内所有学生的所有专业检索完成后，没被录取的学生
    ↓
是否服从了调剂 ─是→ 被调剂
    ↓否
被退档
```

专业清录取规则下，计算机检索流程图

对采用专业清规则的学校来说，档案进入学校后，计算机把进档学生的成绩从高到低排，依次检索进档的所有人填报的第一个专业，检索时第一个专业有名额，则被该专业提档，并审核档案。如果档案符合专业其他的报考要求，比如，色盲、色弱限制，单科分数要求，等等，就会被录取。如果不符合则有可能会被退档或调剂到其他专业。如果第一个专业名额已经被占满了，那就要等待后面其他人的第一个专业检索完成后，计算机把没被第一个专业提档的学生位次从高到低排列，依次检索这些人填报的第二个专业，第二个专业有名额，则被提档，没有名额，则需要等待后面人的第二个专业检索完成后，再对第二个专业没有被提档的学生的位次从高到低排列，进行第三个专业的检索。

按这种流程检索到最后，还没被提档的学生，会有以下两种情况出现。第一种，服从了调剂，就会被随机调剂到我们没有填报的其他专业，一般是大家不爱报考的专业。第二种，没有服从调剂，就会被退档，退档以后，档案不会进入其他学校。如果是提前批退档，还有后面普通批投档的机会；如果是普通批退档，那只能去等着填报专科征集志愿。这就是专业清的录取规则。

学校最低投档位次是什么？

根据各省份各批次的投档规则（平行志愿或顺序志愿），各个学校每年在各个省份会产生最低投档位次，也就是投档进入学校的所有人中，分数最低的那个人的位次。比如，江苏建筑职业技术学院2023年在河南省文科综合类中招生的录取分数最低的专业是建筑动画技术，最低录取分数是421分，那么421分对应的位次就是江苏建筑职业技术学院2023年在河南省文科综合类的最低投档位次，见下表。

2023 年江苏建筑职业技术学院在河南省文科综合类部分专业录取分数

		10	建筑装饰工程技术	443	430
		11	古建筑工程技术	437	423
		12	建筑动画技术	426	421
河南	文科综合	13	建设工程管理	432	422
		14	道路工程造价	432	424
		15	大数据与财务管理	429	428
		16	大数据与会计	457	429
		17	市场营销	458	447

专业最低录取位次是什么？

根据各学校的录取规则（分数清或专业清），同一个学校的各个专业会产生专业的最低录取位次，也就是录取进这个专业的所有人中，分数最低的考生的位次。比如，2023 年江苏建筑职业技术学院在河南省文科综合类中招生的大数据与财务管理专业，最低录取分数是 428 分，所以 428 分对应的位次，就是大数据与财务管理专业 2023 年在河南省文科综合类中的最低录取位次，见下表。

2023 年江苏建筑职业技术学院在河南省文科综合类部分专业录取分数

		10	建筑装饰工程技术	443	430
		11	古建筑工程技术	437	423
		12	建筑动画技术	426	421
河南	文科综合	13	建设工程管理	432	422
		14	道路工程造价	432	424
		15	大数据与财务管理	429	428
		16	大数据与会计	457	429
		17	市场营销	458	447

老高考模式报考技巧

通过报考技巧的学习，可以让考生尽可能不滑档、不被调剂、不被退档，如果考生能够同时做到这三点，那么就会顺利被自己填报的学校和专业录取。

如何能不滑档？

目前，所有省份的普通批都是用平行志愿方式投档。只有部分省份的提前批次是按照顺序志愿方式投档的。不同批次，投档规则可能不一样，这一点要提前确认好，因为不同的投档方式，填报的技巧是不一样的。各省教育考试院发布的当年招生工作方案文件中，会明确写出哪些批次采用哪一种投档规则，考生在报考前，应该到自己省份教育考试院的官网查看招生录取工作实施方案文件，确认准备报考的批次投档规则是平行志愿投档还是顺序志愿投档。

平行志愿防止滑档的方法

对于平行志愿投档的批次，防止滑档的技巧是，对比自己的位次和学校在自己省份往年的最低投档位次，把学校按最低投档位次由高到低拉开梯度，确保自己填报的最后2～3个学校，无论发生什么意外，都能够稳稳被投档进去。

举个例子，假设考生的位次是第30000位，那他前面几个可以放往年最低投档位次是第25000～30000位的学校，作为冲的学校。中间可以放几个往年最低投档位次是第30000～40000位的学校，作为稳的学校。最后要放2～3个往年最低投档位次是第40000～45000位的学校，作为保的学校。

按照这种拉开学校位次梯度的方法，前几个往年投档位次是第

25000~30000位的学校，有很大概率不会被投档进去，如果今年报考的人少，被投档进去了，一般也是被录取到学校给的专业中分数最低的专业，专业较为一般冷门，所以各位考生想好要不要冲。除非学校给的专业中任何一个专业都能接受，否则不建议冲。中间几个往年投档位次是第30000~40000位的学校，有很大概率是会正常被投档进去的。最后2~3个往年投档位次是第40000~45000位的学校，是为了防止意外发生，托底用的，哪怕极端情况出现，前面冲的、稳的学校都没有投档进去，也会被最后这2~3个托底的学校投档进去。每年报考滑档的考生，都是因为托底的学校没有放，或者他以为能托底，但没有托住。

顺序志愿防止滑档的方法

对于顺序志愿投档的批次，想要不滑档，就要对比自己的位次和学校往年的最低投档位次，首先把投档确定性比较强的放在第一志愿，确保自己的第一志愿能够稳稳地被投档进去。其次再把后面填报的学校拉开位次梯度。说白了就是第一志愿不能冲，只能稳且保。

举个例子，假设我的位次是第30000位，那在顺序志愿投档的批次，我可能会直接把往年最低投档位次是第33000~40000位的学校放在第一志愿，确保我能进入学校。什么情况下可以冲？因为顺序志愿的批次一般都是提前批，所以如果考生想的是"在提前批冲某个学校某个专业，不服从调剂，如果被录取，那就上，没被录取，就正常报普通批"的话，那么可以冲，可以把最低投档位次超过自身位次的专业组放在第一志愿。这就是平行志愿投档和顺序志愿投档规则下，防止滑档的技巧。

如何能不被调剂？

对于分数清（分数优先）和专业清（志愿优先）两种录取规则，让自己不被调剂的方法是不同的。所以，在填报之前，家长和考生要进到招生学校的官网，看学校发布的招生章程，章程中会写明录取规则是分数清（分数优先），还是专业清（志愿优先），确定了专业录取规则后，再采用对应的填报技巧。目前全国绝大部分学校用的规则都是分数优先，极少的学校用的是志愿优先，比如，广西卫生职业技术学院2023年招生章程中，明确写明专业录取是按照志愿优先规则，原文节选如下："进档考生按照专业志愿先后方式，从高分到低分先录取第一专业志愿，若第一专业志愿已录满，按第二专业志愿从高分到低分录取，依次类推。"

分数清规则下，不被调剂的方法

首先讲分数清（分数优先）规则下，让自己不被调剂的方法。填报这种录取模式的学校时，要对比自己的位次和学校给的专业中，我们想上的专业往年的最低录取位次，在我们填报的6个专业中，从上到下拉开梯度，保证即使前面4个专业没被录取，最后填的1~2个专业也能够稳稳被录取。

举个例子，假设我们的位次是第30000位，前面1~2个专业可以报第28000~30000位次的专业，冲一下，但是有很大概率冲不上。中间2~4个专业报第30000~38000位次的专业，有很大概率会被录取。最后1~2个专业，要放第38000~40000的专业，这样哪怕我们报考的冲和稳的几个专业都没被录取，最后托底的1~2个专业也有很大概率会被录取，不会被调剂到我们没有填报的其他专业。当然，最后保底的1~2个专业，我们要能够接受。如果最后保底的1~2个专业我们不能接受，或者说学校给的专业中，我们能接受的专业保不住我们的底，那就不要报这个学校，否则就有调剂到学校里其他专业的风险。

再举个例子，假设有一个考生的位次是第150000位，想学口腔医学、临床医学、计算机相关专业，可以接受机电相关专业。那么他填报某学院，按下表中的专业排序进行填报是比较合理的。第一个专业是口腔医学专业，由于位次不够往年的录取位次，所以有很大概率录取不上，但可以放着作为冲的专业。中间三个专业是临床医学、计算机应用技术、软件技术，位次都够往年的录取位次，有很大概率会被这三个中的一个录取。最后两个专业是机电一体化技术和工业机器人技术专业，哪怕前面的四个专业都没被录取，最后的这两个专业也有很大概率会被录取。这就是在分数清（分数优先）规则下，让自己不被调剂的技巧。

某职业院校各专业录取数据表样例

2023（招生计划）		2022 录取数据	
院校	专业	最低分	最低位次
某学院	口腔医学	385	141292
	临床医学	370	151332
	计算机应用技术	358	154758
	软件技术	360	158923
	机电一体化技术	346	169738
	工业机器人技术	343	175192

在这个例子上再展开一下，如果最后保底的专业机电一体化技术和工业机器人技术，学生不能接受，那就要看看学校给的计划中，有没有其他能接受且能保底的专业，如果没有其他能保底的专业，那该考生要慎重考虑是否要填报这个学校。如果该考生只想上口腔医学专业，不想上临床医学、计算机相关等其他专业，那么这个学校不建议报考，因为有很大概率录取不到口腔医学专业。

专业清规则下，不被调剂的方法

在专业清（志愿优先）的录取规则下，不被调剂的方法是，对比我们的位次和学校给的计划中，我们想上的专业的位次，确保我们能够被填报的第一志愿稳稳地录取，否则就会有调剂风险。比如，还是沿用上面的例子，同样第150000位，在专业清（志愿优先）的录取规则下，第一志愿不应该放口腔医学专业，而是应该直接放机电一体化技术或工业机器人技术专业，再把学校给的计划中我们能接受的其他专业拉开梯度。除非做好了"在提前批中，不服从调剂，冲一下，冲不到就报普通批"的打算，否则第一志愿就不能冲。

如何能不被退档？

不被退档的方法是，第一，看好我们报考专业的限制条件。比如，口腔医学专业会明确限制左利手（左撇子）考生报考，医学类专业会要求考生不能有色盲、色弱等。另外，有一些学校的专业还有特殊要求。比如，有部分学校电子信息类专业不允许色弱的考生报考。如果有这种特殊报考要求，学校会在当年发布的招生章程或招生计划备注中明确写出来，报考的时候要特别关注，不符合就不要报考。

如果是普通批，记得服从调剂。服从调剂的情况下，如果自己的条件不符合报考专业的要求，很多学校会给学生调剂到学校给的计划中的其他专业；如果没有服从调剂，那么会直接被退档。如果在提前批中被退档，还可以继续报普通批；如果在普通批中被退档，只能等着去填报征集志愿。

其他需要注意的要点有哪些？

第一，学校的专业变化

如果一个学校的热门专业增加，或者冷门专业减少，那么有很大概率学校位次会有所上涨。相反，如果一个学校的冷门专业增加，或者热门专业减少，有很大概率位次会有所下降。当然，这种情况不绝对，和增加或减少的专业冷热程度以及增加或减少的数量有关。

第二，注意专业的招生人数

招生人数少的专业比招生人数多的专业每年的位次上下波动会更大一些，所以如果报考的是招生人数很少的专业，比如，只招1个人或2个人的专业，那么留出的安全边际应该更大一些。

第三，注意招生人数变化

报考的时候还要注意一下招生人数变化，尤其是招生人数比较少的专业。招生人数缩减，一般来说专业位次会上涨；招生人数增加，一般来说专业位次会下降。但这种现象并不绝对，也有招生人数增加，位次反而上涨的意外情况。

第四，注意不要只看一年的位次

看专业的往年位次的时候，不要只看去年一年的位次情况，需关注近三年的位次变化，如果每年的位次变化波动不大，一般比较稳定。如果只有去年一年的位次数据，今年位次上涨或下降的波动概率会比较大。

第五，注意专业级差

专业级差是目前极少学校还使用的一种专业录取的规则。举个例子，比如，某个学校把专业级差设置为5、3、2、1、0。某个学生考了400分，档案进入这个学校。学校检索学生的第一志愿专业，如果400分对第一志愿专业来说分数不够，没被录取，那么就需要把学生的分数减去第一级差分，也就是400减去5分，变为395分后，再检索学生的第二志愿专业。如果395的分数又不够第二志愿专业，那么在395分基础上，再减去第二志愿级差分，也就是395减去3分，变成392分，再进行第三志愿专业的检索。按照这种规则进行检索录取。

报考有专业级差录取规则的学校，第一志愿更加重要，且专业之间的位次梯度要拉得更开一些。目前还有专业级差的学校非常非常少，遇到的时候，注意一下即可。

第六，注意学校名字变化

如果学校改名改成听起来更好听的名字或者学校升为本科，今年是改名或升本后第一年招生的话，有很大概率报考的人会比往年更多，学校的各个专业位次会上涨。这时候报考也要留出更多的安全边际。

常见问题

1. 调剂是在学校的所有专业中调剂吗？

不是，是在学校给你所在省份所在类别的专业中调剂。比如，江苏某学校给河南省理科类 10 个专业，如果河南省理科的某个学生，报这个学校被调剂，那么只会在这 10 个专业中调剂，不会调剂到这 10 个专业以外的专业。

2. 档案进入学校后，报考的专业都没够到，档案会不会重新进入其他学校？

不会，档案进入某一个学校后，只有两种结果：要么被学校某一个专业录取，要么被退档。不会投档到其他学校。

第五章 避坑和补救篇

解决常见问题和规避误区

导言

这一篇内容讲的是专科志愿填报中家长和考生常提的一些问题以及常见的一些误区,出现报考失误时的一些补救方法。大多数人都是第一次填报专科志愿,难免会出现各种各样的问题,这一篇的目的就是尽量帮助考生不在报考时出现失误。

常见问题

1. 分数未到达本科线，要不要通过报考艺术类专业上本科？

需要根据家庭条件和未来规划来看。如果家庭条件比较好，毕业后能帮助学生找到还不错的工作，可以通过走艺术类，保一个本科。如果家庭条件一般，学习艺术类的内容花费的学费承受起来比较吃力，需要学生毕业后靠他自己的专业和能力来找一份工作的话，就没必要了。当然，具体还是要因情况而异。

2. 刚过本科线，是上民办本科还是公办专科？

没法一概而论，看家庭的情况以及对孩子未来的规划。以下是民办本科和公办专科的优缺点，列出来以供参考。

第一，民办的学费贵。

民办本科的学费大多数在 1~3 万元，对普通家庭来说，是一笔不小的开销，各位家长和考生要想好这笔花费值不值。看这笔钱值不值得，是看这笔钱如果不用来交学费，那用来干什么了。是用作旅游经费，还是用来置办房产、应急等，看考生的家庭条件和对未来的规划。

第二，录不到好专业。

分数刚过本科线，有很大概率是没有机会录取到热门专业的，尤其是文科。也就是说，上了冷门专业后，很可能在本科毕业后，没法用所学的专业找一份对口工作，或者找的对口工作非常一般，有很大概率孩子不愿意做。这时候要综合孩子的学科优势、学习热情、未来规划来看。如果孩子某一科或某几科成绩比较好，并且学习有主动性，能够自学，并且以后准备考研的话，那建议他读本科在选专业的时候避开不擅长的科目，让孩子以后准备考研。如果孩子没有学科优势，各科都不行，上大学也不太想学习，不想考研，那建议他去专科挑一个比较好找工作、偏向于动手实操的专业，比如口腔医学。

第三，录取的学校位置偏。

分数刚过本科线，能录取的学校一般离本省比较远，是大家不愿去的省市。比如说，在江苏报考，刚过本科线，很有可能只能上黑龙江、吉林的民办本科，离家太远，孩子的适应能力怎么样，愿不愿意去也是要考虑的。

但上民办本科的好处也有三个：

第一，学历是本科。

虽然可能专业冷门、位置偏远，但是学校给你发的是本科毕业证，可以用本科毕业证找一些只要求本科学历，不要求专业的工作。比如说，一些小型公司的运营、行政、销售等。

第二，可以直接考研。

考研除了医学类专业外，几乎没有限制本科专业的，所以有机会通过考研来换一个专业，当然如果跨的专业是理工科，且和大学的本专业相差太远，有可能跨不过去。

第三，有机会考公、考编。

虽然如果本科专业冷门，考公、考编岗位也很少，但对比专科也是要多的。

说完了上民办本科的优、缺点，我们再来说上公办专科的优、缺点。缺点、优点各有两个：

先说缺点：

第一，学历是专科。

虽然教育部发文没有所谓官方认证的"第一学历"，但专科生实际升学就业时和第一学历是本科的同学比还是有一些差别的。比如，医学类专业考研，很多学校不招收专升本的考生，大型企业招聘可能不收专科生。如果想要升为本科，还需要参加专升本考试，而专升本录取率大概在30%～50%，而且大多数省份专升本只有一次机会。

第二，专科学校管理严格。

专科学校的管理比本科要严格得多，很多学校会把学生一天的作息表安排好，甚至需要早起跑操、晚上上晚自习等。学生的自由度比较小。

再说优点：

第一，可以选到好专业。

分数超过本科线，在专科中可以选到非常不错的专业。选一个好专业，就业很可能比民办本科的冷门专业更好，至于哪些专业好就业，可以回顾前面的专业篇。

第二，学校不错。

虽然是专科，但用超过本科线的分数上的专科，一般都是专科学校中比较好的，很可能是双高计划或国家示范性专科学校。在长三角地区，很多不错的专科学校教师的招聘要求都是博士，可见这些专科学校的教学质量。

具体要上民办本科还是公办专科，要因人而异，各位家长和考生要一起商量好。

3. 要不要复读一年，冲本科？

也是不能一概而论的。要根据孩子的具体情况而定。如果是高考出现了重大失误，少了 30~50 分，比如，考试拉肚子，或者忘涂答题卡等，那么可以考虑复读一年。如果没有重大失误，就是正常发挥，且孩子的分数离本科线还差很远，就没有必要，因为哪怕复读一年，提高了 40~50 分，也才刚刚过本科线，即使上本科也选不到好专业。如果分数卡在本科线边上可能就几分，并且孩子不甘心上专科，想复读的意愿非常强，可以考虑让孩子复读一年，即便是复读后的成绩仍然不理想，家长和孩子也没有遗憾了。如果是孩子不想复读，家长想让孩子复读，建议慎重考虑，因为孩子不想复读，这一年有很大概率也不太会有多大提升，成绩未必靠多学一年就一定能提上来的。

4. 报志愿需不需要买志愿卡？

有一些企业开发了一类志愿填报的系统，这类系统内有各种学校信息、往年的录取分数和位次信息，这些信息都是从教育考试院发布的官方信息而来的。这些志愿填报系统的优势在于可以帮助家长和考生更高效率地进行专业、院校的筛选。比如，如果只用教育考试院发布的志愿填报书来报考，那么想要筛选出第 100000 位次上下的口腔医学专业，那么需要在书上一个一个查找，要花费非常多的时间。但是通过报志愿系统，就可以很快筛选出来。一个志愿卡就是一个系统账号，通过卡上的账号和密码，可以登录系统。对家长和考生来说，志愿卡还是很有必要的。至于具体买哪个品牌的志愿卡，这里就不做推荐了。

5. 体检表写的不宜就读的专业是不是就不能报？

不是的，体检表的建议只是一个宽泛的建议。具体能不能报某个专业，要看报考学校的要求。当然，如果以后会影响就业，建议就不要报了。比如，所有学校的临床医学类专业都要求不能有色盲、色弱，如果孩子有色盲色弱，医学类专业肯定是不能报考的。但比如，色弱考生学电子信息类专业，大部分学校都是允许的，只有小部分学校会做限制。

6. 职业本科是什么？

职业本科也是正规大学，毕业授予的是本科学历。只不过普通本科是往学术教育方向培养的，而职业本科属于职业教育的一部分，往职业教育方向培养，所以会有很多人误以为这类学校是专科学校，但其实不是。目前职业本科学校比较少，认可度相对低一些。

7. 成人高考是什么？

成人高考是拿到非全日制高等教育学历的一种途径。报考大专需要有高中毕业证，报考本科需要有专科毕业证。每年统一考试，统一入学，入学后大部分通过网上视频授课，部分学校有一部分线下授课，学制大概是2~3年，最后拿专科或本科学历，但由于是非全日制学历，所以认可度不高。成人高考的本科学历，含金量不如统招的专升本。如果分数能够到专科，先不用考虑用这种方式提升学历。

8. 自考本科是什么？

自考本科是一种拿到非全日制本科学历的途径，只要有高中学历就可以报名。不需要在学校上课，只要自学通过所有科目的考试，就可以拿到本科学历。但由于是非全日制学历，所以认可度不高，含金量不如统招的专升本。如果分数能够到专科，先不用考虑用这种方式提升学历。

常见误区

1. 不亏分就是报考得好吗？

在报志愿的时候，家长和考生常常出现不想亏分的心态，觉得孩子学习不容易，要是亏分就吃亏了。很多报考咨询机构也看准了家长的这种心态，打出"不让孩子浪费一分"的广告来招生。其实，想要做到不亏分，非常简单，只要在志愿表多放几个冲的志愿，冲上去肯定就不亏分。但是，实际情况是一冲上去有很大概率选到没人报考的专业，如果能接受还可以；如果不能接受，还想着要报热门专业，那必然要出现所谓"亏分"的情况。更何况在同一分数段的学校，差别不会很大。最低投档线390分的学校，就一定比最低投档线370分、380分的学校要好吗？绝对不是。所以在报考的时候，不要想着不亏分，还是要根据我们在前面讲的选专业、选学校、选地域的方法来报，而不是根据亏不亏分来选择报考的学校。

2. 要不要填不想上的学校和专业？

每年都会有考生报志愿出现这种操作：不想上还填，录取了又后悔说不应该填。原因有很大概率还是出在"不想亏分"的心态上，一看某个学校自己位次不够，上不了，想着填一下试试，结果就被录取了。这里提醒一下各位，报志愿应该是一件非常慎重的事，报之前仔细多考虑几遍，不想上的学校和专业，不要填，一旦填上去，就有被录取的可能！

3. 报一个学校的王牌专业就一定好吗？

在报志愿的时候，考生经常出现的一种心态是，要报学校的王牌专业。一个学校的王牌专业可能就是那个学校学科发展最好的专业，但未必是那个学校就业最好的专业。我们报志愿的目的是以后好就业，而不是上某个学校的王牌专业，这一点千万要牢记。举个例子，一个学校以轻工为特色，轻工类专业是学校的王牌，但是我报这个学校的时候，我不会报轻工，很可能会报这个学校电气相关专业，原因就一个，我觉得电气相关专业就业比轻工类更好。

4. 要为了冲学校或城市，放弃保专业吗？

虽然在前面已经说过很多次了，但还是要强调一下。在专科段，一定要优先保专业，因为虽然学校和学校之间有差别，但是同一个分数段，差别很小。为了冲学校或城市，放弃了想报考的专业，是非常不值的。哪怕一个是公办，一个是民办，我都会优先报民办好专业，而不是公办边缘专业。

5. 通过国际本科能拿到国内大学的学历吗？

国际本科是国外的学校和国内的学校合作的项目。先在国内经过2~3年学习，然后去外国的合作院校读本科，最后拿外国学校的本科学位，本质是一个留学项目。可能有的家长听说过，通过走国际本科，就可以拿到"985/211"学校的文凭。这个说法是错的，虽然国际本科项目合作的本科院校可能是"985/211"大学，但是上国际本科是拿不到国内本科大学的学历证书和学位证书的。而且国际本科的学费也是非常贵的，普通家庭建议谨慎考虑。

常见骗局

1. 助学班是什么？

在高考填报志愿阶段，有一些助学班机构会宣传说："可以通过助学班，在本科学校上课学习，最后拿全日制本科学历。"这是假的。有的助学班确实可以在本科学校学习，但是助学班最后是拿不到全日制的本科学历的，只能拿到自考本科学历，含金量还不如全日制专科。这些助学班机构宣传时，玩的是文字游戏，他说的"全日制"是指学习形式，而不是学历"全日制"，说白了就是可以让你在本科学校上课，但本质还是非全日制的自考本科。各位考生记住，能上全日制的专科，就不要上助学班，因为上全日制专科以后还有机会专升本，升到全日制本科。而通过助学班拿到的自考本科学历，什么时候都可以考，专科期间或者毕业以后，只要想考就可以考。

2. 不存在的大学

有些大学名字听着非常像大学，但其实是用来骗家长和考生的手段，根本就没有这个大学。对方会告诉你，你已经被我们学校录取了，专业可以随便选。有的家长和考生不了解，看自己的分数只能上专科，但是突然接到电话，发现有机会上本科，可能就会上当受骗。比如，"中国邮电大学"听着好像是正规大学，但其实根本没有这个学校，只有北京邮电大学、南京邮电大学、重庆邮电大学、西安邮电大学。

3. 宣称有内部消息或关系？

有的骗子会说，自己有内部关系，只要交钱就可以让孩子上本科或上到一个好大学。或者说自己认识教育考试院的人，能知道哪些学校今年没人报，可以帮捡漏。这种都是骗局。

志愿没报好的补救方法

1. 忘记服从调剂了，怎么办？

如果在普通批次，报志愿时忘记了服从调剂，且志愿系统已经关闭，那么就会面临投档进到学校后，分数不够被自己填报的专业录取，导致退档的风险。这时候，应该多次查看我们的档案投档状态，看我们的档案被投档进哪个学校。然后根据学校招生章程上的联系电话，跟学校招生办老师取得联系，态度诚恳地说清楚情况，然后告诉招生办老师，可以接受调剂，请学校不要给退档。这种情况下，学校有可能就不会给你退档，而是给你调剂到其他专业，但是也不能保证一定不被退档，只能说尽人事，听天命。

2. 被调剂到不想学的专业了，怎么办？

如果已经被调剂到不想学的专业，方法有两个。第一个，去学校官网找到学校的转专业政策文件，了解学校转专业规则，准备入学后转专业。有的学校转专业容易，有的学校比较困难，不过努力准备还是有机会的。第二个，如果身体条件符合，自己也有想法在大学期间参军入伍，可以考虑在大学开学后报名参军。绝大部分学校对退役大学生都有转专业优待政策，有的大学可以在学生退役回来后，任选校内专业。所以，先问好学校有没有这样的政策，如果有，可以考虑大一参军两年，回来转专业。注意，尽量在大一去参军，不要等到大二、大三，因为如果是大二、大三去参军，回来可能没法转专业。

3. 普通批被退档了，怎么办？

如果确定普通批已经被退档，要赶紧关注教育考试院发布的专科批次的征集志愿的填报规则、招生计划、填报时间，准备填报征集志愿。

4. 征集志愿没录取上，怎么办？

注册入学是部分省份（如山东省）有的一种入学政策。在高考录取结束后，省内部分专科学校由于没招满学生或者学生放弃入学，导致学校的专业名额有空缺，学校把这些空缺的名额拿出来，招收没被录取的学生。也就是说在部分省份征集志愿没录取上，还有通过注册入学上专科的机会，但这种招生政策的时间一般在开学以后，并且公开的信息不多，家长和学生可以关注本省教育考试院发布的信息，或者拨打本省教育考试院电话了解。

5. 所有办法都用完了还是没学校上，怎么办？

如果所有办法都用完，还是没学校上，最好的出路就是复读一年，好好学习，争取第二年上一个公办或民办大专。一个大专学历还是很重要的，现在的情况是本科学历想找到不错的工作都不太够用，更何况高中学历。高考的题目分成简单题、中等题、难题，只要找到正确的学习方法，通过一年时间的努力，把简单题和中等题的分数拿到手，考个民办或公办大专，是很有希望的。

附录

工具篇

解决不会查资料的问题

附录 1
高等职业教育专科专业目录（含 751 个专业）

（截至 2024 年 1 月）

序号	专业代码	专业名称
\multicolumn{3}{c}{41 农林牧渔大类}		
\multicolumn{3}{c}{4101 农业类}		
1	410101	种子生产与经营
2	410102	作物生产与经营管理
3	410103	现代农业技术
4	410104	生态农业技术
5	410105	园艺技术
6	410106	植物保护与检疫技术
7	410107	茶叶生产与加工技术
8	410108	中草药栽培与加工技术
9	410109	烟草栽培与加工技术
10	410110	饲草生产技术
11	410111	食用菌生产与加工技术
12	410112	设施农业与装备
13	410113	现代农业装备应用技术
14	410114	农产品加工与质量检测
15	410115	绿色食品生产技术
16	410116	农产品流通与管理
17	410117	棉花加工与经营管理
18	410118	休闲农业经营与管理
19	410119	现代农业经济管理
20	410120	农村新型经济组织管理
\multicolumn{3}{c}{4102 林业类}		
21	410201	林业技术
22	410202	园林技术
23	410203	草业技术
24	410204	花卉生产与花艺
25	410205	经济林培育与利用
26	410206	森林和草原资源保护
27	410207	林草生态保护与修复

续表

序号	专业代码	专业名称
28	410208	野生动植物资源保护与利用
29	410209	自然保护地建设与管理
30	410210	森林生态旅游与康养
31	410211	林业信息技术应用
32	410212	木业智能装备应用技术
33	410213	木业产品设计与制造
4103 畜牧业类		
34	410301	动物医学
35	410302	动物药学
36	410303	畜牧兽医
37	410304	中兽医
38	410305	宠物医疗技术
39	410306	动物防疫与检疫
40	410307	畜禽智能化养殖
41	410308	特种动物养殖技术
42	410309	宠物养护与驯导
43	410310	动物营养与饲料
44	410311	蚕桑技术
4104 渔业类		
45	410401	水产养殖技术
46	410402	海洋渔业技术
47	410403	水族科学与技术
48	410404	水生动物医学
42 资源环境与安全大类		
4201 资源勘查类		
49	420101	国土资源调查与管理
50	420102	地质调查与矿产普查
51	420103	生态地质调查
52	420104	矿产地质勘查
53	420105	煤田地质勘查
54	420106	岩矿分析与鉴定
55	420107	宝玉石鉴定与加工
4202 地质类		
56	420201	工程地质勘查

续表

序号	专业代码	专业名称
57	420202	水文与工程地质
58	420203	矿山地质
59	420204	钻探工程技术
60	420205	岩土工程技术
61	420206	地球物理勘探技术
62	420207	地质灾害调查与防治
63	420208	环境地质工程
64	420209	城市地质勘查
	4203 测绘地理信息类	
65	420301	工程测量技术
66	420302	测绘工程技术
67	420303	测绘地理信息技术
68	420304	摄影测量与遥感技术
69	420305	地籍测绘与土地管理
70	420306	国土空间规划与测绘
71	420307	无人机测绘技术
72	420308	矿山测量
73	420309	导航与位置服务
74	420310	空间数字建模与应用技术
	4204 石油与天然气类	
75	420401	油气储运技术
76	420402	油气地质勘探技术
77	420403	钻井技术
78	420404	油气智能开采技术
79	420405	油田化学应用技术
80	420406	石油工程技术
	4205 煤炭类	
81	420501	煤矿智能开采技术
82	420502	矿井建设工程技术
83	420503	通风技术与安全管理
84	420504	矿山机电与智能装备
85	420505	煤炭清洁利用技术
86	420506	煤层气采输技术

续表

序号	专业代码	专业名称
4206 金属与非金属矿类		
87	420601	矿山智能开采技术
88	420602	矿物加工技术
4207 气象类		
89	420701	大气科学技术
90	420702	大气探测技术
91	420703	应用气象技术
92	420704	雷电防护技术
4208 环境保护类		
93	420801	环境监测技术
94	420802	环境工程技术
95	420803	生态保护技术
96	420804	生态环境大数据技术
97	420805	环境管理与评价
98	420806	生态环境修复技术
99	420807	绿色低碳技术
100	420808	资源综合利用技术
101	420809	水净化与安全技术
102	420810	核与辐射检测防护技术
103	420811	智能环保装备技术
4209 安全类		
104	420901	安全技术与管理
105	420902	化工安全技术
106	420903	工程安全评价与监理
107	420904	安全智能监测技术
108	420905	应急救援技术
109	420906	消防救援技术
110	420907	森林草原防火技术
111	420908	职业健康安全技术
43 能源动力与材料大类		
4301 电力技术类		
112	430101	发电厂及电力系统
113	430102	水电站机电设备与自动化
114	430103	水电站与电力网技术

续表

序号	专业代码	专业名称
115	430104	分布式发电与智能微电网技术
116	430105	电力系统自动化技术
117	430106	电力系统继电保护技术
118	430107	输配电工程技术
119	430108	供用电技术
120	430109	农业电气化技术
121	430110	机场电工技术
122	430111	电力客户服务与管理
4302 热能与发电工程类		
123	430201	热能动力工程技术
124	430202	城市热能应用技术
125	430203	地热开发技术
126	430204	太阳能光热技术与应用
127	430205	发电运行技术
128	430206	热工自动化技术
129	430207	核电站动力设备运行与维护
130	430208	电厂化学与环保技术
4303 新能源发电工程类		
131	430301	光伏工程技术
132	430302	风力发电工程技术
133	430303	生物质能应用技术
134	430304	氢能技术应用
135	430305	工业节能技术
136	430306	节电技术与管理
137	430307	新能源材料应用技术
4304 黑色金属材料类		
138	430401	钢铁智能冶金技术
139	430402	智能轧钢技术
140	430403	钢铁冶金设备维护
141	430404	金属材料检测技术
4305 有色金属材料类		
142	430501	有色金属智能冶金技术
143	430502	金属智能加工技术
144	430503	金属精密成型技术

续表

序号	专业代码	专业名称
145	430504	储能材料技术
146	430505	稀土材料技术
4306 非金属材料类		
147	430601	材料工程技术
148	430602	高分子材料智能制造技术
149	430603	复合材料智能制造技术
150	430604	航空复合材料成型与加工技术
151	430605	非金属矿物材料技术
152	430606	光伏材料制备技术
153	430607	硅材料制备技术
154	430608	炭材料工程技术
155	430609	橡胶智能制造技术
4307 建筑材料类		
156	430701	建筑材料工程技术
157	430702	新型建筑材料技术
158	430703	建筑装饰材料技术
159	430704	建筑材料检测技术
160	430705	装配式建筑构件智能制造技术
44 土木建筑大类		
4401 建筑设计类		
161	440101	建筑设计
162	440102	建筑装饰工程技术
163	440103	古建筑工程技术
164	440104	园林工程技术
165	440105	风景园林设计
166	440106	建筑室内设计
167	440107	建筑动画技术
4402 城乡规划与管理类		
168	440201	城乡规划
169	440202	智慧城市管理技术
170	440203	村镇建设与管理
4403 土建施工类		
171	440301	建筑工程技术
172	440302	装配式建筑工程技术

续表

序号	专业代码	专业名称
173	440303	建筑钢结构工程技术
174	440304	智能建造技术
175	440305	地下与隧道工程技术
176	440306	土木工程检测技术
4404 建筑设备类		
177	440401	建筑设备工程技术
178	440402	建筑电气工程技术
179	440403	供热通风与空调工程技术
180	440404	建筑智能化工程技术
181	440405	工业设备安装工程技术
182	440406	建筑消防技术
4405 建设工程管理类		
183	440501	工程造价
184	440502	建设工程管理
185	440503	建筑经济信息化管理
186	440504	建设工程监理
4406 市政工程类		
187	440601	市政工程技术
188	440602	给排水工程技术
189	440603	城市燃气工程技术
190	440604	市政管网智能检测与维护
191	440605	城市环境工程技术
4407 房地产类		
192	440701	房地产经营与管理
193	440702	房地产智能检测与估价
194	440703	现代物业管理
45 水利大类		
4501 水文水资源类		
195	450101	水文与水资源技术
196	450102	水政水资源管理
4502 水利工程与管理类		
197	450201	水利工程
198	450202	智慧水利技术
199	450203	水利水电工程技术

续表

序号	专业代码	专业名称
200	450204	水利水电工程智能管理
201	450205	水利水电建筑工程
202	450206	机电排灌工程技术
203	450207	治河与航道工程技术
204	450208	智能水务管理
4503 水利水电设备类		
205	450301	水电站设备安装与管理
206	450302	水电站运行与智能管理
207	450303	水利机电设备智能管理
4504 水土保持与水环境类		
208	450401	水土保持技术
209	450402	水环境智能监测与治理
210	450403	水生态修复技术
46 装备制造大类		
4601 机械设计制造类		
211	460101	机械设计与制造
212	460102	数字化设计与制造技术
213	460103	数控技术
214	460104	机械制造及自动化
215	460105	工业设计
216	460106	工业工程技术
217	460107	材料成型及控制技术
218	460108	现代铸造技术
219	460109	现代锻压技术
220	460110	智能焊接技术
221	460111	工业材料表面处理技术
222	460112	增材制造技术
223	460113	模具设计与制造
224	460114	特种加工技术
225	460115	智能光电制造技术
226	460116	电线电缆制造技术
227	460117	内燃机制造与应用技术
228	460118	机械装备制造技术
229	460119	工业产品质量检测技术

续表

序号	专业代码	专业名称
230	460120	理化测试与质检技术
4602 机电设备类		
231	460201	智能制造装备技术
232	460202	机电设备技术
233	460203	电机与电器技术
234	460204	新能源装备技术
235	460205	制冷与空调技术
236	460206	电梯工程技术
4603 自动化类		
237	460301	机电一体化技术
238	460302	智能机电技术
239	460303	智能控制技术
240	460304	智能机器人技术
241	460305	工业机器人技术
242	460306	电气自动化技术
243	460307	工业过程自动化技术
244	460308	工业自动化仪表技术
245	460309	液压与气动技术
246	460310	工业互联网应用
247	460311	计量测试与应用技术
4604 轨道装备类		
248	460401	铁道机车车辆制造与维护
249	460402	高速铁路动车组制造与维护
250	460403	城市轨道交通车辆制造与维护
251	460404	轨道交通通信信号设备制造与维护
252	460405	轨道交通工程机械制造与维护
4605 船舶与海洋工程装备类		
253	460501	船舶工程技术
254	460502	船舶动力工程技术
255	460503	船舶电气工程技术
256	460504	船舶智能焊接技术
257	460505	船舶舾装工程技术
258	460506	船舶涂装工程技术
259	460507	船舶通信装备技术

续表

序号	专业代码	专业名称
260	460508	游艇设计与制造
261	460509	邮轮内装技术
262	460510	海洋工程装备技术
4606 航空装备类		
263	460601	飞行器数字化制造技术
264	460602	飞行器数字化装配技术
265	460603	航空发动机制造技术
266	460604	航空发动机装配调试技术
267	460605	飞机机载设备装配调试技术
268	460606	航空装备表面处理技术
269	460607	飞行器维修技术
270	460608	航空发动机维修技术
271	460609	无人机应用技术
272	460610	航空材料精密成型技术
273	460611	导弹维修技术
4607 汽车制造类		
274	460701	汽车制造与试验技术
275	460702	新能源汽车技术
276	460703	汽车电子技术
277	460704	智能网联汽车技术
278	460705	汽车造型与改装技术
47 生物与化工大类		
4701 生物技术类		
279	470101	食品生物技术
280	470102	药品生物技术
281	470103	农业生物技术
282	470104	化工生物技术
283	470105	生物产品检验检疫
284	470106	绿色生物制造技术
285	470107	生物信息技术
4702 化工技术类		
286	470201	应用化工技术
287	470202	石油炼制技术
288	470203	精细化工技术

续表

序号	专业代码	专业名称
289	470204	石油化工技术
290	470205	煤化工技术
291	470206	高分子合成技术
292	470207	海洋化工技术
293	470208	分析检验技术
294	470209	化工智能制造技术
295	470210	化工装备技术
296	470211	化工自动化技术
297	470212	涂装防护技术
298	470213	烟花爆竹技术与管理
48 轻工纺织大类		
4801 轻化工类		
299	480101	化妆品技术
300	480102	现代造纸技术
301	480103	家具设计与制造
302	480104	鞋类设计与工艺
303	480105	陶瓷制造技术与工艺
304	480106	珠宝首饰技术与管理
305	480107	皮革加工技术
306	480108	皮具制作与工艺
307	480109	乐器制造与维护
308	480110	香料香精技术与工艺
309	480111	表面精饰工艺
4802 包装类		
310	480201	包装工程技术
311	480202	包装策划与设计
4803 印刷类		
312	480301	数字印刷技术
313	480302	印刷媒体技术
314	480303	印刷数字图文技术
315	480304	印刷设备应用技术
4804 纺织服装类		
316	480401	现代纺织技术
317	480402	服装设计与工艺

续表

序号	专业代码	专业名称
318	480403	丝绸技术
319	480404	针织技术与针织服装
320	480405	数字化染整技术
321	480406	纺织品设计
322	480407	现代家用纺织品设计
323	480408	纺织材料与应用
324	480409	现代非织造技术
325	480410	纺织机电技术
326	480411	纺织品检验与贸易
327	480412	皮革服装制作与工艺
49 食品药品与粮食大类		
4901 食品类		
328	490101	食品智能加工技术
329	490102	食品质量与安全
330	490103	食品营养与健康
331	490104	食品检验检测技术
332	490105	酿酒技术
333	490106	食品贮运与营销
4902 药品与医疗器械类		
334	490201	药品生产技术
335	490202	生物制药技术
336	490203	药物制剂技术
337	490204	化学制药技术
338	490205	兽药制药技术
339	490206	药品质量与安全
340	490207	制药设备应用技术
341	490208	药品经营与管理
342	490209	食品药品监督管理
343	490210	智能医疗装备技术
344	490211	医用电子仪器技术
345	490212	医用材料与应用
346	490213	医疗器械维护与管理
347	490214	医疗器械经营与服务
348	490215	康复工程技术

续表

序号	专业代码	专业名称
349	490216	保健食品质量与管理
350	490217	化妆品经营与管理
351	490218	化妆品质量与安全
4903 粮食类		
352	490301	粮食工程技术与管理
353	490302	粮食储运与质量安全
50 交通运输大类		
5001 铁道运输类		
354	500101	铁道工程技术
355	500102	高速铁路施工与维护
356	500103	铁道桥梁隧道工程技术
357	500104	铁道养路机械应用技术
358	500105	铁道机车运用与维护
359	500106	铁道车辆技术
360	500107	铁道供电技术
361	500108	动车组检修技术
362	500109	高速铁路综合维修技术
363	500110	铁道信号自动控制
364	500111	铁道通信与信息化技术
365	500112	铁道交通运营管理
366	500113	高速铁路客运服务
5002 道路运输类		
367	500201	道路与桥梁工程技术
368	500202	道路机械化施工技术
369	500203	智能工程机械运用技术
370	500204	道路工程检测技术
371	500205	道路工程造价
372	500206	道路养护与管理
373	500207	智能交通技术
374	500208	道路运输管理
375	500209	交通运营管理
376	500210	汽车技术服务与营销
377	500211	汽车检测与维修技术
378	500212	新能源汽车检测与维修技术

续表

序号	专业代码	专业名称
5003 水上运输类		
379	500301	航海技术
380	500302	港口与航道工程技术
381	500303	轮机工程技术
382	500304	国际邮轮乘务管理
383	500305	水路运输安全管理
384	500306	港口机械与智能控制
385	500307	港口与航运管理
386	500308	船舶电子电气技术
387	500309	船舶检验
388	500310	集装箱运输管理
5004 航空运输类		
389	500401	民航运输服务
390	500402	民航通信技术
391	500403	定翼机驾驶技术
392	500404	直升机驾驶技术
393	500405	空中乘务
394	500406	民航安全技术管理
395	500407	民航空中安全保卫
396	500408	机场运行服务与管理
397	500409	飞机机电设备维修
398	500410	飞机电子设备维修
399	500411	飞机部件修理
400	500412	通用航空器维修
401	500413	飞机结构修理
402	500414	航空地面设备维修
403	500415	机场场务技术与管理
404	500416	通用航空航务技术
405	500417	航空油料
5005 管道运输类		
406	500501	管道工程技术
407	500502	管道运输管理
5006 城市轨道交通类		
408	500601	城市轨道交通工程技术

续表

序号	专业代码	专业名称
409	500602	城市轨道车辆应用技术
410	500603	城市轨道交通机电技术
411	500604	城市轨道交通通信信号技术
412	500605	城市轨道交通供配电技术
413	500606	城市轨道交通运营管理
5007 邮政类		
414	500701	邮政快递运营管理
415	500702	邮政快递智能技术
416	500703	邮政通信管理
51 电子与信息大类		
5101 电子信息类		
417	510101	电子信息工程技术
418	510102	物联网应用技术
419	510103	应用电子技术
420	510104	电子产品制造技术
421	510105	电子产品检测技术
422	510106	移动互联应用技术
423	510107	汽车智能技术
424	510108	智能产品开发与应用
425	510109	智能光电技术应用
426	510110	光电显示技术
5102 计算机类		
427	510201	计算机应用技术
428	510202	计算机网络技术
429	510203	软件技术
430	510204	数字媒体技术
431	510205	大数据技术
432	510206	云计算技术应用
433	510207	信息安全技术应用
434	510208	虚拟现实技术应用
435	510209	人工智能技术应用
436	510210	嵌入式技术应用
437	510211	工业互联网技术
438	510212	区块链技术应用

续表

序号	专业代码	专业名称
439	510213	移动应用开发
440	510214	工业软件开发技术
441	510215	动漫制作技术
442	510216	密码技术应用
5103 通信类		
443	510301	现代通信技术
444	510302	现代移动通信技术
445	510303	通信软件技术
446	510304	卫星通信与导航技术
447	510305	通信工程设计与监理
448	510306	通信系统运行管理
449	510307	智能互联网络技术
450	510308	网络规划与优化技术
451	510309	电信服务与管理
452	510310	数据中心运行与管理
5104 集成电路类		
453	510401	集成电路技术
454	510402	微电子技术
52 医药卫生大类		
5201 临床医学类		
455	520101K	临床医学
456	520102K	口腔医学
5202 护理类		
457	520201	护理
458	520202	助产
5203 药学类		
459	520301	药学
5204 中医药类		
460	520401K	中医学
461	520402K	中医骨伤
462	520403K	针灸推拿
463	520404K	蒙医学
464	520405K	藏医学
465	520406K	维医学

续表

序号	专业代码	专业名称
466	520407K	傣医学
467	520408K	哈医学
468	520409K	朝医学
469	520410	中药学
470	520411	蒙药学
471	520412	维药学
472	520413	藏药学
473	520414	中药材生产与加工
474	520415	中药制药
475	520416	中医康复技术
476	520417	中医养生保健
477	520418	药膳与食疗
5205 医学技术类		
478	520501	医学检验技术
479	520502	医学影像技术
480	520503	医学生物技术
481	520504	口腔医学技术
482	520505	放射治疗技术
483	520506	呼吸治疗技术
484	520507	医学美容技术
485	520508	卫生检验与检疫技术
5206 康复治疗类		
486	520601	康复治疗技术
487	520602	康复辅助器具技术
488	520603	言语听觉康复技术
5207 公共卫生与卫生管理类		
489	520701	公共卫生管理
490	520702	卫生信息管理
491	520703K	预防医学
492	520704	健康大数据管理与服务
5208 健康管理与促进类		
493	520801	健康管理
494	520802	婴幼儿托育服务与管理
495	520803	老年保健与管理

续表

序号	专业代码	专业名称
496	520804	心理咨询
497	520805	医学营养
498	520806	生殖健康管理
499	520807	口腔卫生保健
5209 眼视光类		
500	520901	眼视光技术
501	520902	眼视光仪器技术
502	520903	视觉训练与康复
53 财经商贸大类		
5301 财政税务类		
503	530101	财税大数据应用
504	530102	资产评估与管理
505	530103	政府采购管理
506	530104	财政支出绩效管理
5302 金融类		
507	530201	金融服务与管理
508	530202	金融科技应用
509	530203	保险实务
510	530204	信用管理
511	530205	财富管理
512	530206	证券实务
513	530207	国际金融
514	530208	农村金融
5303 财务会计类		
515	530301	大数据与财务管理
516	530302	大数据与会计
517	530303	大数据与审计
518	530304	会计信息管理
5304 统计类		
519	530401	统计与大数据分析
520	530402	统计与会计核算
521	530403	市场调查与统计分析
5305 经济贸易类		
522	530501	国际经济与贸易

续表

序号	专业代码	专业名称
523	530502	国际商务
524	530503	关务与外贸服务
525	530504	服务外包
526	530505	国际文化贸易
527	530506	国际服务贸易
5306 工商管理类		
528	530601	工商企业管理
529	530602	连锁经营与管理
530	530603	商务管理
531	530604	中小企业创业与经营
532	530605	市场营销
5307 电子商务类		
533	530701	电子商务
534	530702	跨境电子商务
535	530703	移动商务
536	530704	网络营销与直播电商
537	530705	农村电子商务
538	530706	商务数据分析与应用
5308 物流类		
539	530801	物流工程技术
540	530802	现代物流管理
541	530803	航空物流管理
542	530804	铁路物流管理
543	530805	冷链物流技术与管理
544	530806	港口物流管理
545	530807	工程物流管理
546	530808	采购与供应管理
547	530809	智能物流技术
548	530810	供应链运营
54 旅游大类		
5401 旅游类		
549	540101	旅游管理
550	540102	导游
551	540103	旅行社经营与管理

续表

序号	专业代码	专业名称
552	540104	定制旅行管理与服务
553	540105	研学旅行管理与服务
554	540106	酒店管理与数字化运营
555	540107	民宿管理与运营
556	540108	葡萄酒文化与营销
557	540109	茶艺与茶文化
558	540110	智慧景区开发与管理
559	540111	智慧旅游技术应用
560	540112	会展策划与管理
561	540113	休闲服务与管理
5402 餐饮类		
562	540201	餐饮智能管理
563	540202	烹饪工艺与营养
564	540203	中西面点工艺
565	540204	西式烹饪工艺
566	540205	营养配餐
55 文化艺术大类		
5501 艺术设计类		
567	550101	艺术设计
568	550102	视觉传达设计
569	550103	数字媒体艺术设计
570	550104	产品艺术设计
571	550105	服装与服饰设计
572	550106	环境艺术设计
573	550107	书画艺术
574	550108	公共艺术设计
575	550109	游戏艺术设计
576	550110	展示艺术设计
577	550111	美容美体艺术
578	550112	工艺美术品设计
579	550113	广告艺术设计
580	550114	室内艺术设计
581	550115	家具艺术设计
582	550116	动漫设计

续表

序号	专业代码	专业名称
583	550117	人物形象设计
584	550118	摄影与摄像艺术
585	550119	雕刻艺术设计
586	550120	皮具艺术设计
587	550121	包装艺术设计
588	550122	陶瓷设计与工艺
589	550123	首饰设计与工艺
590	550124	玉器设计与工艺
591	550125	刺绣设计与工艺
592	550126	雕塑设计
593	550127	服装陈列与展示设计
5502 表演艺术类		
594	550201	音乐表演
595	550202	舞蹈表演
596	550203	戏曲表演
597	550204	表演艺术
598	550205	戏剧影视表演
599	550206	歌舞表演
600	550207	曲艺表演
601	550208	音乐剧表演
602	550209	国际标准舞
603	550210	现代流行音乐
604	550211	戏曲音乐
605	550212	音乐制作
606	550213	钢琴伴奏
607	550214	钢琴调律
608	550215	舞蹈编导
609	550216	音乐传播
610	550217	时尚表演与传播
611	550218	舞台艺术设计与制作
612	550219	作曲技术
613	550220	现代魔术设计与表演
614	550221	现代杂技表演艺术

续表

序号	专业代码	专业名称
5503 民族文化艺术类		
615	550301	民族表演艺术
616	550302	民族美术
617	550303	民族服装与饰品
618	550304	民族传统技艺
619	550305	中国少数民族语言文化
5504 文化服务类		
620	550401	文化创意与策划
621	550402	文化产业经营与管理
622	550403	公共文化服务与管理
623	550404	文物修复与保护
624	550405	文物考古技术
625	550406	文物展示利用技术
626	550407	图书档案管理
627	550408	石窟寺保护技术
56 新闻传播大类		
5601 新闻出版类		
628	560101	数字图文信息处理技术
629	560102	网络新闻与传播
630	560103	出版策划与编辑
631	560104	出版商务
632	560105	数字出版
633	560106	数字媒体设备应用与管理
5602 广播影视类		
634	560201	播音与主持
635	560202	广播影视节目制作
636	560203	数字广播电视技术
637	560204	影视编导
638	560205	新闻采编与制作
639	560206	影视动画
640	560207	影视制片管理
641	560208	影视多媒体技术
642	560209	影视照明技术与艺术
643	560210	音像技术

续表

序号	专业代码	专业名称
644	560211	录音技术与艺术
645	560212	摄影摄像技术
646	560213	融媒体技术与运营
647	560214	网络直播与运营
648	560215	传播与策划
649	560216	全媒体广告策划与营销
650	560217	数字影像档案技术
57 教育与体育大类		
5701 教育类		
651	570101K	早期教育
652	570102K	学前教育
653	570103K	小学教育
654	570104K	小学语文教育
655	570105K	小学数学教育
656	570106K	小学英语教育
657	570107K	小学科学教育
658	570108K	音乐教育
659	570109K	美术教育
660	570110K	体育教育
661	570111K	小学道德与法治教育
662	570112K	舞蹈教育
663	570113K	艺术教育
664	570114K	特殊教育
665	570115K	现代教育技术
666	570116K	心理健康教育
5702 语言类		
667	570201	商务英语
668	570202	应用英语
669	570203	旅游英语
670	570204	应用韩语
671	570205	商务日语
672	570206	应用日语
673	570207	旅游日语
674	570208	应用外语

续表

序号	专业代码	专业名称
675	570209	中文
676	570210	应用俄语
677	570211	应用法语
678	570212	应用西班牙语
679	570213	应用德语
680	570214	应用泰语
681	570215	应用越南语
682	570216	应用阿拉伯语
	5703 体育类	
683	570301	社会体育
684	570302	休闲体育
685	570303	运动训练
686	570304	民族传统体育
687	570305	运动防护
688	570306	体育保健与康复
689	570307	健身指导与管理
690	570308	运动健康指导
691	570309	运动数据分析
692	570310	体能训练
693	570311	体育运营与管理
694	570312	电子竞技运动与管理
695	570313	高尔夫球运动与管理
696	570314	冰雪运动与管理
697	570315	冰雪设施运维与管理
698	570316	体育艺术表演
	58 公安与司法大类	
	5801 公安管理类	
699	580101K	治安管理
700	580102K	道路交通管理
701	580103K	特警
702	580104K	警务指挥与战术
	5802 公安技术类	
703	580201K	刑事科学技术
704	580202K	网络安全与执法

续表

序号	专业代码	专业名称
705	580203K	警犬技术
5803 侦查类		
706	580301K	刑事侦查
707	580302K	政治安全保卫
708	580303K	经济犯罪侦查
709	580304K	禁毒
5804 法律实务类		
710	580401	法律事务
711	580402	法律文秘
712	580403	检察事务
5805 法律执行类		
713	580501K	刑事执行
714	580502	民事执行
715	580503K	行政执行
716	580504K	司法警务
717	580505	社区矫正
5806 司法技术类		
718	580601K	刑事侦查技术
719	580602K	司法信息技术
720	580603	司法鉴定技术
721	580604K	司法信息安全
722	580605K	罪犯心理测量与矫正技术
723	580606K	戒毒矫治技术
5807 安全防范类		
724	580701	安全防范技术
725	580702	安全保卫管理
726	580703	智能安防运营管理
59 公共管理与服务大类		
5901 公共事业类		
727	590101	社会工作
728	590102	党务工作
729	590103	青少年工作与管理
730	590104	社区管理与服务
731	590105	公共关系

续表

序号	专业代码	专业名称
732	590106	公益慈善事业管理
733	590107	政务服务
\multicolumn{3}{c}{5902 公共管理类}
734	590201	民政服务与管理
735	590202	人力资源管理
736	590203	劳动与社会保障
737	590204	网络舆情监测
738	590205	公共事务管理
739	590206	行政管理
740	590207	质量管理与认证
741	590208	知识产权管理
742	590209	职业指导与服务
743	590210	标准化技术
\multicolumn{3}{c}{5903 公共服务类}
744	590301	现代家政服务与管理
745	590302	智慧健康养老服务与管理
746	590303	社区康复
747	590304	婚庆服务与管理
748	590305	现代殡葬技术与管理
749	590306	殡葬设备维护技术
750	590307	陵园服务与管理
\multicolumn{3}{c}{5904 文秘类}
751	590401	现代文秘

附录 2
197 所"双高计划"学校名单

中国特色高水平高职学校和专业建设计划拟建单位公示名单 (同一档次内按国务院省级行政区顺序及校名拼音排序)			
第一类			
高水平学校建设单位（A 档）			
北京电子科技职业学院	无锡职业技术学院	山东商业职业技术学院	陕西工业职业技术学院
天津市职业大学	金华职业技术学院	黄河水利职业技术学院	—
江苏农林职业技术学院	浙江机电职业技术学院	深圳职业技术学院	—
第二类			
高水平学校建设单位（B 档）			
北京工业职业技术学院	江苏农牧科技职业学院	日照职业技术学院	深圳信息职业技术学院
天津医学高等专科学校	南京信息职业技术学院	淄博职业学院	顺德职业技术学院
河北工业职业技术学院	杭州职业技术学院	长沙民政职业技术学院	重庆电子工程职业学院
辽宁省交通高等专科学校	宁波职业技术学院	广东轻工职业技术学院	重庆工业职业技术学院
常州信息职业技术学院	浙江金融职业学院	广州番禺职业技术学院	杨凌职业技术学院
第三类			
高水平学校建设单位（C 档）	高水平专业群建设单位（A 档）	高水平专业群建设单位（B 档）	
北京财贸职业学院	北京农业职业学院	北京劳动保障职业学院	山东交通职业学院
天津轻工职业技术学院	北京信息职业技术学院	天津交通职业学院	威海职业学院
山西省财政税务专科学校	天津电子信息职业技术学院	石家庄铁路职业技术学院	潍坊职业学院
内蒙古机电职业技术学院	天津现代职业技术学院	唐山工业职业技术学院	烟台职业学院

中国特色高水平高职学校和专业建设计划拟建单位公示名单			
（同一档次内按国务院省级行政区顺序及校名拼音排序）			
长春汽车工业高等专科学校	邢台职业技术学院	山西机电职业技术学院	河南工业职业技术学院
哈尔滨职业技术学院	山西工程职业技术学院	山西职业技术学院	河南农业职业学院
上海工艺美术职业学院	辽宁农业职业技术学院	内蒙古化工职业学院	河南职业技术学院
常州机电职业技术学院	长春职业技术学院	黑龙江职业学院	许昌职业技术学院
江苏经贸职业技术学院	黑龙江农业经济职业学院	黑龙江农业工程职业学院	郑州铁路职业技术学院
温州职业技术学院	黑龙江建筑职业技术学院	常州工程职业技术学院	武汉铁路职业技术学院
芜湖职业技术学院	江苏建筑职业技术学院	江苏工程职业技术学院	襄阳职业技术学院
福建船政交通职业学院	浙江建设职业技术学院	江苏海事职业技术学院	湖南化工职业技术学院
九江职业技术学院	安徽机电职业技术学院	江苏食品药品职业技术学院	长沙航空职业技术学院
滨州职业学院	安徽商贸职业技术学院	南通航运职业技术学院	广东科学技术职业学院
武汉船舶职业技术学院	福建信息职业技术学院	苏州工艺美术职业技术学院	广东水利电力职业技术学院
湖南铁道职业技术学院	江西应用技术职业学院	苏州农业职业技术学院	广州铁路职业技术学院
南宁职业技术学院	山东科技职业学院	浙江交通职业技术学院	广西职业技术学院
海南经贸职业技术学院	黄冈职业技术学院	浙江经济职业技术学院	柳州职业技术学院
四川工程职业技术学院	武汉职业技术学院	浙江经贸职业技术学院	重庆电力高等专科学校
贵州交通职业技术学院	湖南工业职业技术学院	浙江旅游职业学院	重庆工程职业技术学院
昆明冶金高等专科学校	湖南工艺美术职业学院	安徽水利水电职业技术学院	重庆工商职业学院

续表

中国特色高水平高职学校和专业建设计划拟建单位公示名单 （同一档次内按国务院省级行政区顺序及校名拼音排序）			
陕西铁路工程职业技术学院	湖南汽车工程职业学院	福州职业技术学院	成都纺织高等专科学校
西安航空职业技术学院	重庆城市管理职业学院	黎明职业大学	成都职业技术学院
兰州资源环境职业技术学院	成都航空职业技术学院	漳州职业技术学院	四川建筑职业技术学院
宁夏职业技术学院	四川交通职业技术学院	江西财经职业学院	铜仁职业技术学院
新疆农业职业技术学院	兰州石化职业技术学院	江西环境工程职业学院	陕西国防工业职业技术学院
—	—	江西交通职业技术学院	陕西职业技术学院
—	—	济南职业学院	酒泉职业技术学院
—	—	青岛职业技术学院	宁夏工商职业技术学院
—	—	山东畜牧兽医职业学院	—
第四类			
高水平专业群建设单位（C档）			
北京交通运输职业学院	吉林铁道职业技术学院	青岛酒店管理职业技术学院	中山火炬职业技术学院
天津渤海职业技术学院	哈尔滨铁道职业技术学院	山东职业学院	广西建设职业技术学院
沧州医学高等专科学校	南京铁道职业技术学院	湖北交通职业技术学院	重庆航天职业技术学院
承德石油高等专科学校	南通职业大学	湖北职业技术学院	重庆三峡医药高等专科学校
河北化工医药职业技术学院	苏州工业职业技术学院	武汉电力职业技术学院	重庆三峡职业学院
秦皇岛职业技术学院	无锡商业职业技术学院	湖南交通职业技术学院	重庆医药高等专科学校
石家庄邮电职业技术学院	徐州工业职业技术学院	湖南生物机电职业技术学院	成都农业科技职业学院
石家庄职业技术学院	浙江工贸职业技术学院	岳阳职业技术学院	四川邮电职业技术学院

续表

中国特色高水平高职学校和专业建设计划拟建单位公示名单			
(同一档次内按国务院省级行政区顺序及校名拼音排序)			
内蒙古建筑职业技术学院	浙江警官职业学院	长沙商贸旅游职业技术学院	贵州轻工职业技术学院
渤海船舶职业学院	浙江商业职业技术学院	东莞职业技术学院	昆明工业职业技术学院
辽宁机电职业技术学院	浙江艺术职业学院	广东工贸职业技术学院	云南机电职业技术学院
辽宁经济职业技术学院	安徽医学高等专科学校	广东机电职业技术学院	陕西能源职业技术学院
沈阳职业技术学院	江西外语外贸职业学院	广东食品药品职业学院	咸阳职业技术学院
吉林交通职业技术学院	东营职业学院	广州民航职业技术学院	新疆轻工职业技术学院

附录 3
100 所国家示范性建设高职院校名单

2006 年度立项建设院校名单（28）			
天津职业大学	邢台职业技术学院	山西省财政税务专科学校	辽宁省交通高等专科学校
长春汽车工业高等专科学校	黑龙江建筑职业技术学院	上海医药高等专科学校	南京工业职业技术学院
无锡职业技术学院	宁波职业技术学院	浙江金融职业学院	芜湖职业技术学院
福建交通职业技术学院	青岛职业技术学院	威海职业学院	黄河水利职业技术学院
平顶山工业职业技术学院	长沙民政职业技术学院	湖南铁道职业技术学院	广州番禺职业技术学院
深圳职业技术学院	南宁职业技术学院	重庆工业职业技术学院	成都航空职业技术学院
四川工程职业技术学院	杨凌职业技术学院	兰州石化职业技术学院	新疆农业职业技术学院
2007 年度立项建设院校名单（42）			
北京工业职业技术学院	北京电子科技职业学院	天津中德职业技术学院	承德石油高等专科学校
石家庄铁路职业技术学院	山西工程职业技术学院	内蒙古建筑职业技术学院	沈阳职业技术学院
大连职业技术学院	长春职业技术学院	黑龙江农业工程职业学院	上海公安高等专科学校
上海工艺美术职业学院	江苏农林职业技术学院	常州信息职业技术学院	苏州工业园区职业技术学院
浙江机电职业技术学院	温州职业技术学院	金华职业技术学院	安徽水利水电职业技术学院
安徽职业技术学院	漳州职业技术学院	九江职业技术学院	山东商业职业技术学院
淄博职业学院	商丘职业技术学院	武汉职业技术学院	武汉船舶职业技术学院
永州职业技术学院	湖南交通职业技术学院	广州民航职业技术学院	柳州职业技术学院
重庆工程职业技术学院	四川交通职业技术学院	四川建筑职业技术学院	贵州交通职业技术学院

续表

2007 年度立项建设院校名单（42）			
云南交通职业技术学院	西安航空职业技术学院	甘肃林业职业技术学院	青海畜牧兽医职业技术学院
宁夏职业技术学院	克拉玛依职业技术学院	—	—
2008 年度立项建设院校名单（30）			
北京农业职业学院	北京财贸职业学院	天津医学高等专科学校	天津电子信息职业技术学院
河北工业职业技术学院	包头职业技术学院	辽宁农业职业技术学院	吉林工业职业技术学院
大庆职业学院	黑龙江农业经济职业学院	上海旅游高等专科学校	南通纺织职业技术学院
徐州建筑职业技术学院	浙江警官职业学院	日照职业技术学院	山东科技职业学院
河南职业技术学院	湖北职业技术学院	武汉铁路职业技术学院	湖南工业职业技术学院
广东轻工职业技术学院	海南职业技术学院	重庆电子工程职业学院	绵阳职业技术学院
四川电力职业技术学院	昆明冶金高等专科学校	西藏职业技术学院	陕西工业职业技术学院
宁夏财经职业技术学院	新疆石河子职业技术学院	—	—

附录 4
各省／自治区／直辖市电力特色学校名单

省／自治区／直辖市	电力特色学校
黑龙江	哈尔滨电力职业技术学院
吉林	无
辽宁	无
北京	无
天津	无
河北	保定电力职业技术学院
河南	郑州电力高等专科学校
山东	山东电力高等专科学校
山西	山西电力职业技术学院
江苏	无
浙江	无
上海	无
安徽	安徽电气工程职业技术学院
福建	福建电力职业技术学院
广东	广东水利电力职业技术学院
广西	广西电力职业技术学院／广西水利电力职业技术学院
海南	无
湖北	武汉电力职业技术学院／三峡电力职业学院
湖南	长沙电力职业技术学院
江西	江西电力职业技术学院
重庆	重庆电力高等专科学校
贵州	贵州水利水电职业技术学院
四川	四川电力职业技术学院
云南	昆明冶金高等专科学校／云南水利水电职业学院
甘肃	无
内蒙古	无
宁夏	无
青海	无
陕西	西安电力高等专科学校
西藏	西藏职业技术学院
新疆	无

附录 5
各省 / 自治区 / 直辖市铁道、交通特色学校名单（38 所学校）

省 / 自治区 / 直辖市	铁路特色学校
黑龙江	哈尔滨铁道职业技术学院 / 黑龙江交通职业技术学院
吉林	吉林铁道职业技术学院
辽宁	辽宁铁道职业技术学院 / 辽宁轨道交通职业学院
北京	北京交通职业技术学院 / 北京交通运输职业学院
天津	天津铁道职业技术学院
河北	石家庄铁路职业技术学院
河南	郑州铁路职业技术学院
山东	山东职业学院
山西	山西铁道职业技术学院
江苏	南京铁道职业技术学院
浙江	浙江交通职业技术学院
上海	上海交通职业技术学院
安徽	安徽职业技术学院 / 安徽交通职业技术学院
福建	福建船政交通职业学院
广东	广州铁路职业技术学院
广西	柳州铁道职业技术学院
海南	无
湖北	湖北铁道运输职业学院 / 武汉铁路职业技术学院 / 武汉铁路桥梁职业学院
湖南	湖南铁道职业技术学院 / 湖南铁路科技职业技术学院 / 湖南高速铁路职业技术学院
江西	江西交通职业技术学院
重庆	重庆交通职业学院（民办）/ 重庆公共运输职业学院（民办）
贵州	贵州交通职业技术学院
四川	四川铁道职业学院
云南	昆明铁道职业学院
甘肃	甘肃交通职业技术学院
内蒙古	包头铁道职业技术学院
宁夏	无
青海	青海交通职业技术学院
陕西	西安铁路职业技术学院 / 陕西铁路工程职业技术学院

续表

省/自治区/直辖市	铁路特色学校
西藏	无
新疆	新疆铁道职业技术学院

附录 6
各省/自治区/直辖市公安院校名单（35 所学校）

省/自治区/直辖市	公安院校
黑龙江	黑龙江公安警官职业学院（专科）
吉林	吉林警察学院
辽宁	中国刑事警察学院/辽宁警察学院
北京	中国人民公安大学/北京警察学院
天津	天津公安警官职业学院（专科）
河北	中国人民警察大学/河北公安警察职业学院（专科）
河南	郑州警察学院（原铁道警察学院）/河南警察学院
山东	山东警察学院
山西	山西警察学院
江苏	南京警察学院（原南京森林警察学院）/江苏警官学院
浙江	浙江警察学院
上海	上海公安学院
安徽	安徽公安职业学院（专科）
福建	福建警察学院
广东	广东警官学院
广西	广西警察学院
海南	暂无，正在筹建
湖北	湖北警官学院
湖南	湖南警察学院
江西	江西警察学院
重庆	重庆警察学院
贵州	贵州警察学院
四川	四川警察学院
云南	云南警官学院
甘肃	甘肃警察职业学院（专科，升本中）
内蒙古	内蒙古警察职业学院（专科，升本中）
宁夏	宁夏警官职业学院（专科）
青海	青海警官职业学院（专科）
陕西	陕西警官职业学院（专科，升本中）
西藏	西藏警官高等专科学校（专科）
新疆	新疆警察学院

后记

一直以来，不管是现实生活中还是互联网上，总是有对专科生的学历歧视的情况出现，好像考上专科就代表着"这个人不努力，学习差，未来前途渺茫"。

但其实并不是这样的。

首先，不同省市考大学的难易程度差距大。北京一个市的大学数量，可以抵得上两三个欠发达省份的大学的数量总和，本科录取率也远高于全国大多数省市，考生不用特别费劲，有很大概率也能上本科。各省考大学难度的差距，在很大程度上就决定了学生被录取的学校差距。

其次，全国不同城市的小学、初高中教育资源差距大。经济发达城市的小学、初中、高中教育经费充足，招聘老师的要求极高，好的学校基本都要求硕士及以上学历，每年还有很多博士学历的老师应聘。但经济欠发达地区的县、乡、镇，招老师比较困难，只能把招聘要求一降再降。学校的差距、老师的差距，在很大程度上又决定了学生成绩的差距。

除此之外，每个学生的家庭情况、成长经历、对未来的预期都不同，在小学、初中、高中某个时间段，出于某些原因，丧失了学习的兴趣和动力，导致成绩不好，也是很正常的。如果未来能调整好，仍然有机会通过专升本、考研提高学历。

总而言之，上专科不一定是学生不努力，更不代表未来一定前途渺茫，如果志愿报得好，未来升学就业也不会比本科差。

最后，祝各位考生都能被自己满意的学校和专业录取。

© 中南博集天卷文化传媒有限公司。本书版权受法律保护。未经权利人许可，任何人不得以任何方式使用本书包括正文、插图、封面、版式等任何部分内容，违者将受到法律制裁。

图书在版编目（CIP）数据

手把手教你报专科 / 张雪峰・峰阅教研团队编著. -- 长沙：湖南文艺出版社, 2024.4（2024.5重印）
ISBN 978-7-5726-1726-3

Ⅰ.①手… Ⅱ.①张… Ⅲ.①高等职业教育—入学考试—自学参考资料 Ⅳ.①G718.5

中国国家版本馆CIP数据核字（2024）第071263号

上架建议：教育・高考

SHOUBASHOU JIAO NI BAO ZHUANKE
手把手教你报专科

编　　著：张雪峰・峰阅教研团队
出 版 人：陈新文
责任编辑：张子霏
监　　制：张微微
策划编辑：阿　梨　李　乐
特约编辑：张　雪　沈梦原
营销编辑：胖　丁
封面设计：苏　艾
版式设计：飞鱼时光
出　　版：湖南文艺出版社
　　　　　（长沙市雨花区东二环一段 508 号　邮编：410014）
网　　址：www.hnwy.net
印　　刷：北京柏力行彩印有限公司
经　　销：新华书店
开　　本：700 mm × 980 mm　1/16
字　　数：321千字
印　　张：22
版　　次：2024 年 4 月第 1 版
印　　次：2024 年 5 月第 2 次印刷
书　　号：ISBN 978-7-5726-1726-3
定　　价：68.00 元

若有质量问题，请致电质量监督电话：010-59096394
团购电话：010-59320018